AF391824

La Villa

pour

Tous

LE COTTAGE POUR TOUS

Maisons de Campagne Villas et Cottages

OUVRAGE PUBLIÉ SOUS LA DIRECTION

DE **Monsieur PETITPAS**

Architecte

Directeur de "MA PETITE MAISON"

80 Monographies

complètes

de Maisons

de Campagne

avec Devis

250 Reproductions

donnant

des Plans,

Coupes, Détails

et Ensembles

PARIS

LIBRAIRIE RENÉ COLAS

8, RUE DE L'ODÉON

1913

INTRODUCTION

La presque totalité des maisons dont on va trouver les plans dans cet album ont été construites par moi.

Elles ne constituent d'ailleurs qu'une faible partie des travaux que j'ai exécutés dans ma carrière déjà longue, car depuis que je suis architecte j'ai bâti de 1.200 à 1.300 immeubles, et, en passant de l'humble habitation ouvrière à bon marché, jusqu'à la luxueuse maison de rapport, je puis dire qu'il n'y a pas une seule sorte de construction dont je n'ai fait les plans et que je n'ai complètement édifiée à l'entière satisfaction de mes clients.

Ce n'est pas seulement en France que j'ai eu à exercer ma profession, mais sans compter l'Algérie et la Tunisie, il n'est pas de pays en Europe où je n'ai été appelé à construire. La Belgique, la Suisse, l'Allemagne, l'Angleterre, l'Espagne ont souvent reçu ma visite, et dans chacun de ces pays j'ai longuement et soigneusement étudié les progrès, les améliorations, les perfectionnements que le noble art de l'architecte a réalisés depuis trente ans et j'en ai fait mon profit.

J'ai également comparé les différentes façons de construire en usage dans ces diverses nations me rendant compte de la technique de chacune d'elles et j'ai pu acquérir ainsi une compétence professionnelle que je suis heureux de mettre à la disposition de mes lecteurs.

Grâce à ces études je suis arrivé à la conviction qu'un architecte consciencieux et connaissant à fond son métier peut construire à des prix de bon marché exceptionnel, rien que par sa connaissance des matériaux et des matières premières qu'il choisira avec soin et discernement suivant le pays et le climat où il bâtit.

Bien entendu il arrivera également à construire dans des conditions de solidité et de fini à toute épreuve, en s'inspirant des mêmes principes.

Mais pour cela il ne suffit pas d'étudier théoriquement le métier de bâtir dans les écoles et dans les livres, il faut avoir voyagé, avoir travaillé sous tous les cieux et sous toutes les latitudes, avoir bâti des centaines et centaines de maisons, c'est ainsi qu'on acquiert un savoir et une expérience que, seule, la pratique peut donner.

Les nombreux plans dont cet album est composé ont, en majeure partie, été publiés dans le journal *Ma Petite Maison* dont je suis le directeur et le principal collaborateur.

Nous attirons l'attention de nos lecteurs avec les prix de revient qui accompagnent chaque plan de construction de ce recueil.

Bien qu'ils soient déjà d'un extrême bon marché on ne doit pas considérer ces prix comme définitifs car ils sont susceptibles de diminution et varient d'ailleurs pour chaque construction étant subordonnés à diverses circonstances de temps et de lieu.

Par exemple il est tel pays où la main-d'œuvre sera plus chère que dans tel autre, le prix en variera d'autant.

Le coût des matériaux varie également et souvent de façon très considérable d'une région à l'autre, suivant qu'il est plus ou moins facile de se les procurer, suivant que les frais de transport sont plus ou moins élevés.

C'est ce qui fait que parfois deux maisons construites dans deux localités peu éloignées cependant l'une de l'autre peuvent présenter des différences de prix appréciables.

Ainsi si vous bâtissez dans une localité desservie par le chemin de fer ou à proximité d'un canal et que vous ayiez à faire venir vos matériaux de 50 à 100 kilomètres, il est incontestable que le transport par voie ferrée sera moins onéreux que si vous construisez la même maison loin de tout chemin de fer ou de tout canal et que vous soyiez forcé d'aller chercher vos pierres, briques, fer, etc., par les routes et par le moyen de camionneurs.

Si par contre vous trouvez sur place même vos matières premières, il va de soi que vous bénéficierez d'une économie considérable.

La qualité des matériaux peut également influer — et parfois dans des proportions assez sérieuses — sur les prix de revient de la construction.

Enfin il n'est pas jusqu'à la situation topographique du terrain sur lequel on bâtit qu'il ne faille faire entrer en ligne de compte.

Une maison construite sur un terrain plat et facilement accessible coûtera moins qu'une autre bâtie sur une côte, et cela se comprend aisément car le transport des matériaux à pied d'œuvre pour la première sera moins cher que celui de la seconde.

On le voit les prix de revient varient à l'infini et l'on peut dire que chaque construction en aura un différent.

Il convient donc de ne pas prendre au pied de la lettre ceux qui sont mentionnés sous chaque plan, ceux-là sont des prix moyens susceptibles d'augmentation ou de diminution suivant les cas, mais qu'on veuille bien m'écrire et je me ferai un véritable plaisir de donner à mes correspondants tous les renseignements et tous les éclaircissements qu'ils désireront.

Et maintenant qu'on me permette de faire — en deux mots — une déclaration de principes qui terminera ce préambule peut-être déjà un peu long.

J'estime qu'en matière de construction il ne suffit pas de faire beau et grandiose, mais qu'encore — et surtout — il faut faire pratique et utile.

Je m'explique.

Ce n'est pas parce qu'une maison — quelle qu'elle soit — aura un caractère monumental, une façade décorative, une belle ornementation extérieure qu'elle sera parfaite et donnera satisfaction à ceux pour qui elle aura été bâtie.

Bien souvent, derrière cette façade à effet, il n'y aura rien et les aménagements intérieurs seront conçus en dépit du bon sens.

L'architecte aura tout sacrifié à l'aspect extérieur, grandiose certes, mais qui sert à quoi? Et malheureusement à notre époque de bluff à outrance, c'est là le défaut de beaucoup.

J'estime, quant à moi, que si faire beau est bien, faire pratique est encore mieux.

Qu'on veuille bien étudier tous les plans de cet album et l'on verra que je n'ai jamais sacrifié l'utile et le confort au tape à l'œil et au clinquant.

L'architecte connaissant à fond toutes les ressources de son art doit évidemment concilier les deux choses et chercher l'harmonie des lignes en même temps ne pas négliger l'aménagement intérieur.

C'est là l'idéal auquel je m'efforce d'atteindre.

PETITPAS.

REZ-DE-CHAUSSEE
HAUTEUR SOUS PLAFOND
3.00
CAVEAU
2.20
W.C.
ARM
ARM
CHAMBRE
3.00
SALLE COMMUNE
3.00
3.50
3.25
3.38
1.55
5.70
4.50

PLANCHE 1

Habitation ouvrière : 4.000 francs.

La construction comprend :

Caveau, w.-c., un rez-de-chaussée composé de chambre, salle commune avec cheminée et 2 armoires.

TERRASSE. — Fouille en rigoles et transport dans le jardin.

MAÇONNERIE. — Rigoles remplies en béton de cailloux et mortier de chaux hydraulique et sable de rivière.

Soubassement en caillasse jointoyée en mortier de chaux hydraulique, élévation en briques.

Marche et seuil en béton aggloméré.

Ravalement des façades au moucheti tyrolien. Tableaux des baies et faux parcs de bois en chaux, bandeau en briques repressées, joints creux tirés au fer.

Cloisons en carreaux de plâtre deux enduits.

Plafonds lattés, hourdés, crépis et enduits, murs intérieurs enduits.

Scellement de lambourdes.

Tuyaux de fumée en boisseaux de 0.20×0.20.

Prolongement des souches en dehors du comble, bandeaux et dessus en ciment suivant plan.

Trous, scellements de poteaux, huisseries, entailles et raccords. Lardis de clous et rapointis.

CARRELAGE. — La salle commune carrelée en carreaux de Beauvais, forme en sable et ciment, plinthe en carreaux au bas des murs.

CHARPENTE. — Faux plancher en 1/2 basting avec trappe pour grenier.

Charpente en sapin.

SERRURERIE. — Porte d'entrée à un vantail ferré de pattes coudées et équerres fortes, 3 paumelles doubles à boules et à équerre, une serrure de sûreté, bouton de tirage avec chaînette.

Porte intérieure et porte de sortie ferrées de 3 paumelles de 0.11, serrure pêne dormant 1/2 tour et bouton double.

Croisée ferrée de 7 pattes, 8 équerres simples, 6 paumelles de 0.11, une crémone fer 1/2 rond de 0.018.

COUVERTURE. — Couverture en tuile à emboîtement, faitage, terre cuite, gouttière et descente en zinc.

MENUISERIE ET PARQUET. — Les portes extérieures en chêne avec bâtis et imposte, panneaux à cadres et chambranles avec socles à la face intérieure.

Porte intérieure sapin. Croisées chêne, châssis 0.034, dormant 0.054 à noix et gueule de loup, jet d'eau et pièce d'appui chambranle.

Stylobates sapin dans la chambre.

Huisserie en sapin.

Parquet sapin sur les lambourdes.

PEINTURE, VITRERIE, TENTURE. — Plafonds à la colle, 2 couches.

Menuiseries à l'huile 3 couches,

Papier de tenture avec bordure et collage.

Vitrerie en verre simple 3ᵉ choix.

1er Etage

Rez de Chaussee

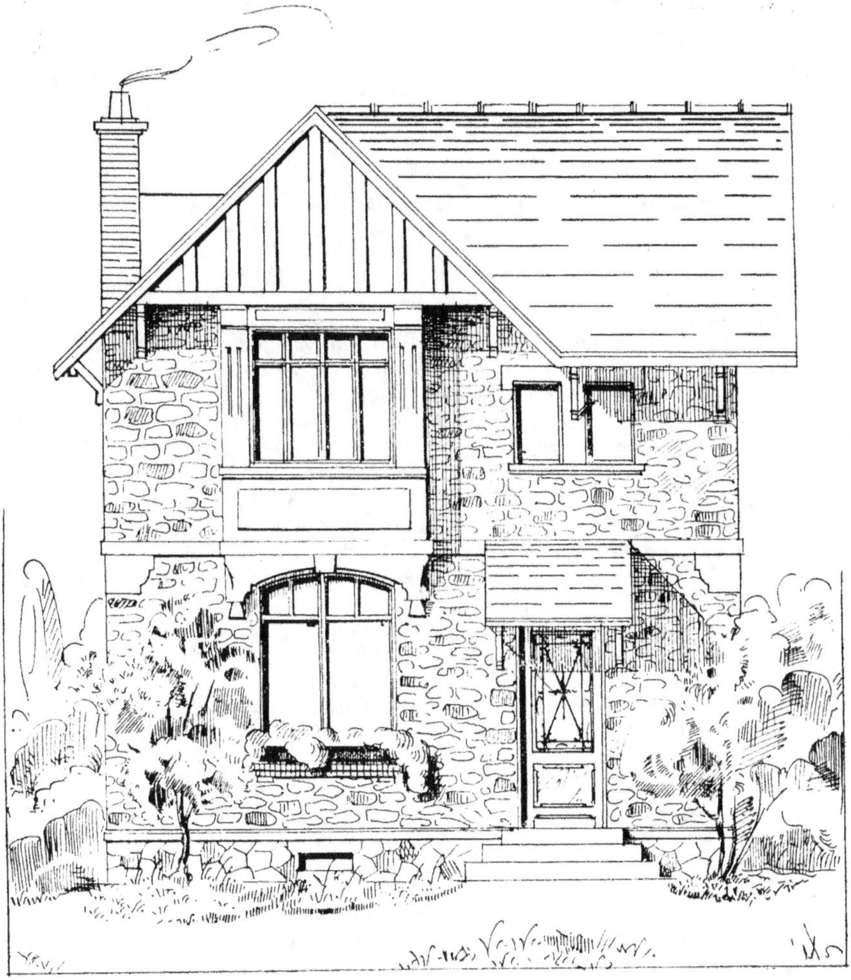

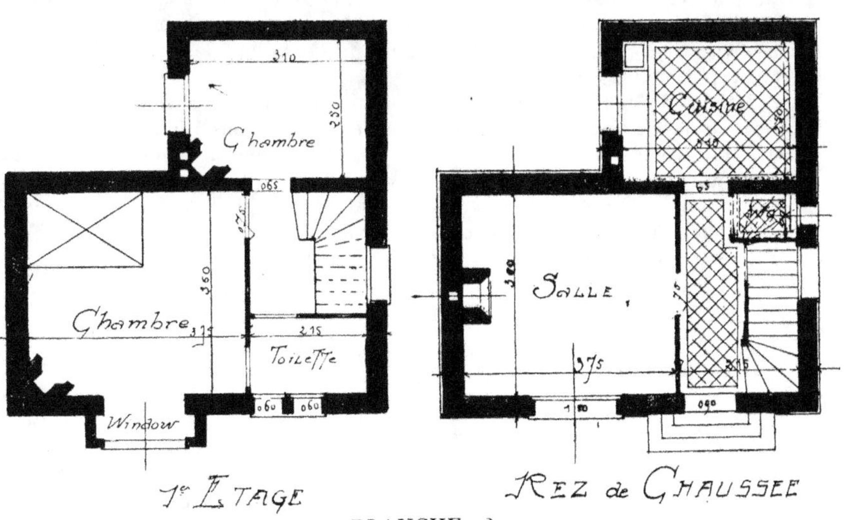

PLANCHE 2

Maison ouvrière dans le Nord : 5.000 francs.

Composée de :

Sous-sol comprenand deux caves, descente et dégagement, fosse étanche.

Rez-de-chaussée divisé en salle commune de 3.60 × 3.75, cuisine de 2.50 × 3.10, vestibule, escalier desservant le premier étage.

Premier étage sous comble distribué en : chambre de 3.75 × 3.60, autre chambre de 2.50 × 3.10; toilette, palier.

Construction établie sur rigoles remplies en béton, sous-sol en caillasse, élévation en caillasse, refend en briques ordinaires, cloisons de distribution en carreaux de plâtre : ravalement extérieur et soubassement jointoyés en creux, les parties d'ornementation enduites en ciment badigeonné, le perron et la descente de cave en béton aggloméré. Conduits de fumée en boisseaux gourlier, prolongés sur comble par des souches enduites en briques, couronnement en Portland et mitrons en terre cuite.

A l'intérieur : plancher haut du sous-sol en fer à T de 0.12 hourdé en briques de 0.06, planchers au-dessus et comble en bastaings, demi-bastaings et chevrons en sapin du commerce, avec saillies rabotées, auvent, consoles et voligeage.

Couverture en tuiles à emboîtement avec faîtage, rives, solins, embarrures et filets en Portland, derrières de cheminées, gouttières et tuyaux en zinc, croisées et porte d'entrée en chêne, persiennes en fer et tôle, menuiseries en sapin.

Garde-robe de water-closets, modèle III du Progrès de l'Hygiène, canalisation d'eaux pluviales et ménagères, canalisation des eaux potables.

Parquets en chêne 2ᵉ choix au rez-de-chaussée; en sapin 1ᵉʳ choix au 1ᵉʳ étage; carrelage en carreaux carrés rouges et blancs dans le vestibule et le water-closet et en Beauvais dans la cuisine; lesdits posés sur Portland avec forme.

Plinthes en carreaux dans la cuisine et le w.-c.

Trois cheminées capucines à revêtements en marbre avec foyer, ventouses et intérieurs rétrécis en faïence, plinthes et stylobates au bas des murs; escalier en sapin, quartier tournant à balustres, pour monter au premier étage, les marches seules en chêne; agencement de cuisine composé de fourneau en fonte et tôle, paillasse, évier en grès vernissé et son tuyau de décharge, ventilateur en tôle, revêtement en carreaux de faïence, tablette, applique, porte-casseroles.

Peinture : des plafonds à la colle, 2 couches; des murs de cuisine et de toutes les boiseries et ferrures visibles à l'huile, 3 couches; parquets replanis, encaustiqués et frottés. Vitrerie des croisées en verre de 3ᵉ choix. Tenture des murs en papier à 0 fr. 50 le rouleau d'achat avec apprêts et bordures assorties.

Cette maison peut être classée dans la catégorie des habitations à bon marché et, d'après la loi de 1906, est exonérée d'impôts pendant 12 ans.

Prix pouvant varier de 5.000 à 7.500 fr.

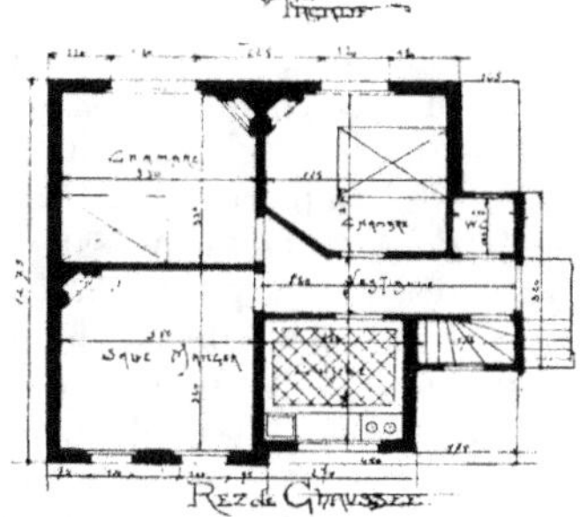

PLANCHE 3

Habitation ouvrière à Sevrais : 5.500 francs.

Cette construction comprend au sous-sol cave à vins, au rez-de-chaussée vestibule, salle à manger, 2 chambres à coucher, une cuisine, water-closets.

Terrasse. — Fouilles en déblai et en rigoles et régalage dans la propriété.

Maçonnerie. — *Cave*. Les rigoles de fondation en béton de cailloux, chaux hydraulique et sable de rivière. Maçonnerie des murs de cave en pierre du pays hourdée en mortier de chaux et jointoyée. Hourdis du plancher de cave en briques creuses de 0.06 et mortier. — *Rez-de-chaussée et étage*. Murs en pierre du pays jointoyée. Les intérieurs enduits en plâtre. Les cloisons en briques creuses de 0.06 enduites aux deux faces. Les conduits de fumée en poterie de 0.20 sur 0.20. Les souches en crépis à la chaux, avec recouvrement en ciment. Les plafonds augets avec lattis et enduit. Les carrelages de cuisine, vestibule en carreaux de ciment posés sur ciment. Evier en grès de 0.50 sur 0.65 avec bonde syphoïde. Revêtement de 3 rangs de carreaux de faïence au pourtour de l'évier, du fourneau et de la paillasse se trouvant entre le fourneau et l'évier. Mitrons en terre cuite sur souches. Scellement de lambourdes. Perron en pierre agglomérée.

Fumisterie, Marbrerie. — Une cheminée en bois, rétrécie en carreaux de faïence et foyer. Deux autres cheminées capucines en marbre noir, rétrécies faïence, rideau tôle. Un fourneau de cuisine en tôle et fonte avec charbonnier, bain-marie et four.

Charpente. — Les planchers en sapin de 0,08/0.28 et 0.65/0.17 assemblés au droit des trémies. Le comble tout en sapin de commerce. Escalier de la cave en chêne brut 0.041, avec balustres, poteaux et main courante corroyés, moulure astragalée.

Serrurerie, Quincaillerie. — Plancher de cave, fers à T, linteaux assemblés à boulons, 1 cours de chaînage en fer méplat avec ancres en fer carré, ferrage de la charpente, plates-bandes, boulons, pattes à scellement pour les huisseries, croisées, châssis et bâtis, barreaux en fer aux soupiraux. Ferrage des châssis par des fiches, chanteaux et targettes. La porte d'entrée, panneaux de fonte et vasistas en fer, serrure de sûreté, chaînette et bouton de tirage. Les croisées, fiches, chanteaux, équerres, crémone. Les volets persiennes en fer, les appuis en fonte, barres en bois. Les portes des caves, pentures, gonds à scellement, serrure noire. Les portes des pièces à paumelles, serrure 2 pênes, bouton double imitation ivoire. Une sonnette avec tirage. Ferrure des armoires. Trois pitons de suspension.

Puits, Canalisation, Fosse. — La canalisation en terre cuite avec syphons conduisant les eaux dans un puisard établi en pierre sèche. Fosse siphoïde.

Menuiserie, Parquets. — Les châssis en chêne sans dormant. Porte cave extérieure à frise et baguettes. Les huisseries en sapin, bâtis et contre-bâtis. La porte d'entrée tout en chêne à grand cadre, cymaise, table saillante et plinthe, avec panneaux de fonte. La porte sur jardin vitrée et à table saillante. Les croisées tout chêne, dormant 0.034, châssis 0.034 avec jet d'eau, pièces d'appui, gorge d'écoulement. Les portes intérieures tout en sapin, bâti 0.034, panneaux 0.018 à petit cadre et table saillante; chambranles, moulures, cymaises, cadre 1/2 baguettes au pourtour des croisées. Socles de marches. Agencement de cuisine, tablettes, barres à casseroles, dosserets, armoires à la demande. Plinthes ou stylobates au pourtour des murs de toutes les pièces. Parquet en chêne à l'anglaise sur lambourdes; rabotage des parquets.

Couverture, Plomberie. — La couverture en tuiles à emboîtement des parties saillantes, arêtiers, noues, etc., gouttières en zinc, tuyaux de descente avec crochets, crochets de service, tuyau de vidange, de l'évier. Un appareil w.-c. socle en fonte, abattant en chêne.

Peinture, Vitrerie. — Les plafonds à la colle, égrenage, rebouchage. Peinture à l'huile, 3 couches et rebouchage des w.-c., de la cuisine, de toutes les boiseries, la frise de la salle à manger, de tous les bois, fers extérieurs. L'encaustiquage des parquets. La vitrerie en verre simple. Les papiers de tenture avec apprêts et bordure sur tous les murs dépourvus de peinture.

COUPE
CHAMBRE
CHAMBRE
SALLE
A
MANGER
CUISINE
REZ DE CHAUSSÉE
CAVE
CAVE
CAVES

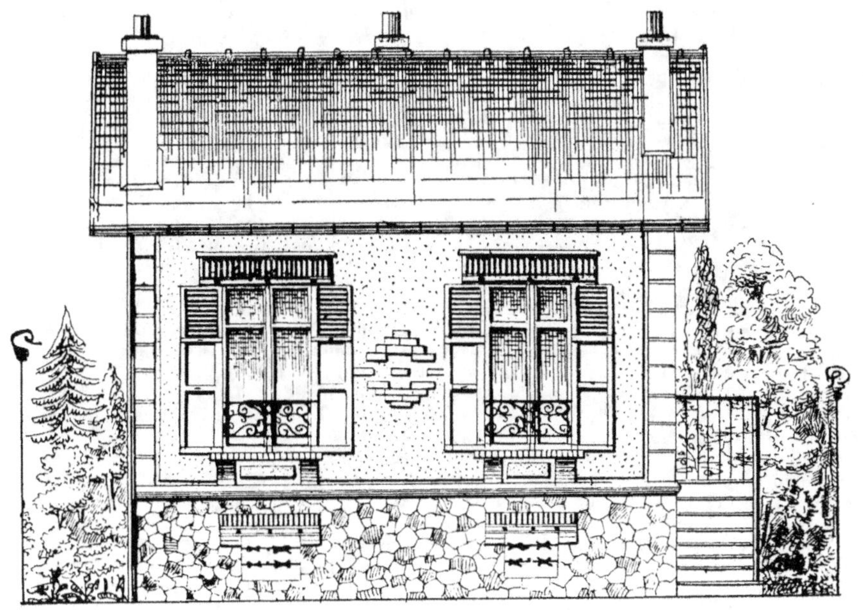

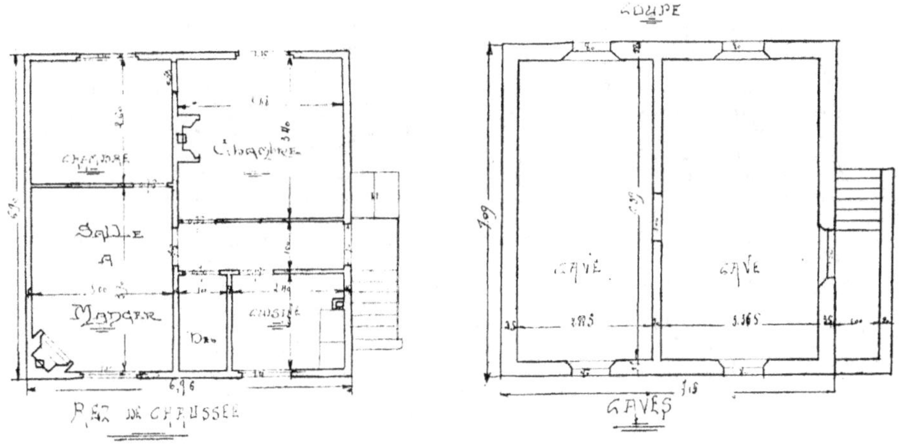

PLANCHE 4

Habitation ouvrière à Aulnay : 5.500 francs.

La construction comprend : au sous-sol : 2 grandes caves ; un rez-de-chaussée composé d'une salle à manger, 2 chambres, une cuisine, entrée et débarras, water-closets.

TERRASSE. — L'entrepreneur devra tous les terrassements nécessaires. — *Maçonnerie.* Les rigoles sous les murs seront remplies en béton de cailloux et mortier, de chaux hydraulique et sable de rivière avec 0.05 d'empâtement des murs et 0.40 de profondeur. Les murs du sous-sol en élévation seront en moellon smillé et mortier idem et jointés ciment en creux. Le mur de refend en cave sera en brique de 0.22 d'épaisseur et jointoyé au mortier de chaux hydraulique. Marches de descente de cave en béton aggloméré. Les murs en élévation seront en briques creuses de 0.16 jointoyées au mortier de chaux hydraulique. — *Ravalement des façades.* Les façades seront ravalées au moucheti tyrolien. Les tableaux des baies et les appuis de croisées en brique apparente, les joints en creux tirés au fer, le tout suivant dessins du plan. Les bandeaux du rez-de-chaussée seront en ciment. Les pilastres seront en métalline imitation pierre. Le perron sera en béton aggloméré avec rampe en fer. Le plancher des caves sera hourdé en brique. — *Distribution.* Toutes les cloisons intérieures seront en carreaux de plâtre deux enduits. Plafond latté hourdé de 3 crépis et enduits, tous les murs intérieurs seront crépis et enduits. Scellement de lambourdes rez-de-chaussée. Le mur de refend du rez-de-chaussée sera en briques creuses de 0.16, deux enduits. Tuyau de fumée en boisseaux de 0.20 × 0.20 avec chemisages, enduit faux-coffres. Prolongement des souches en dehors du comble, bandeaux en dos d'âne. Un mitron par conduit. L'entrepreneur devra faire tous les trous, scellements de poteaux et huisseries, entailles, raccords de toute nature à la demande. Lardis de clous et rappointis.

CARRELAGE. — L'entrée et la cuisine seront carrelées de cérame posée sur forme en sable et ciment, plinthe en carreaux dans la cuisine.

CHARPENTE. — Le faux plancher sera en 1/2 bastaing, espacé de 0.33 d'axe en axe et de 0.20 de portée dans l'épaisseur des murs. Trappe dans le grenier. La charpente et la toiture en sapin. Le plancher des caves sera en fer à T de 0.12.

SERRURERIE. — La porte d'entrée à 1 vantail ferré de pattes coudées et équerres fortes, de 3 paumelles doubles à boules et à équerre, une serrure de sûreté, une poignée en cuivre à l'intérieur et bouton de tirage avec chaînette, 2 verrous boîte fonte de 0.032, gâches et conduits. Les portes intérieures seront ferrées chacune de 3 paumelles de 0.11, bagues en cuivre, serrure pêne dormant 1/2 tour et bouton. Les croisées ferrées chacune de 7 pattes, 8 équerres simples, 6 paumelles de 0.11 et d'une crémone fer 1/2 rond de 0.018 et accessoires. Toutes les serrures seront marquées. L'entrepreneur devra toutes les pattes droites, coudées, contre-coudées et à scellements pour bâtis, contre-bâtis, dormants, etc. Panneau en fonte pour la porte d'entrée. Balcon et barreaux de soupiraux. Fourniture de la rampe du perron de la trappe de la descente de cave. Pitons de suspensions, entrée, salle à manger.

COUVERTURE ET PLOMBERIE. — La couverture en tuile plate, faîtage, gouttière et descente en zinc, revers en zinc. Dans la cuisine évier en grès émaillé de 0.55 × 0.85 avec bonde, vidange et siphon. Fourniture d'un appareil w.-c. avec fosse syphoïde.

MENUISERIE ET PARQUET. — La porte d'entrée à 1 vantail sera en chêne avec bâtis et imposte, panneaux à cadres, avec plates-bandes aux 2 faces et socles dans le bas, partie vitrée dans la partie haute, chambranles avec socles à la face intérieure de la porte d'entrée. Agencement dans la cuisine, tablettes, barres à casseroles et dosserets. Toutes les portes intérieures sapin seront à petits cadres et plates-bandes simples aux 2 parements, 3 panneaux par vantail dans la hauteur, bâtis 0.034, panneaux de 0.18, chambranles sapin aux socles aux 2 faces. Les croisées tout chêne, châssis 0.034, dormant 0.054 avec petits bois fermant à noix et gueule de loup avec jet d'eau. A l'intérieur des croisées, chambranles dito au pourtour. Petits cadres figurant panneaux avec plinthe et cimaise dans la salle à manger. Stylobates sapin dans la chambre. Les huisseries en sapin. Parquet pitchpin sur les lambourdes. Baguettes d'angle et 1/2 baguettes aux angles des murs. Volets en chêne.

FUMISTERIE. — Une cheminée modillon marbre rouge dans la salle à manger avec foyer et rinceau, revêtement en faïence, contrecœur en briques. Cheminées capucines noires dans les autres pièces. Un fourneau cuisinière d'un prix de 75 francs avec boîte à charbon, 4 rangs de carreaux faïence sur évier et fourneau.

PEINTURE, VITRERIE, TENTURE. — Tous les plafonds à la colle. Ceux de la cuisine à l'huile 2 couches et enduit. Toutes les menuiseries à l'huile et vernies. Celles extérieures de la porte d'entrée du vestibule dito. Les lambris de la salle à hauteur de 1 m. 10 seront à l'huile d°. Tous les balcons, le panneau de fonte de la porte d'entrée, barreaux de soupiraux, 2 couches. Tous les fers seront passés au minium, 1 couche au préalable. Carrelages lavés, parquets encaustiqués. Tous les nettoyages. Papier de tenture au prix d'achat moyen de 0 fr. 60 le rouleau. Bordure assortie suivant les pièces. Vitrerie en verre simple 3e choix. Surface : 48 mètres.

DÉTAIL DU DÉPART DE L'ESCALIER DANS LE HALL.
FAÇADE PRINCIPALE
CAVEAU
CAVE
FOYER
CHAMBRE
BAINS
PAL.
CHAMBRE
HALL SALON
W.C.
DEG.
CUISINE
SALLE A MANGER
SOUS SOL.
ÉTAGE
REZ DE CHAUSSÉE
NOTA. CAVES 2m 10
REZ DE CHAUSSÉE 3 00
ÉTAGE 2 85 DE HAUTEUR.

PLANCHE 5

Pavillon construit en Suisse : 6.500 francs.

Ce pavillon se compose :

Sous-sol : cave et caveau; Rez-de-chaussée : hall-salon, salle à manger, cuisine, vestibule, w.-cl.; Premier étage : deux grandes chambres, salle de bains.

TERRASSE. — Fouilles en déblai ou en rigoles, jets, reprises, chargements, transports, regalage et nivellement dans la propriété. Puisard à pierres sèches et canalisation, en grès vernissé, des eaux pluviales et ménagères.

MAÇONNERIE. — Sous-sol : rigoles remplies en béton de cailloux et mortier de chaux hydraulique et sable de rivière, sol battu et pilonné avec couche de sable de 0.05 d'épaisseur. Murs de fondation jusqu'au sol du rez-de-chaussée seront en moellon du pays hourdé, en mortier de chaux hydraulique. Celui de l'escalier en briques de 0.11 et mortier idem jointoyées. Marches de descente des vins seront en béton aggloméré. Plancher du sous-sol hourdé en plâtras et plâtre. Murs des façades en moellon du pays et mortier de chaux. Mur refend en briques de 0.11. Conduits en plâtre sur murs et cloisons à l'intérieur du bâtiment. Murs de l'escalier en briques de 0.07. Ravalement des façades, partie haute en crépi tyrolien, les faux pans de bois en ciment, tableaux des baies en mortier lissé, à arêtes et champs. Planchers lattés et enduits avec augets. Corniches et rosaces en staff dans salon et salle à manger. Plafond rampant d'escalier latté et enduit en plâtre. Tuyaux de fumée et en boisseaux de 0.20 × 0.20 avec chemisages. Prolongement des souches en dehors du comble avec couronnements en ciment et mitrons. Fosse syphoïde. Trous et scellements de poteaux, huisseries, entailles et raccords de toute nature, lardis de clous et rapointis, scellement de lambourdes au rez-de-chaussée. Perron extérieur en béton aggloméré.

CARRELAGE. — Vestibule et salle de bains carrelés en carreaux de mosaïque, cuisine en carreaux de Beauvais. Le tout sur ciment.

CHARPENTE. — Planchers du 1er étage et faux plancher en bastaings et 1/2 bastaings de sapin. Escalier en pitchpin avec limons de 0.08 épaisseur, marches de 0.041, contre-marches de 0.018, poteaux à main courante et balustres. Charpente de la toiture en sapin, plates-formes 0.065 × 0.17, poteaux pour faîtages 0.15 × 0.15, poinçon 0.12 × 0.12, faîtages et pannes en bastaings de 0.065 × 0.17. Chevronnage 0.075 × 0.08, saillies, auvents et lucarnes en sapin raboté.

SERRURERIE. — Plancher des caves en fer de 0.10 avec entretoises et fentons. Les linteaux en fer à T. Chaînage en fer de 0.007 × 0.035. Plates-bandes pour limons-boulons d'écartement. Les soupiraux et châssis du sous-sol munis de barreaux en fer rond de 0.018 scellés. Porte de descente des vins ferrée de pentures avec gonds et scellements, et serrure, deux pênes et verrou intérieur, vasistas en fer rainé. Imposte au-dessus à châssis ouvrant ferré de paumelles, loqueteau, conduit et tirage. Portes intérieures ferrées de : 3 paumelles de 0.11, serrure pêne dormant 1/2 tour et bouton double, imitation ivoire. Bec de cane et targette aux portes des w.-c. et bains. Croisées ferrées de 7 pattes, 8 équerres simples, 6 fiches chanteau de 0.11 et 1 crémone fer demi-rond de 0.018. Persiennes en fer compris tous accessoires et peinture au minium. Fers peints au minium avant leur emploi et serrures marquées, première qualité. Pattes droites, coudées, contrecoudées et à scellement pour bâtis, contre-bâtis dormant. Fers pour hotte du fourneau, descentes en fonte, rapointis, clous à bateaux et pitons de suspension dans entrée et salle à manger.

COUVERTURE, PLOMBERIE. — Couverture en ardoise sur volige en sapin, solins en plâtre aux souches de cheminées, noquets, faîtage, vives descentes et gouttière en zinc, n° 12. Dans la cuisine, évier en grès émaillé de 0.60 × 0.60 avec bonde vidange et siphon. W.-c. Garde-robe à effet d'eau direct avec abattant en chêne ciré.

MENUISERIE ET PARQUETS. — Porte de cave en sapin brut de 0.027, barres chêne. Porte de descente des vins par frises avec baguettes sur joints et jet d'eau en chêne bâtis chêne 0.034, panneaux sapin 0.027. Châssis vitrés en chêne pour soupiraux avec jet d'eau dans le bas. Porte d'entrée à un vantail en chêne avec dormant, imposte, panneaux à grands cadres, plates-bandes, plinthe dans le bas, panneau de fonte ornée et chambranle avec socles à l'intérieur. Agencement de cuisine; 3 mètres de tablettes, barres à casseroles et dosseret. Portes intérieures en sapin à petits cadres et plates-bandes aux deux parements, 3 panneaux, chambranles avec socles aux deux faces. Croisées tout chêne, châssis 0.034, dormant 0.054, noix et gueule de loup, jet d'eau et pièce d'appui, chambranles avec socle. Tapées en chêne pour persiennes en fer. Petits cadres figurant panneaux avec plinthe et cimaise de 0.06 dans salle à manger. Stylobates sapin dans vestibule, salon et chambres, plinthes dans le reste. Socles de marches rampants en sapin. Parquets chêne 0.027 deuxième choix, à l'anglaise sur les lambourdes au rez-de-chaussée. Sapin rouge idem au premier étage sur solives. Baguettes d'angle et 1/2 baguettes aux angles des murs.

FUMISTERIE. — Dans la cuisine, un fourneau cuisinière de 0.75 à retour de flamme, à charbon de terre et charbon de bois avec bain-marie; four, boîte à charbon et accessoires. Trappe en tôle et crémaillère à la hotte. Une paillasse entre le fourneau et l'évier, revêtements sur la paillasse au pourtour de la cuisinière et de l'évier, en lave émaillée. Dans salle à manger, salon et chambres, cheminées en marbre avec foyer. Arrangements intérieurs, rétrécies en lave, cadre cuivre, rideau et âtre en carreaux, contre-cœurs en briques.

PEINTURE, VITRERIE, TENTURE. — Plafonds à la colle, 2 couches. Ceux de la cuisine ainsi que les murs et menuiseries à 3 couches et à 2 tons pour celles intérieures; un ton pour celles extérieures. Celles de porte d'entrée, salle à manger et vestibule idem façon décor vernis. Panneaux de fonte, barreaux de soupiraux, persiennes, huile 3 couches dont une de minium. Carrelages lavés, parquets en chêne encaustiqués. Pose et fourniture de papier de tenture à 0 fr. 60 le rouleau. Bordures assorties suivant les pièces. Vitrerie en verre simple 3e choix pour les portes vitrées et croisées.

SOUS-SOL
FOSSE
CAVE
2.95
4.05
T. PLEIN
MASSIF
FAÇADE PRINCIPALE

PLANCHE 6

Habitation ouvrière : 6.500 francs.

Ce pavillon se compose :

Sous-sol : cave et fosse.

Rez-de-chaussée : salle à manger, cuisine, w.-c.

Premier étage : chambre, toilette, grenier.

TERRASSE. — Fouille en déblai ou en rigoles, jets, reprises, chargements, transports, regalage et nivellement dans la propriété.

MAÇONNERIE. — Sous-sol : rigoles remplies en béton de cailloux et mortier de chaux hydraulique et sable de rivière.

Murs de fondation jusqu'au sol du rez-de-chaussée seront en moellon du pays hourdé en mortier de chaux hydraulique.

Marches de descente des vins seront en béton aggloméré.

Plancher du sous-sol en aggloméré.

Rez-de-chaussée et étages : Murs des façades en moellon du pays et mortier de chaux. Conduits de fumée gourlier de 0.20×0.20 avec chemisage, faux-coffres et hourdis derrières cloisons et carreaux de plâtre.

Ravalement des façades, partie haute en crépi tyrolien, les faux bois en ciment, tableaux des baies, arêtes et champs, soubassement. Enduit en ciment joints en creux sur moellon.

Planchers lattés et enduits avec augets.

Plafond rampant d'escalier, latté et enduit en plâtre.

Prolongement des souches en dehors du comble avec couronnements en ciment.

Fosse syphoïde.

Trous et scellements de poteaux, huisseries, entailles et raccords de toute nature, lardis de clous et rapointis, scellement de lambourdes au rez-de-chaussée.

Marches extérieures en béton aggloméré.

CARRELAGE. — Cuisine, w.-c. en carreaux de Beauvais. Le tout sur ciment. Plinthes en carreaux au bas des murs.

CHARPENTE. — Planchers du 1ᵉʳ étage et faux plancher en bastaings et 1/2 bastaings de sapin.

Escalier en sapin sur crémaillères, marches de 0.041, contre-marches de 0.018.

Charpente de la toiture en sapin, bastaings 0.065×0.17.

Chevronnage 0.075×0.08, saillies et lucarnes en sapin raboté.

SERRURERIE. — Plancher des caves en fer de 0.10 avec entretoises et fentons.

Les linteaux en fer à T.

Chaînage en fer de 0.007×0.035.

Plates-bandes pour limons-boulons d'écartement.

Les soupiraux et châssis du sous-sol munis de barreaux en fer rond de 0.018 scellés.

Porte de descente des vins, ferrée de pentures avec gonds et scellements, et serrure deux pênes et verrou intérieur.

Porte d'entrée à un vantail ferrée de pattes coudées, équerres fortes, poignée en cuivre à l'intérieur, bouton de tirage avec chaînette à l'extérieur, panneau en fonte ornée, vasistas en fer rainé. Imposte au-dessus à châssis ouvrant ferré de paumelles, loqueteau, conduit et tirage.

Portes intérieures ferrées de : 3 paumelles de 0.11, serrure pêne dormant 1/2 tour et bouton double, imitation ivoire.

Bec de cane et targette aux portes des w.-c.

Croisées ferrées de 7 pattes, 8 équerres simples, 6 fiches chanteau de 0.11 et 1 crémone fer demi-rond de 0.018.

Persiennes en fer compris tous accessoires et peinture au minium.

Fers peints au minium avant leur emploi et serrures marquées, première qualité.

Pattes droites, coudées, contre-coudées et à scellement pour bâtis, contre-bâtis, dormants.

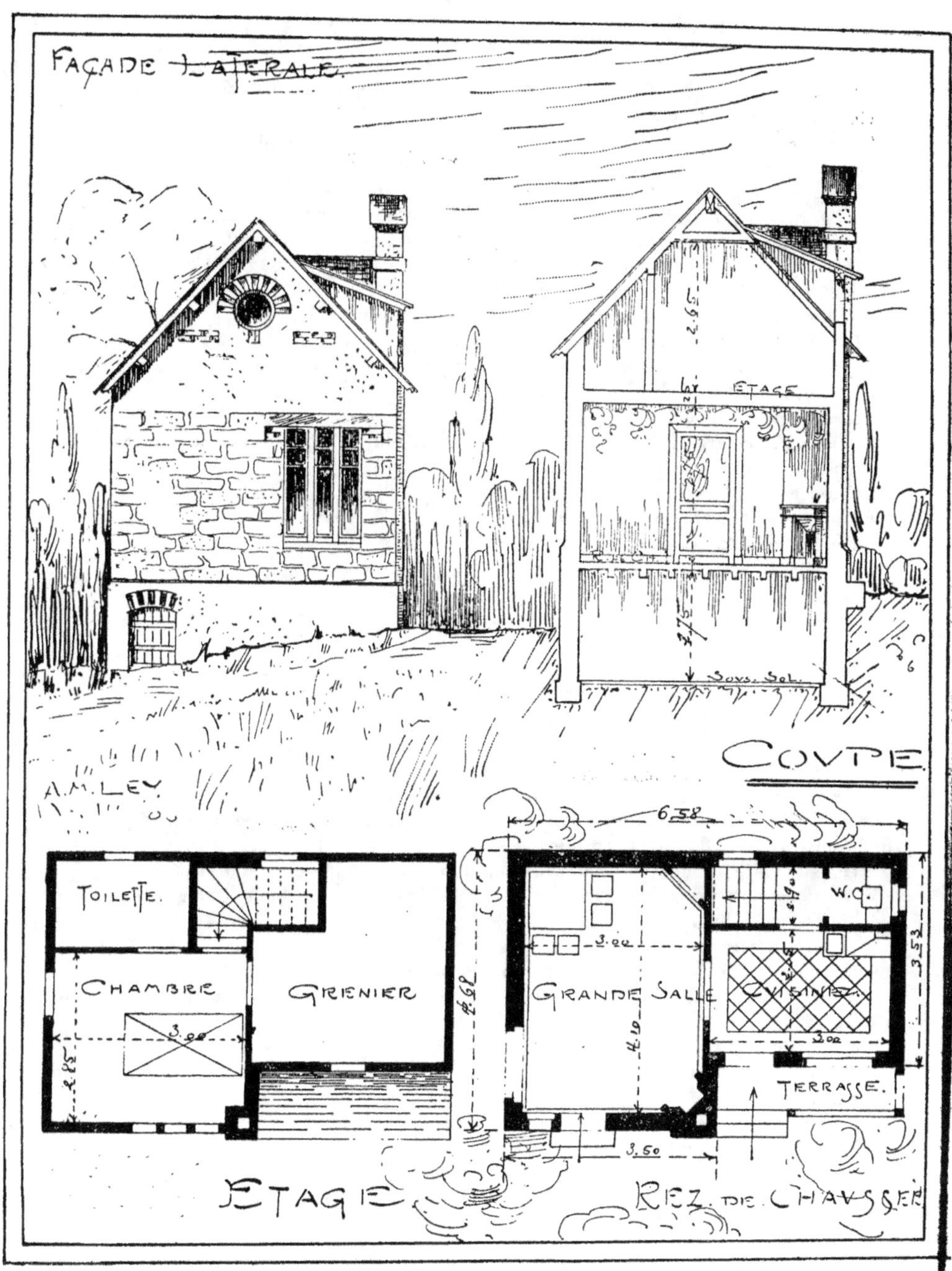

PLANCHE 6 *bis*

Habitation ouvrière : 6.500 francs *(suite)*.

Fers pour hotte du fourneau, descentes en fonte, rapointis, clous à bateaux et pitons de suspension, cuisine et salle à manger.

Couverture, Plomberie. — Couverture en tuiles grand moule sur liteaux, sapin, solins en ciment, faîtage en terre cuite, noquets, descentes et gouttière en zinc, n° 12.

Dans la cuisine, évier en grès émaillé de 0.60 × 0.60 avec bonde vidange et siphon, w.-c., garde-robe à effet d'eau direct avec abattant en chêne ciré.

Menuiserie et Parquets. — Porte de cave en sapin brut de 0.027, barres chêne.

Porte de descente des vins par frises avec baguettes sur joints et jet d'eau en chêne, bâtis chêne 0.034, panneaux sapins 0.027.

Châssis vitrés en chêne pour soupiraux avec jet d'eau dans le bas.

Porte d'entrée à un vantail en chêne avec dormant, imposte, panneaux à grands cadres, plates-bandes, plinthe dans le bas, panneau de fonte ornée et chambranle avec socles à l'intérieur.

Agencement de cuisine; 3 mètres de tablettes, barres à casseroles et dosseret.

Portes intérieures en sapin à petits cadres et plates-bandes aux deux parements, 3 panneaux, chambranles avec socles aux deux faces.

Croisées tout chêne, châssis 0.034, dormant 0.054 à noix, et gueule de loup, jet d'eau et pièce d'appui, chambranles avec socle.

Tapées en chêne pour persiennes en fer.

Stylobates sapin.

Socles de marches rampants en sapin.

Parquets chêne 0.027 deuxième choix, à l'anglaise sur les lambourdes au rez-de-chaussée.

Sapin rouge idem au premier étage sur solives.

Baguettes d'angle et 1/2 baguettes aux angles des murs.

Fumisterie. — Dans la cuisine un fourneau cuisinière de 0.75 à retour de flamme, à charbon de terre et charbon de bois avec bain-marie, four, botte à charbon et accessoires.

Trappe en tôle et crémaillère à la hotte.

Une paillasse entre le fourneau et l'évier, revêtements sur la paillasse au pourtour de la cuisinière et de l'évier en faïence.

Dans la salle à manger et chambres cheminées en marbre avec foyer.

Arrangements intérieurs, rétrécis faïence, cadre cuivre, rideau et âtre en carreaux, contre-cœurs en briques.

Peinture, Vitrerie, Tenture. — Plafonds à la colle, 2 couches.

Ceux de la cuisine à l'huile, ainsi que les murs.

Menuiseries à 3 couches et à 2 tons pour celles intérieures; un ton pour celles extérieures.

Celles de porte d'entrée, façon décor vernis.

Panneaux de fonte, barreaux de soupiraux, persiennes, huile 3 couches dont une de minium.

Carrelages lavés, parquets en chêne encaustiqués.

Pose et fourniture de papier tenture à 0 fr. 60 le rouleau.

Bordures assorties suivant les pièces.

Vitrerie en verre simple 3ᵉ choix pour les portes vitrées et croisées.

Façade Principale
Salle à Manger
Vestibule
Cuisine
Rez de Chaussée
Grenier
Grenier
Chambre
1er Étage

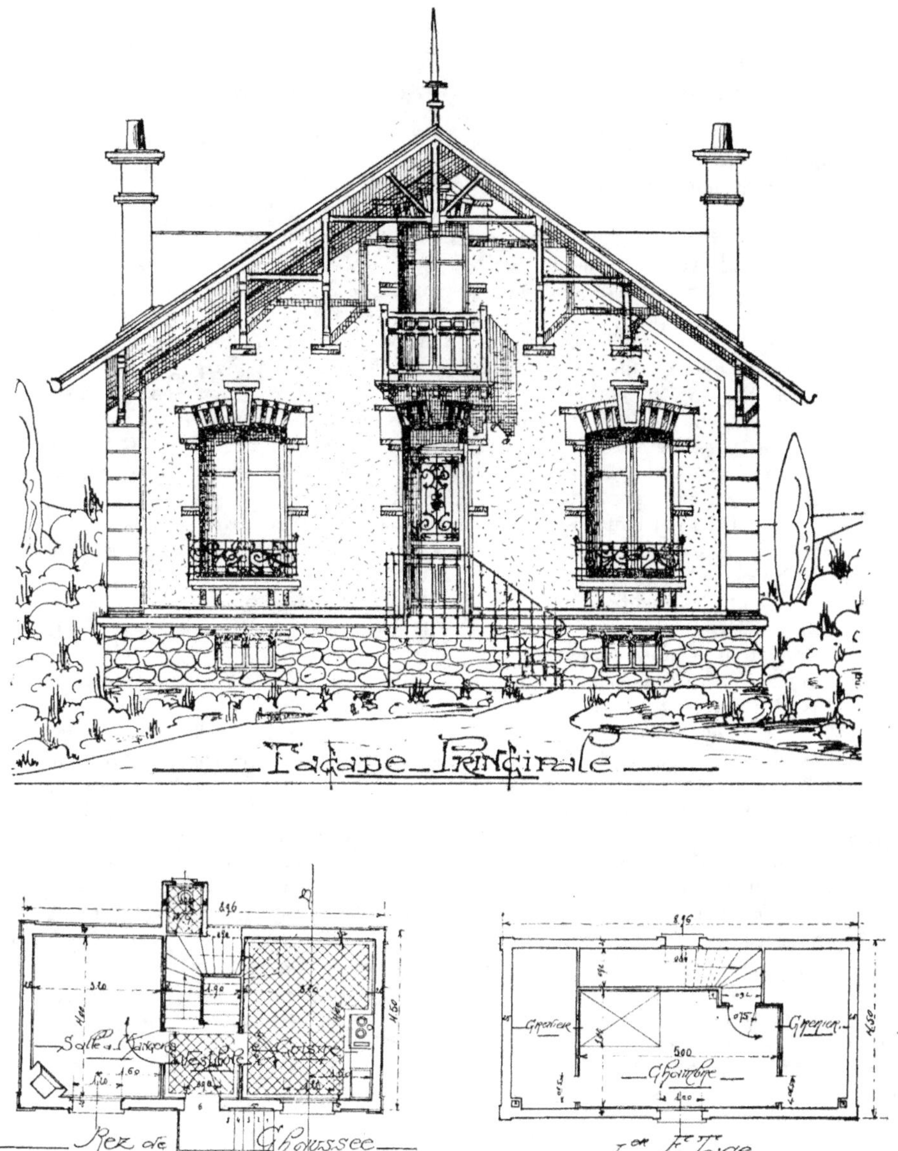

PLANCHE 7

Habitation ouvrière à Cœuilly : 6.900 francs.

Composée de :

Sous-sol comprenant deux caves, descente et dégagement, w.-c. en saillie, fosse syphoïde.

Rez de-chaussée divisé en salle à manger 3.20×4.00, cuisine de 4.00×3.20, vestibule, escalier desservant le premier étage.

Premier étage sous comble distribué en : chambre de 5.00×3.00, greniers et couloir.

Construction établie sur rigoles remplies en béton, sous-sol en caillasse, élévation en briques de pays avec chaînes, arcs, sommiers en briques, façon bourgogne 1er choix, cloisons de distribution en carreaux de plâtre ; ravalement extérieur en moucheti tyrolien, soubassement jointoyé en creux, les parties de briques apparentes jointoyées en chaux à joints tirés, le perron et la descente de cave en béton aggloméré. Conduits de fumée en boisseaux Gourlier, prolongés sur comble par des souches enduites en chaux teintée, couronnement en Portland et mitrons en terre cuite.

A l'intérieur : plancher haut du sol-sol en fer à T de 0.12 hourdé en briques de 0.06, planchers au-dessus et comble en bastaings, demi-bastaings et chevrons en sapin du commerce, avec saillies rabotées, fausse ferme, consoles et voligeage.

Couverture en tuiles à emboîtement avec faîtage, rives, solins, embarrures et filets en Portland, derrières de cheminées, gouttières et tuyaux en zinc, croisées et porte d'entrée en chêne, persiennes en fer et tôle, menuiseries en sapin.

Garde-robe de water-closets modèle III du Progrès de l'Hygiène, canalisation d'eaux pluviales et ménagères, au-dessus de l'évier, fosse syphoïde.

Parquets en chêne 2e choix au rez-de-chaussée : en sapin 2e choix au 1er étage ; carrelage en carreaux carrés rouges et blancs dans le vestibule et le water-closet et en Beauvais dans la cuisine ; lesdits posés sur Portland avec forme.

Plinthes en carreaux dans la cuisine.

Une cheminée capucine à revêtements en marbre avec foyer, ventouses et intérieurs rétrécis en faïence, plinthes et stylobates au bas des murs ; escalier en sapin encloisonné pour monter au premier étage, les marches seules en chêne ; agencement de cuisine composé de fourneau en fonte et tôle, paillasse, évier, revêtement en carreaux de faïence, tablette, applique, porte-casseroles.

Peinture : des plafonds à la colle 2 couches ; des murs de cuisine et de toutes les boiseries et ferrures visibles à l'huile, 3 couches ; parquets replanis, encaustiqués et frottés. Vitrerie des croisées en verre de 3e choix. Tentures des murs en papier à 0 fr. 50 le rouleau d'achat avec apprêts et bordures assorties.

Cette maison, en y établissant une fosse étanche, peut être classée dans la catégorie des habitations à bon marché et d'après la loi de 1906 est exonérée d'impôts pendant 12 ans.

320
320
Ch
400
300
Ch
WC
Ch
300
400
Salle Commune
Cuisine
320
Porche
PLAN REZ de CHAUSSEE

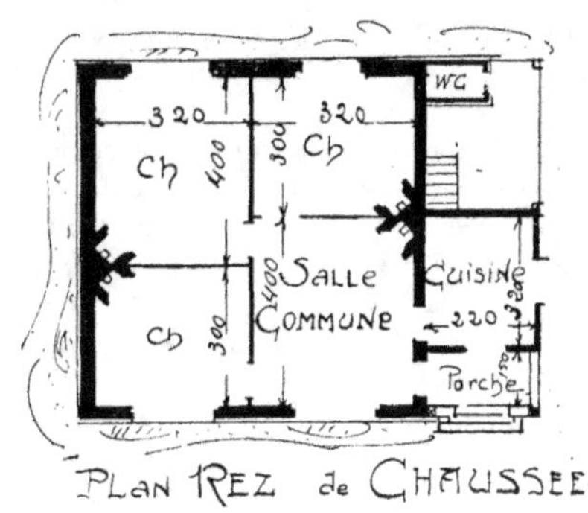

PLANCHE 8

Maison ouvrière en Champagne : 7.000 francs.

Cette habitation se compose de :

Sous-sol comprenant une cave, une descente et la fosse étanche ; rez-de-chaussée divisé en : 1° bâtiment principal, salle commune de 4.00×3.20, deux chambres de chacune 3.00×3.20, une autre chambre de 4.00×3.20 ; 2° appentis, porche de 2.20×1.50, cuisine 2.20×3.20, hangar et w.-c.

Construction établie partie sur sous-sol, partie sur terre-plein, rigoles remplies en béton de cailloux, chaux hydraulique et sable ; sous-sol et élévation en caillasse en bandaux et arcs de baies en briques repressées rouges et blanches.

Ravalements extérieurs jointoyés en creux en chaux hydraulique sur la caillasse, parcmentés à joints remplis en chaux et tirés au fer sur la brique ; conduits de fumée en boisseaux Gourlier de 16×25 prolongés sur comble par des souches enduites en chaux teintée avec couronnement en Portland et mitrons en terre cuite ; murs de cuisine et water-closet en briques ainsi que le mur de refend ; marches et appui en béton aggloméré.

A l'intérieur, cloisons en carreaux de plâtre ou briques de 0.06 ravalées des deux côtés, plancher de caves dans toute la surface pour éviter l'humidité sous les chambres, hourdé en briques de 0. 06, plancher du rez-de-chaussée en bastaings de sapin, hangar et comble en sapin à saillies rabotées, voligées, consoles et balustrades de perron en sapin à chanfrains, tous les bois extérieurs passés à l'huile et vernis.

Couverture en tuile à emboîtement du pays, faîtage en terre cuite, filets, solins, ruellées, arêtiers, ciment de Portland, derrières de cheminées, gouttières et tuyaux en zinc.

Croisées et portes extérieures en sapin rouge, balcons en fonte à main-courante en fer demi-rond et pitons, volets-persiennes brisés en fer et tôle, échelle portative extérieure pour le service du grenier, portes intérieures, huisseries, chambranles, cymaises, plinthes, stylobates et agencement de cuisine en sapin. Parquets en sapin rouge dans les trois chambres, en sapin de rebut dans le grenier ; carrelage en céramique de ciment dans la salle commune et le porche, en carreaux rouges dans la cuisine et le w.-c., en briques à plat dans le hangar ; marches de descente de cave en chêne brut.

Eau au-dessus de la pierre d'évier. Il peut aussi être établi dans une des caves une citerne en ciment ; dans ce cas, l'eau de cette citerne est distribuée sur l'évier, le w.-c. et l'arrosage du jardin.

Dans les quatre pièces, cheminées en marbre à revêtements et intérieurs rétrécis en faïence ; à la cuisine, évier en grès vernissé, paillasse, fourneau en fonte et tôle à charbonnier, revêtements en carreaux de faïence et ventilateur en tôle remplaçant la hotte ; aux watter-closets garde-robe à effet d'eau direct.

Plafond peint à la colle, deux couches, boiseries intérieures, murs et plafonds de cuisine, salle commune et w.-c. à l'huile, 3 couches, égrenées, rebouchées, vernies avec frises au pochoir dans la salle et le porche.

Vitrerie simple, 3e choix.

Tenture en papier à 0 fr. 50 le rouleau avec bordure.

Cette maison rentre dans la catégorie des habitations à bon marché, bénéficie des avantages de la loi de 1906 et est exonérée d'impôts pendant douze ans.

PLANCHE 9

Habitation ouvrière : 7.500 francs.

Cette habitation se compose de :

Sous-sol comprenant deux caves, fosse tinette, rez-de-chaussée divisé en salle commune, chambre, cuisine, buanderie et escalier, w.-c.

Premier étage : deux chambres, toilette, penderie.

Construction établie sur sous-sol, rigoles remplies en béton de cailloux, chaux hydraulique et sable; sous-sol en caillasse, élévation en briques de pays de 0.22 d'épaisseur, jointoyées en chaux. Ravalements extérieurs jointoyés en creux, en chaux hydraulique sur les parties, caillasse sur briques enduit en chaux, conduits de fumée en boisseaux Gourlier de 16 × 25, prolongés sur comble par des souches enduites en chaux

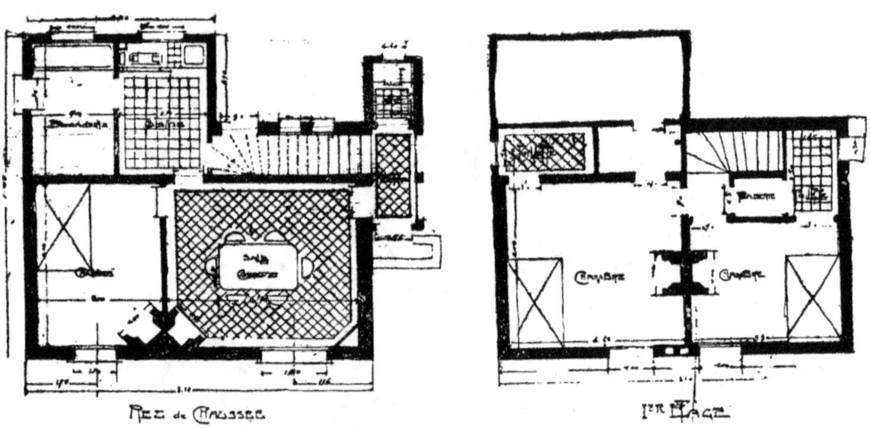

teintée avec couronnements en Portland. Murs de refends en briques; marches et appuis en béton aggloméré.

A l'intérieur, cloisons en carreaux de plâtre ou briques de 0.06 ravalées des deux côtés, plancher de caves, bourdé en briques de 0.06, plancher haut du rez-de-chaussée en bastaings de sapin, comble en sapin à saillies, voligeage.

Couverture en tuile à emboîtement, faîtage en terre cuite, filets, solins, ruellées, ciment de Portland, derrières de cheminées, gouttières tuyaux en zinc.

Châssis, croisées et portes extérieures en chêne, et pitons, volets bois.

Portes intérieures, huisseries, chambranle, cymaises, plinthes, stylobates et agencement de cuisine en sapin. Parquets en sapin rouge dans les deux chambres au 1ᵉʳ, en chêne 2ᵉ choix dans la salle à manger et chambre; carrelage en carreaux rouges dans la cuisine, entrée et le w.-c., marches de descente de cave en chêne brut, buanderie dallage ciment.

Installation de l'eau au-dessus de la pierre d'évier. W.-c. et un robinet pour le jardin.

Dans les pièces, cheminées en marbre à revêtements et intérieurs rétrécis en faïence; à la cuisine, évier en grès vernissé, paillasse, fourneau en fonte et tôle à charbonnier, revêtement en carreaux de faïence; aux water-closets garde-robe à effet d'eau direct.

Plafonds peints à la colle, deux couches, boiseries intérieures et extérieures, murs et plafonds de cuisine, et w.-c. à l'huile, 3 couches, égrenées, rébouchées, vernies.

Vitrerie simple, 3ᵉ choix.

Tenture en papier à 0.50 le rouleau avec bordures.

Cette maison rentre dans la catégorie des habitations à bon marché, bénéficie des avantages de la loi de 1906 et est exonérée d'impôts pendant douze ans.

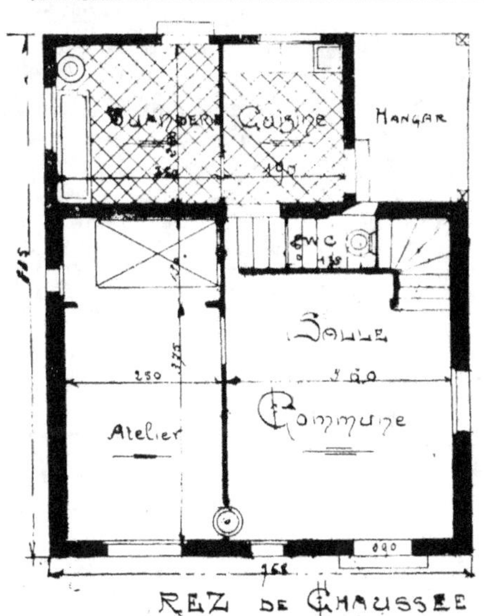

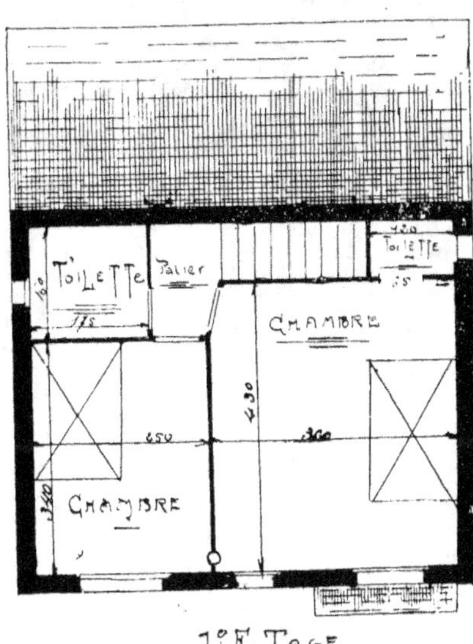

PLANCHE 10

Habitation ouvrière : 7.800 francs.

Cette maison se compose : au rez-de-chaussée, de salle commune de 3.75 × 4.00, atelier de 2.50 × 3.75 avec alcove de 1.30 × 3.75 et entre ces deux pièces un poêle dont le conduit placé dans la cloison séparant les deux pièces, monte au premier étage. Étant ménagés, deux judas dans les plafonds, deux judas formant bouches de chaleur sur le plancher, ce poêle pourra chauffer toute la maison, la chaleur tendant toujours à monter; water-closet sous l'escalier allant à une fosse syphoïde ou fosse réglementaire suivant le département; cuisine de 2.50 × 1.90, avec fourneau, évier, tablette en faïence entre ces deux derniers; buanderie de 2.50 × 2.50, dans laquelle se trouve un bac en ciment de la dimension d'une baignoire pouvant servir à prendre des bains; un hangar servant au besoin de salle à manger d'été. Au 1er étage, une grande chambre 3.60 × 4.30 et une petite 3.40 × 2.50, ayant chacune un cabinet de toilette. Au-dessus un grenier avec trappe pour y accéder.

Terrasse. — Fouille en déblai ou en rigole pour fosse, puisard, jets, reprises, chargements, transports, régalage et nivellement dans la propriété. Puisard en pierres sèches pour recevoir la canalisation des eaux pluviales et ménagères.

Maçonnerie. — Les rigoles remplies en béton de cailloux et mortier, de chaux hydraulique et sable de rivière, le radier de la fosse aussi en béton de 0.20. L'intérieur des murs de la fosse enduit en ciment de Portland, arêtes arrondies aux angles des murs et du radier. Les murs des façades en brique de 0.22 d'épaisseur dite de plaine et mortier de chaux d° pour la salle et l'atelier et en briques creuses de 0.16 pour la buanderie et la cuisine. Les enduits de plâtre sur les murs et cloisons à l'intérieur du bâtiment. Les autres cloisons du rez-de-chaussée et du premier étage en carreaux de plâtre de 0.06 enduites en plâtre aux 2 faces, les plafonds aussi enduits en plâtre. Le ravalement des façades enduit en chaux badigeonné à deux couches, les linteaux apparents. Les appuis des croisées en brique apparente, les joints en creux tirés au fer. Le plafond rampant d'escalier latté et enduit de plâtre. Tuyau de fumée en boisseaux de 0.20 × 0.20 avec chemisages pour la buanderie, cuisine, et sur comble pour poêle. Prolongement des souches en dehors du comble avec enduit en dos d'âne et bandeau. Un mitron par conduit. Canalisation en grès vernissé pour décharges de buanderie, d'évier et eaux ménagères. Trous, scellements de poteaux et huisseries, entailles et raccords de toute nature, lardis de clous et rapointis. Scellements de lambourdes au rez-de-chaussée, en laissant un courant d'air sous le parquet à cause de l'humidité. Les marches et seuils en béton aggloméré.

Carrelage. — La cuisine, la buanderie et le w.-c. en carreaux rouges carrés, sur ciment.

Charpente. — Le plancher du premier étage et du faux plancher en bastaing et 1/2 bastaing espacé de 0.40 à 0.45 d'axe en axe et 0.20 de portée dans les murs. L'escalier conduisant à l'étage, marches chêne de 0.034 et contremarches de 0.018, poteaux mains-courantes et balustres en sapins. La charpente de la toiture et celle du hangar et de l'auvent en bastaings de 0.065 × 0.17. Les chevrons en sapin 0.065 × 0.08. Les balcons et consoles en sapin.

Serrurerie. — Les linteaux en fer à T apparents pour ceux en façades. Cours de chaînage en fer méplat de 0.004 à 0.007 de 0.03 de largeur au plancher et pour les plates-formes du comble. Plates-bandes pour limons, boutons d'écartement. La porte d'entrée à 1 vantail ferrée de pattes coudées, et équerres fortes, une poignée en cuivre à l'intérieur et bouton de tirage avec chaînette, petits en fer à moulures. Les portes intérieures ferrées de 3 paumelles de 0.11, bagues en cuivre, serrure pêne dormant 1/2 tour et bouton double en cuivre. Becs de cane et targettes aux portes des w.-c. et toilettes. Ferrure des volets par pentures et gonds, loqueteaux, poignées, crochets et arrêts. Les fers peints au minium avant leur emploi. Ferrure des croisées par pattes, équerres, paumelles de 0.11 et crémones de 0.018. Les serrures marquées. Pattes droites, coudées, contrecoudées et à scellement pour bâtis, contre-bâtis, dormants.

Couverture, Plomberie. — La couverture tuiles à emboîtement avec faîtières, ruellées et solins en ciment aux souches de cheminées. Gouttières en zinc n° 12. Descente en zinc de 0.08 de diamètre, et raccords avec la canalisation conduisant les eaux au puisard. Dans le w.-c. appareil avec abattant en chêne et cuvette porcelaine. Dans la cuisine évier en grès émaillé de 0.50 × 0.60 avec bonde, vidange et siphon. Robinet en cuivre alimentant la toilette et un lavabo en fonte émaillée et décharge dans un des cabinets de toilette.

Menuiserie et Parquets. — La porte vitrée d'entrée en chêne à panneaux et plinthe, chambranles avec socles à la face intérieure. Agencement dans la cuisine 3 m. de tablettes, barres à casseroles et dosseret. Les portes intérieures en sapin à petits cadres et plates-bandes simples aux deux parements, 3 panneaux et chambranles sapin avec socles aux deux faces. Les croisées tout sapin, châssis 0.034, dormant 0.054 avec petits bois noix, gueule de loup, jet d'eau et pièce d'appui. A l'intérieur des croisées, moulures, chambranles au pourtour. Stylobates sapin dans la salle commune, plinthe dans le reste des pièces. Les huisseries en sapin 0.08 × 0.08. Socles de marches, rampants en sapin. Parquet chêne à frise 2e choix posé à l'anglaise sur les lambourdes au rez-de-chaussée. Sapin au premier étage sur solives.

Fumisterie. — Ventilateur en tôle remplaçant la hotte. Une paillasse entre le fourneau et l'évier, revêtements en carreaux de faïence, au pourtour de la cuisinière et de l'évier de 4 rangs de carreaux compris bordure. Plaque en faïence sur la paillasse.

Peinture, Vitrerie, Tenture. — Plafonds à la colle, 2 couches. Ceux de la cuisine et w.-cl. à l'huile, 3 couches. Les menuiseries à l'huile, 3 couches compris impression. Carrelages lavés, parquets en chêne encaustiqués. Pose et fourniture de papier de tenture du prix d'achat de 0 fr. 40 le rouleau. Bordure assortie suivant les pièces. Vitrerie en verre simple 3e choix pour les portes vitrées et les croisées.

PLAN DU
REZ DE CHAUSSÉE
W.C.
CUISINE
COULOIR
SALON
SALLE A MANGER
CHAMBRE
PALIER
W.C.
BAINS
CHAMBRE
ÉTAGE
FOSSE
P.P.
P. PLEIN
CAVE
SOUS-SOL

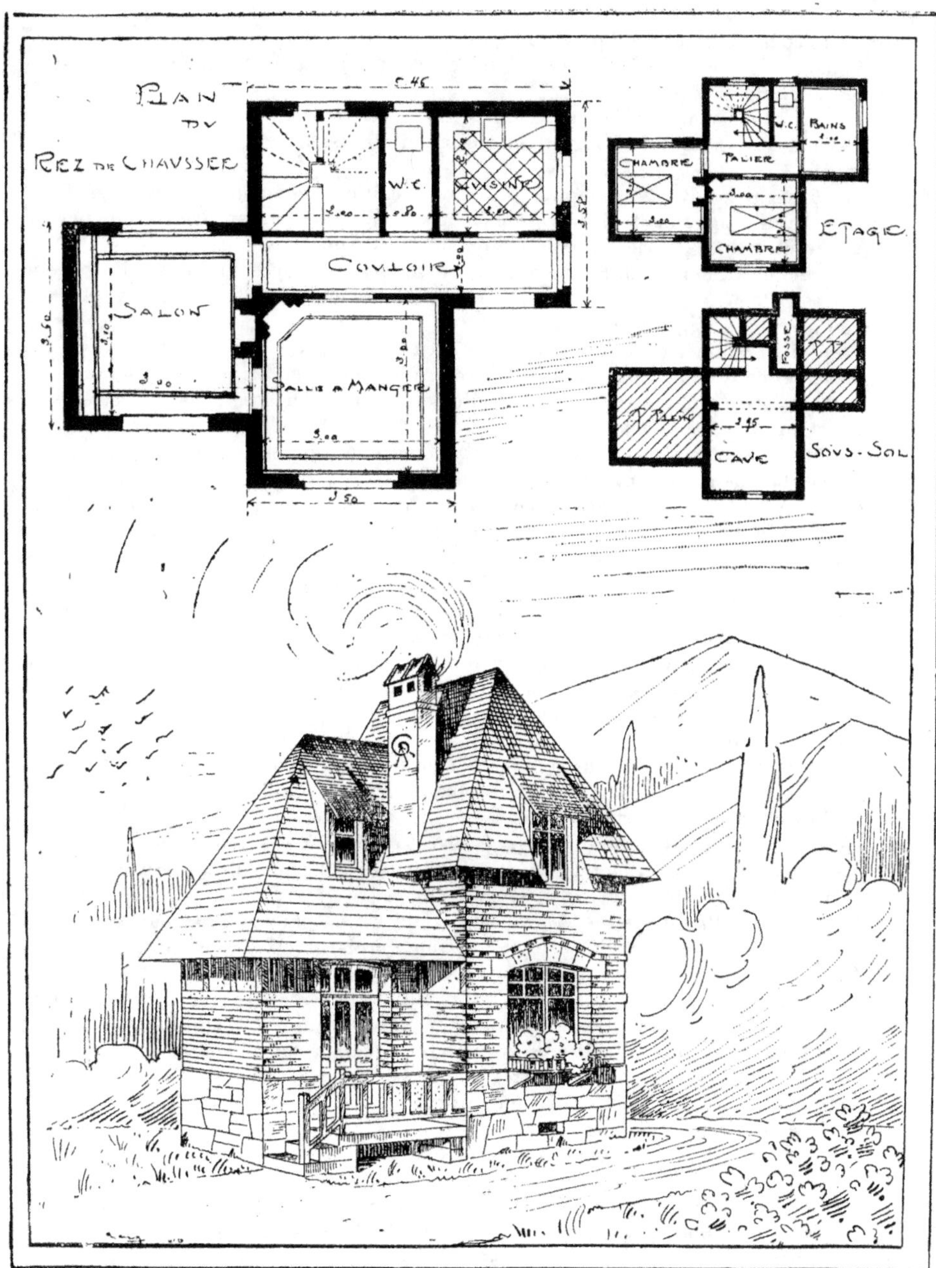

PLANCHE 11

Cottage dans les environs de Fontainebleau : 8.500 francs.

Cette construction se compose de :

Sous-sol : fosse et cave; rez-de-chaussée : salle à manger, salon, cuisine, water-closet, couloir.

1er étage sous comble : Palier, 2 chambres, w.-c., bains.

TERRASSE. — Fouilles en rigoles et en déblai, transport et régalage dans la propriété.

MAÇONNERIE. — Rigoles remplies en béton de cailloux, chaux hydraulique, sable de rivière. Murs jusqu'à hauteur du rez-de-chaussée en caillasse hourdée en mortier de chaux, jointoyés à l'intérieur de cave et en creux extérieur.

Murs en élévation en caillasse hourdée en mortier, jointoyés en creux à l'extérieur avec arcs et bandeaux; échiffre et murs de refend en brique hourdée idem; escalier de cave et perron en aggloméré.

Conduits de fumée en boisseaux de 0.20×0.20. Souches crépies à la chaux avec bandeaux et couverture en tuile. Plancher de cave hourdé en brique, autres planchers et lambris, lattes plafonds et enduits. Scellement de lambourdes, trous, scellements de pattes et autres.

Canalisation en terre cuite de 0.16; puisard en pierres sèches avec tampon.

Fosse étanche réglementaire.

Carrelage du couloir en carreaux de ciment posés sur forme en sable et scellés en ciment; water-closets et cuisine en carreaux rouges et blancs posés de même.

FUMISTERIE. — Cheminées en marbre : 2 rouges et 2 noires avec foyer; intérieurs en brique, rétrécissements en faïence, rideau en tôle, prises d'air; un fourneau de cuisine en tôle avec boîte à charbon, bain-marie, ventilateur; paillasse entre évier et fourneau, trois rangs de carreaux de faïence au pourtour.

CHARPENTE. — Plancher du grenier en demi-bastaings. Plancher du 1er en bastaings.

Comble composé de pannes, faîtage, sablières, fermes, arêtiers, chevrons et voligeage en sapin, consoles et lucarnes en sapin raboté.

Escalier à balustres chêne.

SERRURERIE. — Plancher de cave fer à T de 0.10 ainsi que les linteaux de 2 fers assemblés; ferrage de la charpente; barreaux en fer aux soupiraux; ferrage des châssis, fiches et targette. Porte d'entrée ferrée de 3 paumelles de 0.19, une serrure de sûreté avec chaînette, bouton de tirage. Croisées de 6 paumelles, équerres et crémone; volets de fermeture en fer et tôle; portes intérieures : 3 paumelles, serrure 2 pênes, bouton double; armoire sous évier, ferrée.

MENUISERIE, PARQUETS. — Châssis de soupirail en chêne; huisseries en sapin. Porte d'entrée vitrée tout chêne avec dormant, croisées et châssis tout chêne avec tapées.

Portes intérieures sapin, bâti 0.034, panneaux 0.018 à plate-bande et petits cadres 2 faces; chambranles, socles, calfeutrements, cimaises, cadres et demi-baguettes.

Agencement de cuisine : barres et dosseret à casseroles, tablette, armoire sous évier. Plinthes et stylobates dans toutes les pièces.

Parquet en chêne 2e choix sur lambourdes. Rabotage au rez-de-chaussée; sapin rouge 1er étage; rampe de perron en chêne.

COUVERTURE ET PLOMBERIE. — La couverture en tuiles plates, compris faîtage, arêtiers, noues, poinçons, etc., gouttières et tuyaux de descente en zinc; canalisations pour eaux ménagères et pluviales; garde-robes de w.-c., canalisation d'eaux potables.

PEINTURE, VITRERIE, TENTURES. — Plafonds à la colle, égrenés, rebouchés. Peinture huile, impression et 2 couches, de toutes les boiseries intérieures et extérieures de cuisine, water-closets, frise de salle à manger.

Papiers de tentures à 0 fr. 60 le rouleau prix d'achat, bordure et pose en plus.

Vitrerie, verre simple 3e choix.

REZ DE CHAUSSÉE
NOTA: SOUS-SOL:
CAVE & BUANDERIE
R de CH. 3.00, 1er
ETAGE 2 85.....
CUISINE
CAVE
W.C.
HALL
SALLE à MANGER
3.25
3.75
CHAMBRE
3.25
1er ETAGE

PLANCHE 12

Cottage anglais : 9.000 francs.

Il se compose de :

Sous-sol; rez-de-chaussée de 2.90 de hauteur divisé en : hall et escalier desservant le premier étage, salle à manger de 3.00 × 3.05, cuisine de 2.80 × 2.00 et w.-c.; premier étage de 2.80 de hauteur ayant comme distribution : 1 chambre à coucher de 3.25 × 3.00, débarras.

Construction établie sur rigoles remplies en béton, murs dans la hauteur du sous-sol en caillasse hourdée en mortier de chaux hydraulique et sable maigre, élévation en caillasse avec partie en briques repressées pour rester apparentes, pour arcs, bandeaux et appuis.

Conduits de fumée en boisseaux Gourlier de 0.16 × 0.25 chemisés en plâtre et prolongés sur comble par des souches enduites en chaux, couronnées en ciment avec mitrons.

Ravalements extérieurs : soubassement jointoyé en Portland en creux, perrons en béton aggloméré partie haute jointoyée en chaux sur caillasse avec parties de briques parementées et jointoyées en chaux, joints tirés au fer, motifs de baies enduits en chaux teintée.

A l'intérieur, le plancher de cave à solives en fer à T de 0.12, hourdées en briques de pays par voutains, les autres planchers et le comble en madriers, 1/2 madriers, chevrons en sapin de commerce, queues de vaches, voligeage, consoles, balcons, balustrade et porche sapin raboté. Escalier en sapin rouge à la française à balustres, limons moulurés, potille à tête et culs-de-lampe tournés, main-courante profilée, dessus de marches en chêne, descente de cave en chêne de 0.054 abattues de rive sur la face.

Couverture en tuiles à emboîtement petit moule, scellées en chaux, faîtage et arêtier en terre cuite, embarrures, solins et ruellées en Portland, derrières de cheminées, noues, gouttières et tuyaux en zinc n° 12.

Chaînages en fers, tuyaux de chute et dauphins en fonte, linteaux en fer, clous, boulons, rapointis, barreaux.

Croisées et porte d'entrée en chêne, volets en bois, menuiseries intérieures, huisseries, portes, armoire sous évier, moulures-chambranles, faux lambris, baguettes, plinthes, socles de marches et stylobates en sapin.

Garde-robe à effet d'eau avec abattant en chêne ciré, canalisation des eaux pluviales et ménagères allant à la syphoïde en dehors du bâtiment, dont les eaux usées sont recueillies dans un puisard les perdant dans les sables.

Dans le cas où il existerait les eaux de concession, canalisation en plomb partant du compteur desservant l'évier et l'effet d'eau de garde-robe et un robinet pour l'arrosage du jardin.

Parquet en chêne deuxième choix sur lambourdes au rez-de-chaussée, sur solives au premier étage. Carrelage en carreaux de Beauvais carrés dans cuisine et water-closets, en céramique de ciment dans le hall, le tout posé sur ciment de Portland avec forme de sable.

Dans la cuisine, évier en grès vernissé, fourneau en fonte et tôle, hotte, paillasse, revêtement en carreaux de faïence, tablette, applique et porte-casseroles.

Dans salle à manger, cheminées à modillons en marbre rouge, dans la chambre cheminées capucines à cadre, et revêtements avec foyers et intérieurs rétrécis en faïence à ventouses et accessoires.

Peinture des boiseries extérieures et intérieures, volets, saillies et plafonds de cuisine et w.-c., lambris et autres à l'huile, 3 couches, égrené, rebouché, plafonds à la colle, rampe d'escalier et extérieur de la porte d'entrée en bois naturel passés à l'huile et vernis, parquets replanis, encaustiqués et frottés.

Vitrerie en verre demi-double, 2ᵉ choix, pour les hors mesure et simple 3ᵉ choix des croisées, et en verre cathédrale du châssis de la porte d'entrée et de ceux du w.-c.

Tenture en papier avec bordures et collage.

Sous-Sol
Rez-de-Chaussée
P^er Etage
Chambre
Chambre
Salle à Manger
Chambre
Chambre
Petite Chambre

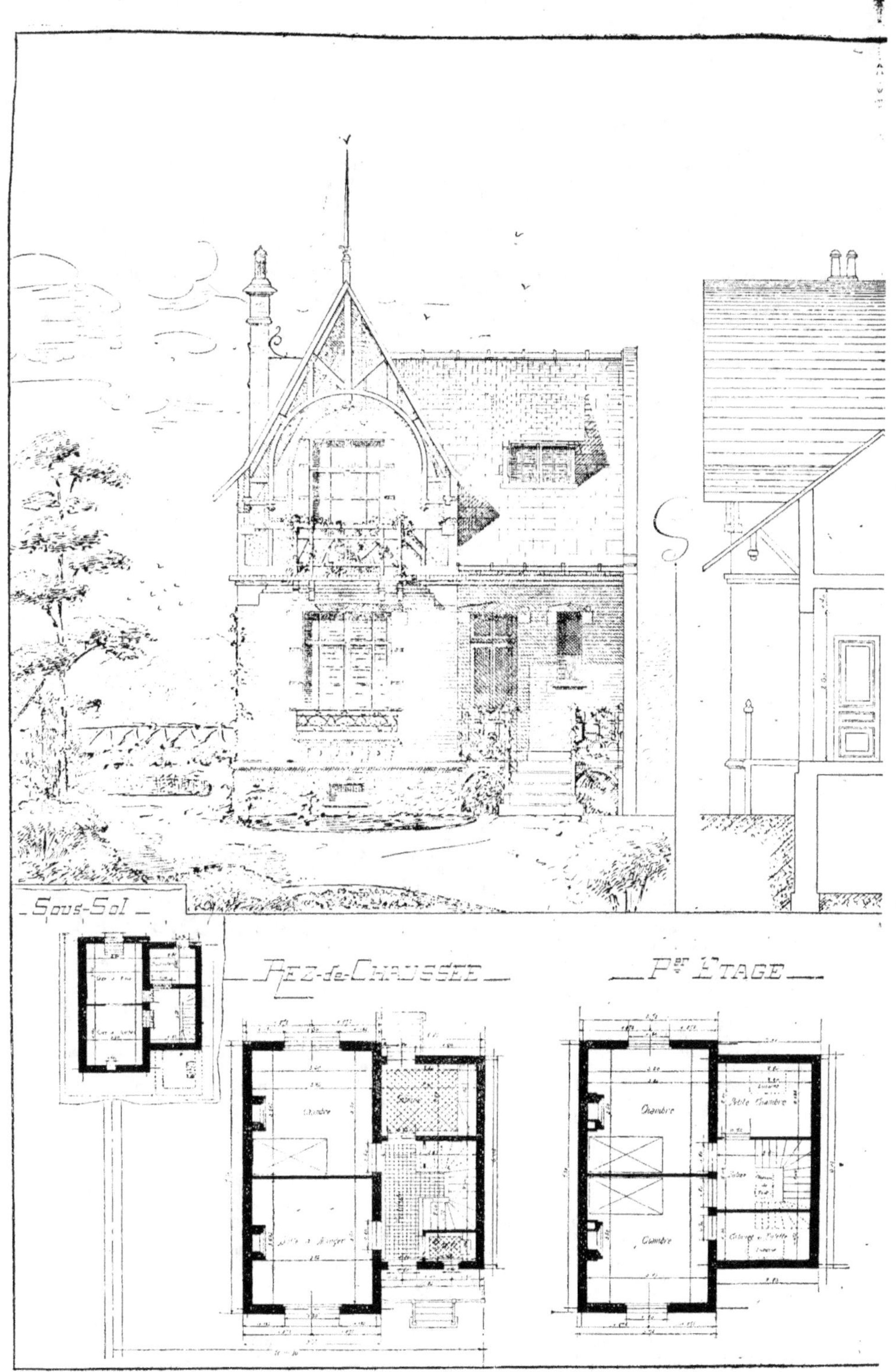

PLANCHE 13

Villa à Montfermeil : 9.500 francs.

Au sous-sol : une buanderie, une cave à charbon et une cave aux vins; au rez-de-chaussée : un vestibule, salle à manger, chambre ou salon, cuisine; water-closet; au 1er étage : deux grandes chambres, une chambre de bonne et un cabinet de toilette.

Terrasse. — Fouille en déblai ou en rigole pour fosse, puisard, jets, reprises, chargements et transport, régalage et nivellement dans la propriété, puisard pour recevoir la canalisation des eaux pluviales et ménagères.

Maçonnerie. — Les rigoles remplies en béton de cailloux et mortier de chaux hydraulique et sable de rivière. Le sol de la cave battu et pilonné, couche de sable de 0.05 d'épaisseur, les murs de fondation en meulière ou caillasse hourdée en mortier de chaux hydraulique rocaillés à l'extérieur en mortier idem et jointoyés à l'intérieur en mortier idem, l'intérieur des murs de la fosse seront enduits en ciment de Portland, ventilation tuyaux de fonte, le mur de refend, de cave, en brique de plaine de 0.22 d'épaisseur hourdé et jointoyé en mortier idem aux deux faces, celui de l'escalier de cave en briques de 0.11 et mortier idem et jointoyées en mortier idem, cloison de la buanderie en brique de 0.06 hourdée et jointoyée aux deux faces, les murs et cloisons de la buanderie enduits en ciment de Portland jusqu'à 1.00 de hauteur du sol, le surplus jointoyé en mortier de chaux idem, le sol composé d'un dallage en ciment de Portland, un bac en ciment dans la buanderie, un tuyau de fumée et un tuyau de ventilation, marches de la descente des vins en simili pierre, ainsi que le perron de la face principale et celui de la face postérieure, massif en béton idem sous ces deux perrons, le plancher du sous-sol hourdé en plâtras et plâtre. Au-dessus de la fosse, hourdée en brique et ciment, pose et scellement du tampon de fosse réglementaire, rez-de-chaussée et étages. Les murs des façades en brique de 0.22 d'épaisseur et mortier de chaux idem, le mur de refend du rez-de-chaussée, 1er étage, de 0.11 d'épaisseur, plâtre et enduits de plâtre sur murs et cloisons à l'intérieur du bâtiment, celui de l'escalier en brique de 0.07 idem ainsi que les cloisons du water-closet enduites en plâtre, les autres cloisons en carreaux de plâtre de 0.06 enduites en plâtre aux deux faces, les plafonds seront enduits en plâtre, le ravalement des façades en moucheti tyrolien, les chaînes d'angles enduites en mortier coloré métalline, et briques apparentes jointoyées, les bandeaux du rez-de-chaussée, des façades, en métalline, les appuis de croisées en brique apparente, les joints en creux tirés au fer, les planchers lattés et enduits, rosaces en staff dans les chambres, salon et salle à manger, corniches en plâtre traînées au calibre dans le salon et salle à manger, le plafond rampant d'escalier latté et enduit en plâtre, tuyaux de fumée réglementaire en boisseaux de 0.20 sur 0.20 avec chemisages, prolongement des souches et ventilation en dehors du comble avec enduit et bandeau, en dos d'âne en métalline, un mitron par conduit, canalisation en grès vernissé, trous, scellements de poteaux et huisseries, entailles, raccords de toute nature, lardis de clous et rapointis, scellement de lambourdes au rez-de-chaussée, au 1er étage, les parquets seront posés sur des solives, hotte et manteau de cuisine.

Carrelage. — Le vestibule et la cuisine en carreaux Thomettes; w.-c. et toilette en carreaux d'Auneuil posés sur forme en sable et ciment.

Charpente. — Le plancher du 1er étage et du faux plancher en bastaing et demi-bastaing, l'escalier conduisant à l'étage, tout chêne avec limons, poteaux et mains-courantes et balustres en chêne, la charpente de la toiture en sapin, les balcons, balustres et motifs en sapin corroyé.

Serrurerie. — Le plancher des caves en fer à T, les linteaux des barres en fer à T pour ceux en façades, cour de chaînage en fer méplat et plates-bandes pour limons, boutons d'écartement, les soupiraux et châssis du sous-sol munis de barreaux en fer rond de 0.018 scellés, la porte de descente des vins ferrée de pentures avec gonds et scellement, une serrure 2 pênes et un verrou intérieur, les autres portes idem avec serrure pêne dormant de 0.14, la porte d'entrée à 2 vantaux ferrée de pattes coudées, et équerres fortes, une poignée en cuivre à l'intérieur et bouton de tirage avec chaînette, panneau en fonte ornée et vasistas en fer rainé, 2 verrous, boîte fonte 32 m/m, imposte au-dessus de la porte d'entrée avec châssis ouvrant, ferré de paumelles, loqueteau, anneau, conduit et tirage, les portes intérieures ferrées chacune de 3 paumelles de 0.11, bagues en cuivre, serrure pêne dormant demi-tour et bouton double, bec de cane et targettes aux portes des w.-c. et toilettes, les croisées 7 pattes, 8 équerres simples, 6 fiches chanteau de 0.11 et d'une crémone fer demi-rond de 0.018 et accessoires. Persiennes en fer compris tous accessoires et peinture au minium, tous les fers peints au minium avant leur emploi, les serrures marquées, pattes droites, coudées, contre-coudées et à scellement pour bâtis, contre-bâtis, dormants, etc., les fers nécessaires pour la hotte du fourneau, chute et descente en fonte, panneaux de fonte ornée, rapointis, clous à bateaux, pitons de suspensions, entrée, salon et salle à manger, le tampon de fosse réglementaire, deux marquises en fer.

Couverture, Plomberie. — La couverture en ardoises avec faîtières, ruellées, etc. Gouttières en zinc n° 12. Descente en zinc de 0.08 de diamètre, et raccords avec la canalisation. Dans le w.-c., appareil à effet d'eau avec abattant en chêne, cuvette porcelaine. Dans la cuisine évier en grès émaillé de 0.60 sur 0.60 avec bonde, vidange et siphon. Robinet en cuivre alimentant un lavabo en fonte émaillée et décharge dans le cabinet de toilette.

Menuiserie et Parquets. — Les portes de caves et buanderie en sapin brut de 0.027 barres chêne. La porte de descente des vins par frises avec baguettes sur joints et jet d'eau en chêne. Châssis vitré en chêne pour soupiraux avec bâtis et jet d'eau. La porte d'entrée à 2 vantaux sera en chêne avec bâtis et contre-bâtis, imposte, panneaux à grands cadres avec plates-bandes aux 2 faces et socle dans le bas, panneaux de fonte ornée dans la partie haute. Chambranles avec socles. La porte de la cuisine sur perron en chêne. Agencement dans la cuisine 3 m. de tablettes, barres à casseroles et dosseret. Les portes intérieures seront en sapin à petits cadres et plates-bandes, 3 panneaux, chambranles sapin avec socle aux deux faces. Les croisées chêne, châssis 0.034, dormant 0.054, à noix, gueule de loup, jet d'eau, etc. Tapées en chêne pour les persiennes en fer. A l'intérieur des croisées chambranles. Petits cadres figurant panneaux avec plinthe et cimaise de 0.06 dans la salle à manger. Stylobates sapin dans le vestibule et le salon, plinthe dans le reste des pièces. Armoires en lambris, à glace, en sapin. Tablettes dans la cuisine, w.-c. et toilette. Les huisseries en sapin. Socles de marches, rampants en sapin. Parquet chêne à frise 2e choix posé à l'anglaise sur les lambourdes au rez-de-chaussée. Sapin rouge idem au 1er étage sur solives.

Fumisterie. — Dans la cuisine, un fourneau-cuisinière de 0.75. Trappe en tôle et crémaillère à la hotte. Une paillasse entre le fourneau et l'évier, revêtements en carreaux de faïence sur la paillasse, au pourtour de la cuisinière et l'évier de 4 rangs de carreaux. Dans la salle à manger, cheminée à modillons, marbre rouge de Flandre, modillon blanc pour le salon, modillons Napoléon ou Caroline pour les autres pièces, foyers en marbre idem. Arrangements intérieurs, rétrécis en faïence, cadre cuivre, rideau, crémaillère avec coquille en cuivre dans le bas, âtre en carreaux, contre-cœur en brique, etc.

Peinture, Vitrerie, Tenture. — Les plafonds à la colle, 2 couches. Ceux de la cuisine et w.-c. à l'huile, 2 couches. Les menuiseries à l'huile, 3 couches, compris impression et 2 tons pour les intérieurs. Celles extérieures de la porte d'entrée du vestibule à l'huile, 3 couches, dont une d'impression façon décors et verni.

1ER ÉTAGE.
SALLE A MANGER.
ENTRÉE.
W.C.
CUISINE
REZ DE CHAUSSÉE.
B.W.
TOIL.
CHAMBRE
PALIER.
CHAMBRE

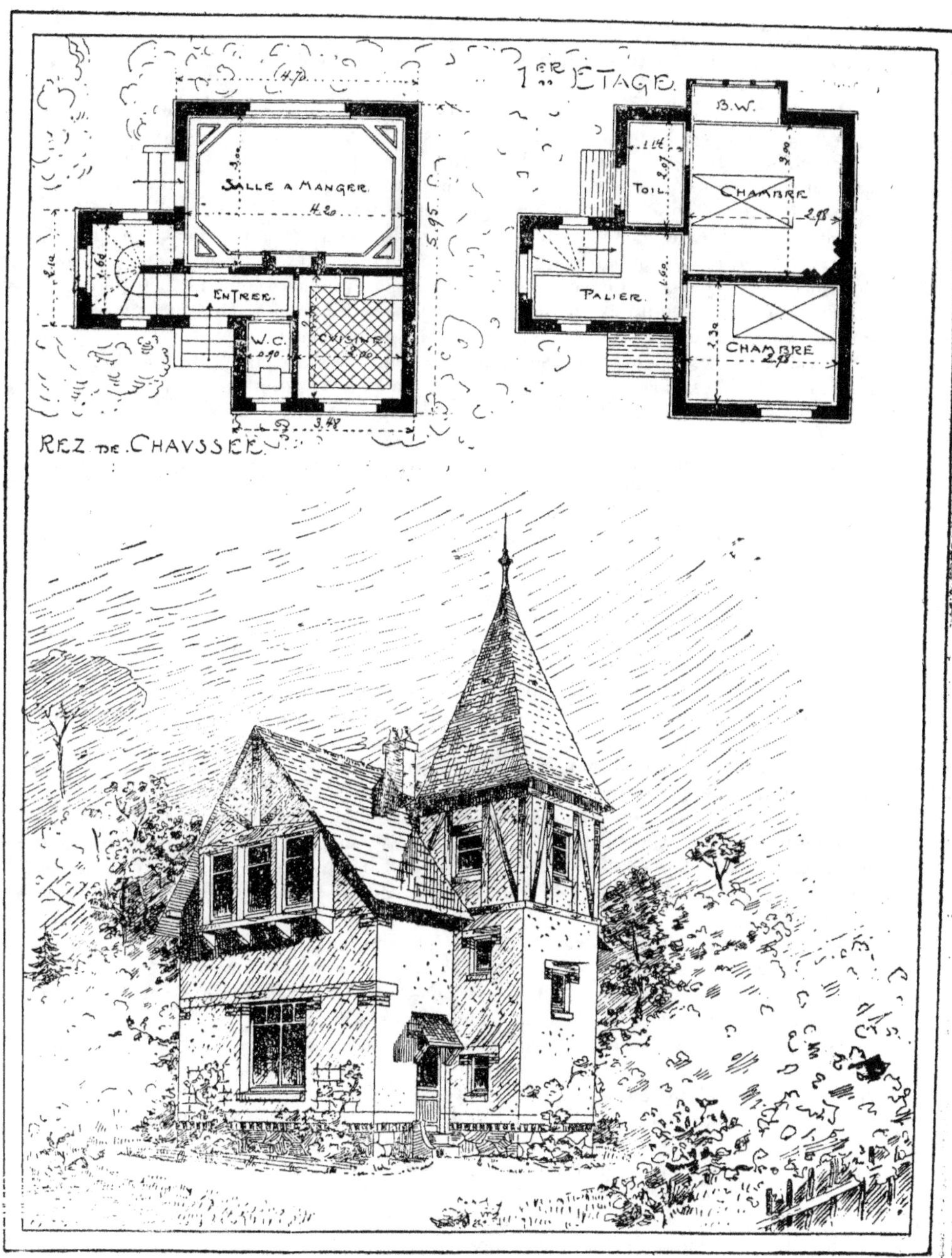

PLANCHE 14

Cottage près de Berck : 9.500 francs.

Cette villa se compose de :

Sous-sol de deux mètres de hauteur, comprenant 2 caves à vins, descente de cave et dégagement, fosse.

Rez-de-chaussée de 3.00 de hauteur, divisé en entrée et escalier desservant le premier étage, salle à manger de 4.00 × 3.20, cuisine de 2.00 × 2.30, water-closet.

Premier étage ayant comme composition : chambre à coucher de 4.00 × 3.20, chambre de 2.30 × 2.98, toilette, palier, grenier au-dessus.

Construction établie sur rigoles remplies en béton, sous-sol en meulière-caillasse hourdée en mortier de chaux hydraulique et sable de rivière, élévation en briques de pays, bandeau, motifs de baies en briques, refend en briques brutes de pays, conduits de fumée dans l'épaisseur des murs ou avec coffre en boisseaux Gourlier de 0.16 × 0.25, souches sur comble enduites en chaux badigeonnée avec bandeau de couronnement et mitrons en terre cuite. Plancher de cave hourdé en briques de 0.06.

Ravalements extérieurs sous sol, jointoyés en creux en chaux hydraulique, les parties de briques parementées et jointoyées en chaux; joints tirés au fer, motifs de baies, sommiers idem, sur les façades moucheté tyrolien, et faux pans de bois en chaux.

A l'intérieur, plancher de cave en solives fer de 0.10, les murs de caves non enduits, les cloisons de sous-sol en brique de 0.06 à joints réappuyés en montant; aux étages supérieurs, plafonds et murs enduits en plâtre.

Plancher haut du premier étage, plancher haut du rez-de-chaussée, comble et chevronnage en sapin de sciage du commerce, madriers, bastaings, 1 2 bastaings, chevrons.

Couverture en ardoises à crochets, solins, derrières, dessus de cheminées, noues, gouttières et descente en zinc.

Chaînage en fer, châssis, croisées et porte d'entrée en chêne, persiennes en fer et tôle; menuiseries intérieures en sapin; garde-robe à effet d'eau au water-closet, canalisation des eaux pluviales et ménagères en grès vernissé, raccord avec la canalisation en fonte allant à la rue.

Canalisation des eaux de concession et compteur amenant les eaux à la cuisine, w. c. et un robinet pour l'arrosage du jardin.

Salle à manger parquetée en chêne à l'anglaise sur lambourdes et avec replanissage, plinthes et faux lambris, cheminées à modillons en marbre, à intérieurs rétrécis en faïence, hall carrelé en céramique, cuisine, w.-c., carreaux de terre cuite avec plinthes aussi en carreaux. — Escalier à la française en chêne à balustres tournés, du rez-de-chaussée au premier.

Cuisines : éviers en grès vernissé, paillasses en carreaux, fourneaux en fonte et tôle à charbonner, revêtements en faïence et agencements composés de tablettes, appliques et porte-casseroles, armoires, sous-éviers et paillasses et ventilateurs en tôle remplaçant la hotte. Une grande armoire dans la cuisine.

Au premier étage, plafonds unis, parquets en sapin cloués sur solives et replanis, cheminées capucines en marbre à revêtements, intérieurs rétrécis en faïence et prises d'air, stylobates dans toutes les pièces.

Peinture des boiseries extérieures et intérieures et des persiennes et balcons, murs et plafonds de cuisines, water-closet, lambris de salle à manger, hall, à l'huile 3 couches, égrené, rebouché. Menuiserie intérieure 2 couches et enduit, rampe d'escalier et porte d'entrée en bois naturel passé à l'huile et vernis.

Vitrerie en demi-double deuxième choix pour les verres hors mesure; simple 3e choix pour les autres, et cathédrale pour water-closet et portes extérieures. Tentures en papier dans les pièces au prix de 0 fr. 70 le rouleau.

GARDE ROBE
PALIER
WC
CHAMBRE
CHAMBRE
1er ÉTAGE
SALON
SALLE A MANGER
WC
CUISINE
REZ DE CHAUSSÉE

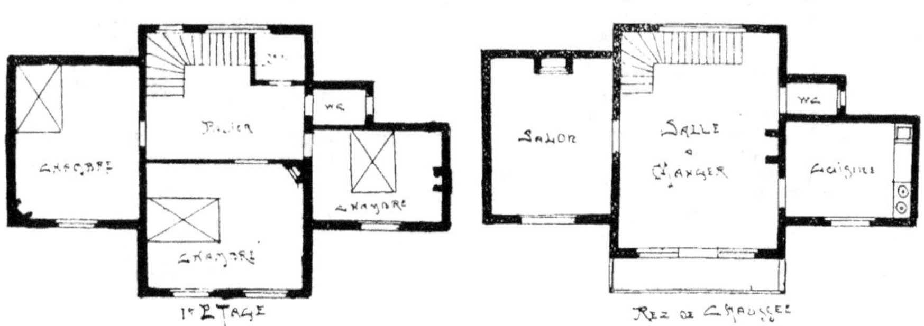

PLANCHE 45

Cottage près de Berck : 9.800 francs.

Ce pavillon se compose d'un rez-de-chaussée, d'un premier étage et combles. Rez-de-chaussée : grande salle à manger, salon, cuisine et w.-c. ; au 1er étage : 3 grandes chambres, un palier, débarras et w.-c. ; combles : grenier.

TERRASSE. — Fouille en rigoles pour la construction projetée. Régalage et nivellement des terres aux endroits de la propriété et désignés par l'architecte.

MAÇONNERIE. — Les rigoles seront remplies en béton de cailloux et mortier, de chaux hydraulique et sable de rivière, avec 0.05 d'empattement. Les murs en meulière hourdée en mortier de chaux hydraulique de 0.40 d'épaisseur. Les murs de refends en briques de plaine de 0.22, enduits en plâtre aux deux faces. Le seuil d'entrée sera en béton aggloméré. Les cloisons du 1er étage seront en carreaux de plâtre, enduits. Scellement de lambourdes pour recevoir les parquets. Les carrelages seront posés sur forme en béton et ciment. Les murs en élévation jusqu'à la toiture de la chambre à coucher en encorbellement sur la façade principale seront en briques creuses de 0.22 jointoyées en mortier de chaux hydraulique, faux pans de bois en ciment, et ravalement en moucheti tyrolien. Le ravalement des façades sera jointoyé en ciment. Le soubassement du rez-de-chaussée enduit en ciment imitation pierres. Le plancher du rez-de-chaussée en fer à T de 0.12 de 0.65 à 0.70 d'axe en axe. Le plancher haut du rez-de-chaussée, hourdis plein plâtras et plâtre. Le premier étage latté et enduit de plâtre. Le plafond rampant d'escalier latté et enduit en plâtre. Tuyau de fumée en boisseaux de 0.20 × 0.20 avec chemisages, enduit, faux-coffres et hourdés de trémies. Cours de chaînage à chaque plancher. Fosse syphoïde.

CARRELAGE. — La cuisine et w.-c. carrelés en carreaux céramés posés sur forme en béton.

CHARPENTE. — Le plancher du comble sera en bastaing de 0.065 × 0.17 espacé de 0.33 d'axe en axe et de 0.20 de portée. L'escalier conduisant à l'étage chêne avec limon de 0.05 d'épaisseur, marches de 0.034 et contre-marches de 0.018, poteaux et main-courante et balustres pitchpin. La charpente de la toiture en sapin. Plate-forme 0.065 × 0.17, poteaux pour faîtages 12/12, poinçon en sapin, faîtage 12/12, et pannes en sapin 0.065 × 0.17. Chevronnage en sapin 0.075 × 0.08, les consoles et la balustrade en sapin corroyé. Les consoles et poteaux de la chambre en encorbellement seront en chêne, le tout suivant dessin. La lucarne du comble en chêne.

SERRURERIE. — Le plancher haut du rez-de-chaussée sera en fer à T de 0.12 espacé de 0.65 à 0.70 d'axe en axe. Cours de chaînage en fer méplat de 0.004 à 0.007, de 0.03 de largeur à chaque angle et à la rencontre des refends. La porte d'entrée à 1 vantail sera ferrée de pattes coudées et équerres fortes, de paumelles doubles à boules et à équerres, une serrure de sûreté, une poignée en cuivre à l'intérieur et bouton de tirage avec chaînette. 1 verrou boîte fonte de 0.032, gâches et conduits. Les portes intérieures seront ferrées chacune de 3 paumelles de 0.11, bagues en cuivre, serrure pêne dormant 1/2 tour et bouton double blanc imitation ivoire, bec de cane et targettes aux portes des w.-c. et débarras. Toutes les serrures seront marquées. L'entrepreneur devra toutes les pattes droites, coudées, contre-coudées et à scellements pour bâtis, contre-bâtis, dormants, etc.

COUVERTURE, PLOMBERIE. — La couverture en tuiles plates sur liteaux, avec faîtières, ruellées et solins en chaux aux souches de cheminées, revers en zinc. Le tout suivant dessins indiqués au plan. Gouttières en zinc numéro 12. Descente en zinc de 0.08. Dans les w.-c. appareil avec abattant en chêne, cuvette en porcelaine. Dans la cuisine évier en grès émaillé de 0.55 × 0.55 avec bonde, vidange et siphon. Canalisation de l'eau en tuyau de plomb et arrivée au-dessus de l'évier. Tuyaux en grès vernissé pour canalisation.

MENUISERIE ET PARQUETS. — La porte d'entrée à 1 vantail sera en chêne avec bâtis et imposte, panneaux à cadres, avec plates-bandes aux deux faces et socles dans le bas, partie vitrée dans la partie haute, panneau de fonte, chambranles avec socles à la face intérieure de la porte d'entrée. Toutes les portes extérieures seront à petits cadres et plates-bandes simples aux 2 parements, 3 panneaux par vantail dans la hauteur, bâtis 0.034, panneaux de 0.18, chambranles sapin avec socles 2 faces. Les croisées tout chêne, châssis 0.034, dormant 0.054 avec petits bois fermant à noix et gueule de loup avec jet d'eau à l'intérieur des croisées, chambranles dito au pourtour, volet en sapin de 0.027, barres en chêne de 0.034 × 0.08, ferrés de pentures et gonds à scellement. Petits cadres figurant panneaux avec plinthe et cimaise dans la salle à manger. Stylobates sapin dans les chambres, plinthes dans le surplus. Les huisseries en sapin. Socles de marches rampants en sapin. Parquet chêne à l'anglaise sur les lambourdes au rez-de-chaussée, sapin rouge au premier étage. Baguettes d'angle et 1/2 baguettes aux angles des murs. Linteaux en chêne au rez-de-chaussée.

FUMISTERIE. — Dans la cuisine, un fourneau-cuisinière de 0.90 à charbon de terre et réchaud à charbon de bois, avec bain-marie, four, boîte à charbon et accessoires. Une paillasse entre le fourneau et l'évier, revêtements en carreaux de faïence sur la paillasse, au pourtour de la cuisinière et l'évier de 0.45 de hauteur compris bordure. Dans la salle à manger, cheminée monumentale en brique et céramique, modillon noir ou caroline pour les autres chambres. Arrangements intérieurs, rétrécis en faïence, cadre cuivre, rideau, crémaillère avec coquille en cuivre dans le bas, âtre en carreaux, contre-cœur en brique, etc.

PEINTURE, VITRERIE, TENTURE. — Tous les plafonds à la colle 2 couches. Celui de la cuisine à l'huile 2 couches, panneaux de fonte à l'huile 2 couches et 1 couche minium au préalable. Toutes les menuiseries à l'huile 3 couches compris impression et 2 tons pour les intérieurs. Celles extérieures, la porte d'entrée à l'huile 3 couches, dont 1 d'impression façon décors et vernis pour la porte d'entrée. Les lambris de la salle à manger à hauteur de 1.10 seront à l'huile idem. Carrelages lavés, parquets chêne encaustiqués. Tous les nettoyages. Papier de tenture au prix d'achat moyen de 0 fr. 60 le rouleau. Bordure assortie suivant les pièces. Staff dans la salle à manger, fausse solive. Corniches dans le salon.

PLANCHE 16

Cottage près de Wimereux : 9.800 francs.

Ce pavillon se compose :
Au sous-sol : d'une cave à charbon et d'une cave aux vins.
Au rez-de-chaussée : d'un vestibule, salon, salle à manger, cuisine.
Au premier étage : de deux grandes chambres.

TERRASSE. — L'entrepreneur devra tous les terrassements nécessaires pour l'établissement du sous-sol, fouille en déblai ou en rigole pour fosse-puisard pour la construction projetée, compris tous jets, reprises, chargements et transports, régalage et nivellement des terres aux endroits de la propriété désignés par l'architecte.

Pour le puisard il sera établi à un endroit désigné par l'architecte un puits en pierres sèches pour recevoir la canalisation, en grès vernissé, des eaux pluviales et ménagères et de profondeur suffisante pour absorber lesdites eaux.

MAÇONNERIE. — Les rigoles sous les murs, refends seront remplies en béton de cailloux et mortier de chaux hydraulique et sable de rivière avec 0.30 de profondeur du sol de caves. Le sol de la cave sera battu et pilonné et sur le dessus une couche de sable de 0 05 d'épaisseur.

Les murs de fondation jusqu'au sol du rez-de-chaussée seront en moellon du pays hourdé en mortier de chaux hydraulique.

Le mur de refend de cave sera en moellon idem jointoyé à l'intérieur en mortier idem.

Celui de l'escalier de cave en briques de 0.11 et mortier idem et jointoyées en mortier idem.

Les marches de descente des vins seront en béton aggloméré.

La première marche du départ de l'escalier du sous-sol sera en pierre.

Le plancher du sous-sol sera en fer à T de 0.12 de hauteur hourdé en plâtras et plâtre.

Rez-de-chaussée et étages. Les murs des façades seront en moellon du pays et mortier de chaux idem ; montant jusqu'à la toiture, suivant indications aux plans. Le mur refend du rez-de-chaussée sera en briques de 0.11 d'épaisseur ; plâtre et enduits de plâtre sur murs et cloisons à l'intérieur du bâtiment.

Celui de l'escalier en briques de 0.07 idem enduites en plâtre.

Le ravalement des façades sera en crépi tyrolien, les chaînes d'angles jusqu'à la toiture seront en briques apparentes de tableaux, des baies en mortier lissé, arêtes et champ, le tout suivant dessins indiqués aux plans.

Les bandeaux du rez-de-chaussée, les appuis de croisées en brique apparente, les joints en creux tirés au fer, le tout suivant dessins indiqués au plan.

Les planchers seront lattés et enduits.

Rosaces en staff, salon et salle à manger, corniches en plâtre traînées au calibre dans le salon et la salle à manger de 0.80 de courant de profil.

Le plafond rampant d'escalier latté et enduit en plâtre.

Tuyau de fumée réglementaire en boisseaux de 0.10×0.22 avec chemisages ainsi que celui de la ventilation de la fosse, enduits faux-coffres et hourdés de trémie à la demande.

Prolongement des souches et ventilation en dehors du comble avec couronnement en tuiles.

Un cours de chaînage avec tirants et ancres à chaque plancher.

Fosse septique.

L'entrepreneur devra tous les trous, scellements de poteaux et huisseries, entailles, raccords de toute nature à la demande.

Lardis de clous et rapointis.

Scellement de lambourdes au rez-de-chaussée et au premier étage, les parquets seront posés sur les solives.

CARRELAGE. — Le vestibule sera carrelé en carreaux de mosaïque et la cuisine en carreaux de Beauvais.

CHARPENTE. — Les planchers du 1er étage, faux planchers seront en bastaing et 1/2 bastaing espacé de 0.40 et 0.45 d'axe en axe et 0.20 de portée dans l'épaisseur des murs. L'escalier conduisant à l'étage tout pitchpin avec limons de 0.05 d'épaisseur, marches de 0.034 et contre-marches de 0.027, poteaux et mains-courantes et balustres.

La charpente de la toiture composée de :
Plate-forme en sapin, 0.065×0.17.
Poteaux pour faîtage en sapin, 0.12×0.12.
Poinçon en sapin, 0.12×0.12.
Faîtages et pannes en sapin en madrier sapin 0.065×0.17.
Chevronnages en sapin, 0.075×0.08.
Le tout suivant dessins indiqués au plan.
Les motifs en sapin corroyé.

SERRURERIE. — Le plancher des balcons, caves, sera en fer de 0.12 espacé de 0.70 d'axe en axe avec entretoises et fentons.

Les linteaux en fer à T apparents pour ceux en façades.

Cours de chaînage en fer méplat de 0.004 à 0.007, de 0.03 de largeur à chaque angle et à la rencontre des refends.

Plates-bandes pour limons-boulons d'écartement.

La rampe d'escalier est en menuiserie suivant indications aux plans.

Les soupiraux et châssis du sous-sol munis de barreaux en fer rond de 0.018 scellés.

La porte de descente des vins sera ferrée de pentures avec gonds et scellements, une serrure, deux pênes et un verrou intérieur.

Les autres portes idem avec une serrure pêne dormant de 0.14.

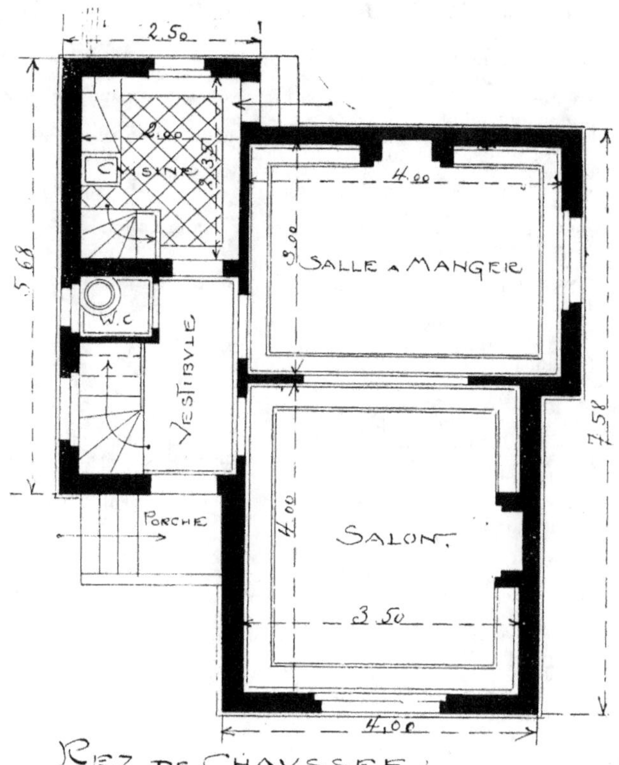

PLANCHE 16 *bis*

Cottage près de Wimereux : 9.800 francs *(suite)*.

La porte d'entrée à un vantail ferrée de pattes coudées et équerres fortes, une poignée en cuivre à l'intérieur et bouton de tirage avec chaînette, panneau en fonte ornée et vasistas en fer raîné. Imposte au-dessus de la porte d'entrée avec châssis ouvrant ferré de paumelles, loqueteau, anneau, conduit et tirage.

Les portes intérieures seront ferrées chacune de : 3 paumelles de 0.11, bagues en cuivre, serrure pêne donnant 1/2 tour de bouton double.

Bec de cane et targette aux portes des w.-c. et toilettes.

Les croisées ferrées chacune de 7 pattes, 8 équerres simples, 6 fiches chanteau de 0.11 et 1 crémone fer demi-rond de 0.018 et accessoires.

Persiennes en fer compris tous accessoires et peinture au minium.

Tous les fers devront être peints au minium avant leur emploi.

Toutes les serrures seront marquées.

L'entrepreneur devra toutes les pattes droites, coudées, contre-coudées, à scellement pour bâtis, contre-bâtis, dormants, etc.

Les fers nécessaires pour la hotte du fourneau et descente en fonte, panneaux de fonte ornée, rapointis, clous à bateaux, pitons de suspension, entrée et salle à manger.

Couverture, Plomberie. — La couverture en ardoise sur voliges sapin, solins en plâtre aux souches de cheminées, noquets en zinc, nº 12.

Gouttière en zinc, nº 12.

Le tout suivant dessins indiqués au plan.

Descentes, en zinc, de 0.08 de diamètre, et raccords avec la canalisation conduisant les eaux du puisard. Dans la cuisine évier en grès émaillé de 0.60 × 0.60 avec bonde vidange et siphon, w.-c., tout à l'égout.

Menuiserie et Parquets. — La porte de cave en sapin brut 0.027, barres chêne 0.034 × 0.08 chanfreinées.

La porte de descente des vins par frises avec baguettes sur joints et jet d'eau en chêne bâtis chêne 0.034, panneaux sapin 0.027.

Châssis vitrés en chêne pour soupiraux avec bâtis et jet d'eau dans le bas.

La porte d'entrée à un vantail sera en chêne avec bâtis et contre-bâtis, imposte, panneaux à grands cadres avec plates-bandes aux deux faces et socle dans le bas, panneau de fonte ornée dans la partie haute suivant le dessin indiqué au plan, chambranles avec socles à la face intérieure de la porte d'entrée.

Agencement dans la cuisine, 3 mètres de tablettes, barres à casseroles et dosseret.

Toutes les portes intérieures seront en sapin à petits cadres et plates-bandes simples aux deux parements, 3 panneaux par vantail dans la hauteur, chambranles sapin avec socles aux deux faces.

Les croisées tout chêne, châssis 0.034, dormant 0.054 avec petits bois fermant à noix, et à gueule de loup avec jet d'eau.

Tapées en chêne pour les persiennes en fer.

A l'intérieur des croisées chambranles idem au pourtour.

Petits cadres figurant panneaux avec plinthe et cimaise de 0.06 dans la salle à manger.

Stylobates sapin dans le vestibule et le salon, plinthes dans le reste.

Socles de marches rampants en sapin.

Les huisseries en sapin à la demande.

Parquet chêne à frise deuxième choix, posé à l'anglaise sur les lambourdes au rez-de-chaussée.

Sapin rouge idem au 1er étage sur les solins.

Baguettes d'angle et 1/2 baguettes aux angles des murs.

Fumisterie. — Dans la cuisine 1 fourneau, cuisinière de 0.75 à retour de flamme, à charbon de terre, à réchaud, à charbon de bois avec bain-marie, four, boite à charbon et accessoires.

Trappe en tôle et crémaillère à la hotte.

Une paillasse entre le fourneau et l'évier, revêtements sur la paillasse au pourtour de la cuisinière et l'évier en lave émaillée.

Dans la salle à manger et les chambres, cheminées en marbre.

Arrangements intérieurs, rétrécis en lave, cadre cuivre, rideau, crémaillère avec coquille en cuivre dans le bas, âtre en carreaux, contre-cœur en briques.

Fourniture d'une lessiveuse avec fourneau en fonte et conduit en tôle pour la fumée.

Peinture, Vitrerie, Tenture. — Tous les plafonds à la colle, 2 couches.

Ceux de la cuisine à l'huile.

Toutes les menuiseries à 2 couches et à 2 tons pour les intérieures.

Celles extérieures de la porte d'entrée du vestibule, 2 couches et verni.

Les lambris de la salle à manger et vestibule à hauteur de 1.10 seront idem façon décor.

Les rampes d'escaliers, panneaux de fonte, barreaux de soupiraux, linteaux apparents, 2 couches ; et minium 1 couche au préalable.

Carrelages lavés, parquets en chêne encaustiqués.

Tous les nettoyages.

Pose de fourniture de papier de tenture à 0 fr. 70 le rouleau.

Bordure assortie suivant les pièces.

Vitrerie en verre simple 3e choix pour les portes vitrées et croisées.

Les peintures sont inaltérables.

Surface : 45 m² 50.

Cuisine
WC
Salle a Manger
Salon
Entrée
Terrasse
Window
REZ de CHAUSSEE
1er ÉTAGE

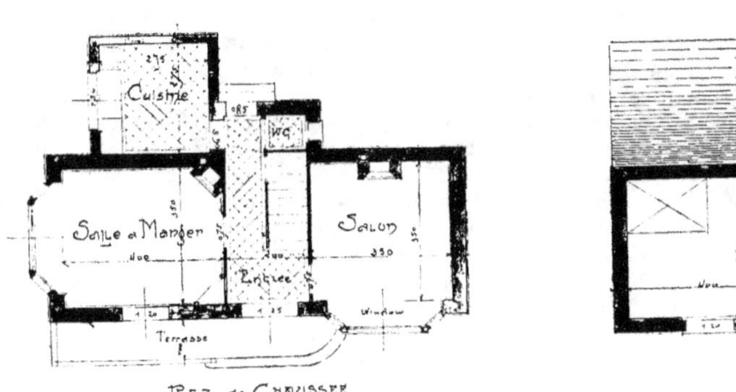

PLANCHE 17

Villa normande : 9.800 francs.

Elle se compose :

Sous-sol de 2 mètres de hauteur, comprenant cave à vins, cave à bois, cave à charbons, descente de cave et dégagement, emplacement de fosse syphoïde.

Rez-de-chaussée de 3.00 de hauteur, divisé en : entrée dans laquelle se trouve l'escalier desservant le premier étage, salle à manger de 4.00 × 3.50, salon de 3.50 × 3.50, tous deux avec window, cuisine de 2.75 × 2.75, water-closet.

Premier étage ayant comme distribution : une chambre à coucher de 4.00 × 3.50, toilette de 2.50 × 1.50, autre chambre de 3.50 × 3.50. Palier et dégagement, grenier au-dessus desservi par une trappe.

Construction établie sur rigoles remplies en béton, sous-sol en meulière-caillasse hourdée en mortier de chaux hydraulique et sable, élévation en mêmes matériaux mais avec cuisine, window et arcs de baies en briques repressées, conduits de fumée dans l'épaisseur des murs en boisseaux Gourlier de 0.20 × 0.20, souches sur comble en briques apparentes, parementées et jointoyées, couronnements enduits dessus en Portland et mitron en terre cuite.

Ravalements extérieurs jointoyés en creux en chaux hydraulique, les parties de briques parementées et jointoyées en chaux ; joints tirés au fer. Soubassement jointoyé en mortier bâtard de chaux et ciment, avec retraite, et bandeau uni en ciment de Portland. Perrons en béton aggloméré à marches unies, terrasse dallée en ciment.

A l'intérieur, plancher de cave en solives acier P. N. avec entretoises et fentons, et hourdés en plâtras et plâtre ragréé en dessous, les murs de caves non enduits, sauf ceux de la descente, les cloisons de sous-sol en brique de 0.06 à joints réappuyés en montant.

Aux étages supérieurs, plafonds et murs en plâtre.

Plancher haut du 1er étage, plancher haut du rez-de-chaussée, comble et chevronnage en sapin de sciage du commerce, madriers, bastaings et chevrons. Saillies rabotées.

Couverture en tuiles à emboîtement grand moule, faîtage en terre cuite, solins, ruellées, embarrures ciment, derrières de cheminées, noues-gouttières et descentes en zinc, dauphins en fonte.

Balcons et balustrades en sapin, chaînages en fer ; croisées, portes-croisées et porte d'entrée en chêne, persiennes en fer et tôle ; menuiseries intérieures en sapin ; garde-robe à effet d'eau au water-closet, canalisation des eaux pluviales et ménagères en grès vernissé avec tranchées et drainages perdant les eaux dans le terrain.

Canalisations en plomb amenant les eaux, aux w.-c., au cabinet de toilette, à un robinet pour l'arrosage du jardin et à la pierre d'évier.

Salon et salle à manger parquetés en chêne à l'anglaise sur lambourdes et avec replanissage, corniches en staff, plinthes et stylobates dans ces deux pièces, cheminées à modillons en marbre à intérieurs rétrécis en faïence ; vestibule carrelé en céramique, cuisine, w.-c., en carreaux de terre cuite avec plinthes aussi en carreaux. Escalier à la française en chêne à balustres, tournés, du rez-de-chaussée au premier, escabeau, échelle de meunier pour le grenier.

Cuisine : évier en grès vernissé, paillasse en ciment armé, fourneau en fonte et tôle à charbonner ; revêtement en faïence ; agencement composé de tablettes, appliques et porte-casseroles, armoire, sous-évier et paillasse, et ventilateur en tôle remplaçant la hotte.

Au 1er étage, plafonds unis, parquets en chêne cloués sur solives et replanis, cheminées capucines en marbre à revêtements, intérieurs rétrécis en faïence et prise d'air, stylobates dans toutes les pièces.

Au grenier : Murs crépis en plâtre, parquet en sapin de 3e choix cloué sur solives.

Peinture des plafonds à la colle, des boiseries extérieures et intérieures, persiennes, balcons, murs et plafonds de cuisine, water-closet et office, à l'huile 3 couches, égrené, rebouché. Salle à manger, portes et croisées de vestibule, escalier et bureau en décors, faux bois vernis, salon en ripolin ; rampe d'escalier et porte d'entrée en bois naturel passé à l'huile et vernis.

Vitrerie en demi-double 2e choix pour les verres de window ; simples 3e choix pour les autres, et cathédrale water-closet et portes extérieures.

Tenture en papier dans les pièces, et en étoffe imprimée dans le vestibule et l'escalier.

PLANCHE 18

Villa au bord du Cher : 9.800 francs.

Elle se compose de :

Sous-sol de 2. 00 de hauteur auquel on accède par la descente placée sous l'escalier avec palier pour descente extérieure des vins, et comprenant deux caves. Water-closet en dehors du bâtiment.

Rez-de-chaussée de 2.90 de hauteur divisé en : vestibule et escalier desservant le premier étage, salle à manger de 4.00 × 4.00, cuisine de 3.50 × 3.00, avec trois marches d'accès. Laverie de 2.50 × 2.00.

Premier étage de 2.80 de hauteur ayant comme distribution : palier d'escalier, chambre à coucher de 4.00 × 4.00, autre chambre de 3.00 × 3.50, toilette de 2.00 × 2.50.

Grenier au-dessus avec trappe d'accès sur le palier de l'escalier.

Construction établie sur rigoles remplies en béton, murs dans la hauteur du sous-sol en caillasse hourdée en mortier de chaux hydraulique et sable maigre, élévation en caillasse avec partie en briques repressées pour rester apparentes, pour arcs, bandeaux et appuis ; mur de refend aussi en briques ordinaires de 0.22 pleines au sous-sol, de 0.16 creuses aux étages. Conduits de fumée en boisseaux Gourlier de 0.16 × 0.25 chemisés en plâtre pour former coffres et prolongés sur comble par des souches en briques repressées, couronnées en ciment avec mitrons.

Ravalements extérieurs : soubassement jointoyé en Portland en creux, perrons en béton aggloméré, partie haute jointoyée en chaux sur caillasse avec parties de briques parementées et jointoyées en chaux, joints tirés au fer, motifs de baies enduits en chaux teintée.

A l'intérieur, le plancher de cave à solives en fer à T de 0.12, hourdées en briques de pays par voutains, les autres planchers et le comble en madriers, 1/2 madriers, chevrons en sapin de commerce, queues de vaches, voligeage, consoles et pans de bois apparents en sapin raboté. Escalier en sapin rouge à la française à balustres, limons superposés et moulurés, potille à tête et culs-de-lampe tournés, main-courante profilée, dessus de marches en chêne et celles de descente de cave en chêne de 0.054 abattues de rive sur la face.

Couverture en tuiles à emboîtement grand moule, faîtage et arêtiers unis, embarrures, solins et ruellées en Portland, derrières de cheminées, noues, gouttières et tuyaux en zinc n° 12.

Chaînages en fer, tuyaux de chute et dauphins en fonte, linteaux en fer, clous, boulons, rapointis, barreaux.

Croisées et porte d'entrée en chêne, persiennes brisées en fer et tôle, balcons saillants en sapin, menuiseries intérieures, huisseries, portes, armoire sous évier, moulures, chambranles, faux lambris, baguettes, plinthes, socles de marbre et stylobates en sapin.

Garde-robe à effet d'eau avec abattant en chêne ciré, canalisation des eaux pluviales et ménagères allant à la syphoïde en dehors du bâtiment, dont les eaux usées sont recueillies dans un puisard les perdant dans les sables.

Canalisation en plomb partant du compteur desservant l'évier et l'effet d'eau de garde-robe, ainsi que le lavabo du cabinet de toilette du 1er étage, et un robinet pour l'arrosage du jardin.

Parquet en chêne deuxième choix sur lambourdes au rez-de-chaussée, sur solives au premier étage avec trappe et échelle pour y accéder. Carrelage en carreaux de Beauvais carrés dans cuisine et water-closet, en céramique de ciment dans le vestibule, le tout posé sur ciment de Portland avec forme de sable.

Dans la cuisine, évier en grès vernissé, fourneau en fonte et tôle, ventilateur en tôle remplaçant la hotte, paillasse, revêtement en carreaux de faïence, paillasse, tablette, applique et porte-casseroles.

Dans la salle à manger, cheminée à modillons en marbre rouge, dans les autres pièces cheminées capucines à cadres, revêtements avec foyers et intérieurs rétrécis en faïence à ventouses et accessoires.

Peinture des boiseries extérieures et intérieures, des persiennes, balcons, saillies, porche des murs et plafonds de cuisine et w.-c., lambris et autres à l'huile 3 couches, égrené, rebouché, plafonds à la colle, rampe d'escalier et extérieur de la porte d'entrée en bois naturel passés à l'huile et vernis, parquets replanis encaustiqués et frottés.

Vitrerie en verre demi-double, 2e choix, pour les hors mesure, et simple, 3e choix, des croisées, et en verre cathédrale du châssis de la porte d'entrée et de ceux du w.-c.

Tenture en papier avec bordures et collage.

Façade Principale
1er Étage
Chambre
Toilette
Toilette
Palier
Chambre
Balcon
4.75
4.25
4.75
Rez-de-Chaussée
Cuisine
Laverie
Office
Vestibule
W.C.
Salle à Manger
Véranda
4.75
4.75

PLANCHE 19

Villa à Lausanne (Suisse) : 10.000 francs.

Cette villa comprend : au sous-sol : buanderie, cave, descente et son dégagement ; au rez-de-chaussée : vestibule et escalier, salle à manger de 4.25 × 3.50 avec window, alcove de 2.10 × 1.62, cuisine de 3.00 × 2.07 et laverie. Water-closet ; au 1er étage : chambre de 4.25 × 3.50, toilette de 1.15 × 3.00, autre chambre de 3.00 × 3.02, toilette, palier d'escalier.

Terrasse. — Fouille en déblai et en rigoles, régalage et nivellement des terres dans la propriété.

Maçonnerie. — Rigoles sous les murs remplies en béton de cailloux et mortier de chaux hydraulique et sable de rivière. Murs de fondation jusqu'au sol du rez-de-chaussée, pierre du pays hourdée en mortier de chaux hydraulique idem et jointoyés à l'intérieur en mortier d°. Le mur de refend, entre descente et cave, en briques de plaine de 0.22 d'épaisseur hourdées et jointoyées en mortier idem aux 2 faces. Celui de l'escalier de cave en briques de 0.11 et mortier idem et jointoyées en mortier idem. Cloison de la buanderie en briques de 0.06 hourdées et jointoyées aux deux faces. Murs et cloisons de la buanderie enduits en ciment de Portland jusqu'à 1.00 de hauteur du sol, le sol recouvert d'un dallage en ciment de Portland avec angles arrondis au pourtour. Bac en ciment à deux compartiments de 0.80 de hauteur sur 0.60 de largeur sur 1.60 de longueur. Tuyau de fumée et tuyau de ventilation. Marches de descente de cave en béton aggloméré ainsi que le perron. Plancher du sous-sol hourdé en briques et plâtre rejointoyé en dessous. Rez-de-chaussée et étage, murs des façades en briques pressées rouges et blanches de 0.22 d'épaisseur. Le 1er étage briques de plaine hourdées en mortier de chaux d°. Mur de refend entre escalier et pièces, en briques de plaine de 0.22 d'épaisseur et plâtre. Enduits de plâtre sur murs et cloisons à l'intérieur du bâtiment. Echiffre de l'escalier en briques de 0.07, cloisons du w.-c. en briques pressées de 0.11. Les autres cloisons du rez-de-chaussée et du 1er étage en carreaux de plâtre de 0.06 enduites en plâtre aux 2 faces. Les plafonds enduits en plâtre sur lattis et augets. Plafond rampant d'escalier latté et enduit en plâtre. Ravalement des façades en briques apparentes jointoyées et lissées au fer. Pour le rez-de-chaussée et l'escalier, jointoyés sur pierre du pays pour la retraite avec bandeau en ciment et moucheti tyrolien avec bandeaux en ciment formant faux pan de bois pour le 1er étage. Souches de cheminées en briques rouges et blanches. Tuyaux de fumée en boisseaux de 0.20 × 0.20 avec chemisages, ainsi que celui de ventilation de la buanderie, enduits faux-coffres et hourdés de trémies. Canalisation en grès vernissé de toute la construction et décharges à la fosse syphoïde pour cinq personnes, écoulant ses eaux dans un puisard à pierre sèche. Trous, scellements de poteaux, huisseries, entailles, raccords de toute nature. Lardis de clous et rapointis. Scellement de lambourdes au rez-de-chaussée ; au 1er étage, les parquets posés sur les solives.

Carrelage. — Vestibule, cuisine, laverie et w.-c. en carreaux de ciment posés sur ciment, avec forme en sable.

Charpente. — Plancher du 1er étage et du faux plancher seront en bastaings et 1/2 bastaings espacés de 0.33 d'axe en axe. L'escalier conduisant à l'étage, tout chêne avec limons de 0.08 d'épaisseur, marches de 0.041 et contremarches de 0.018, poteaux, mains-courantes et balustres en chêne. La charpente de la toiture composée de : plate-forme en sapin 0.065 × 0.17 ; poteaux pour faîtages en sapin 0.12 × 0.12 ; poinçon en sapin 0.12 × 0.12 ; faîtages et pannes en sapin 0.065 × 0.17, ainsi que les arêtiers, chevronnages en sapin 0.075 × 0.08. Window, consoles et balcons en sapin raboté.

Serrurerie. — Le plancher des caves sera en fer à T. de 0.14 espacé de 0.70 d'axe en axe. Cours de chaînage en fer méplat de 0.007, de 0.035 de largeur à chaque angle et à la rencontre des refends, gros fers pour chaines, tirant par trous, ferrage de comble. Plates-bandes pour limons, boulons d'écartement, clous et rapointis. Les soupiraux et châssis du sous-sol et de l'escalier munis de barreaux en fer rond de 0.018 scellés. Les portes de cave ferrées de pentures avec gonds à scellement et serrure pêne dormant de 0.14. Porte d'entrée à 1 vantail ferrée de pattes coudées, équerres fortes, poignée en cuivre à l'intérieur, bouton de tirage avec chainette, panneau en fonte ornée, paumelles, serrure de sûreté et vasistas derrière le panneau. Imposte au-dessus. Les croisées ferrées de 6 pattes, 8 équerres, 6 paumelles et une crémone. Les portes intérieures ferrées chacune de 3 paumelles de 0.11, bagues en cuivre, serrure pêne dormant 1/2 tour et bouton double imitation ivoire. Bec de cane et targettes aux portes des w.-c. et toilettes. Persiennes en fer, compris tous accessoires et peinture au minium. Les fers peints au minium avant leur emploi. Les serrures seront marquées.

Couverture, Plomberie. — Couverture et auvents en tuiles sur liteaux avec faitières, ruellées et solins en ciment, faitage et arêtiers en terre cuite, noues et derrières en zinc. Gouttières de 0.25 et tuyau de 0.08 de diamètre en zinc n° 12, allant à la canalisation conduisant les eaux à la fosse syphoïde. Dans le w.-c. appareil à effet d'eau avec abattant en chêne, cuvette 1/2 porcelaine. Dans la cuisine évier en grès émaillé de 0.55 × 0.65 avec bonde, vidange et siphon. Canalisation de l'eau en tuyau de plomb et arrivée au-dessus de l'évier, à la buanderie, au water-closet et au jardin pour arrosage.

Menuiserie et Parquets. — Portes de cave et buanderie en sapin brut de 0.027, barres chêne 0.034 × 0.08 chanfreinées. Châssis vitrés en chêne pour soupiraux avec dormant et jet d'eau dans le bas. Châssis à deux vantaux pour buanderie. Porte d'entrée à un vantail en chêne avec dormant, bâtis, imposte, panneaux à grands cadres avec plate-bandes, table saillante et socle dans le bas, panneaux de fonte ornée dans la partie haute et chambranles avec socles à la face intérieure. Agencement dans la cuisine, 3 mètres de tablettes, barres à casseroles et dosseret. Portes intérieures en sapin à petits cadres et plates-bandes simples aux deux parements, 3 panneaux, chambranles sapin avec socles aux deux faces. Croisées tout chêne, châssis 0.034, dormant 0.054 à noix et gueule de loup, jet d'eau et pièce d'appui. Tappées en chêne pour les persiennes en fer. A l'intérieur des croisées chambranles d° au pourtour. Petits cadres figurant panneaux avec plinthe et cimaise de 0.06 dans la salle à manger. Stylobates sapin dans le vestibule et les chambres, plinthes dans le reste. Huisseries en sapin de 0.08 × 0.08. Socles de marches, rampants en sapin pour l'escalier. Parquet chêne 2e choix de 0.025 à l'anglaise sur les lambourdes au rez-de-chaussée. Sapin rouge d° au 1er étage sur les solives. Baguettes d'angles et 1/2 baguettes aux angles des murs.

Fumisterie. — Dans la cuisine, un fourneau-cuisinière de 0.90 à retour de flamme à charbon de terre et réchaud à charbon de bois avec bain-marie, four, boîte à charbon et accessoires. Paillasse entre le fourneau et l'évier, revêtement en carreaux de faïence sur la paillasse, au pourtour de la cuisinière et de l'évier, 4 rangs de carreaux non compris bordure. Dans la salle à manger, cheminée à modillon, marbre rouge de Flandre, modillons Napoléon ou Caroline pour les deux autres pièces, foyers en marbre, d°. Arrangements intérieurs, rétrécis en faïence, cadre cuivre, rideau fort, âtre en carreaux, contre-cœur en brique, ventouse. Lessiveuse avec fourneau en fonte et conduit en tôle pour la fumée dans la buanderie. Ventilateur en tôle remplaçant la hotte.

Peinture, Vitrerie, Tenture. — Plafonds à la colle, 2 couches. Ceux de la cuisine et w.-c. à l'huile, 3 couches. Menuiseries à l'huile, 3 couches, compris impression et 2 tons pour les intérieures des principales pièces. Celles extérieures de la porte d'entrée du vestibule à l'huile, 3 couches dont 1 impression façons décors et verni, ainsi que celles de la salle à manger. Carrelages lavés, parquets en chêne encaustiqués, frottés. Tous les nettoyages. Pose et fourniture de papier de tenture du prix d'achat de 0 fr. 70 le rouleau. Bordure assortie suivant les pièces. Vitrerie en verre simple 3e choix.

4

REZ DE CHAUSSEE

1er ETAGE

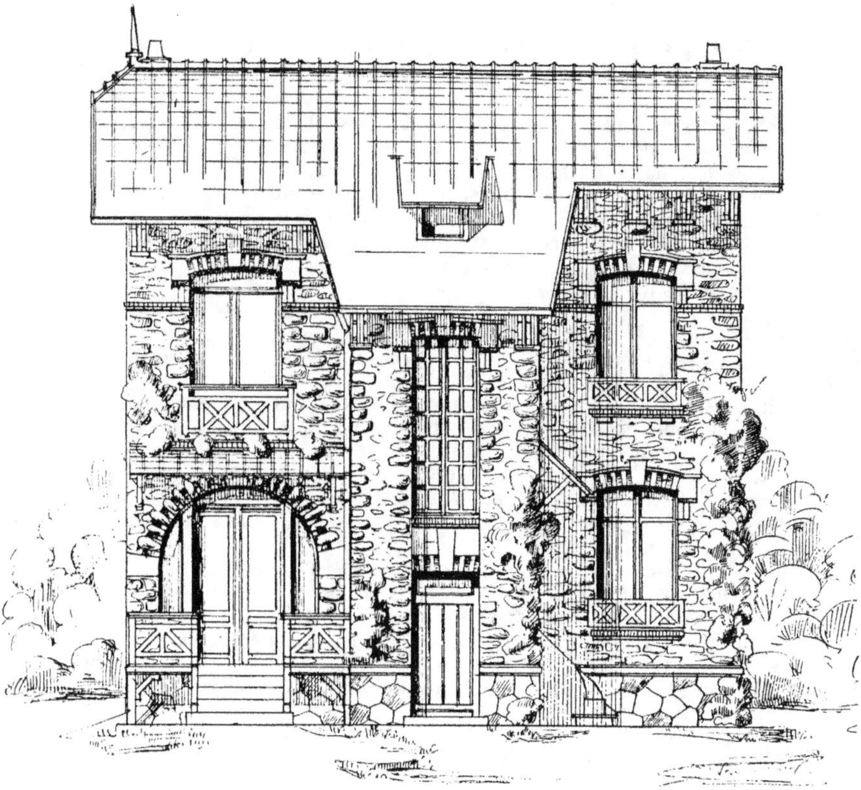

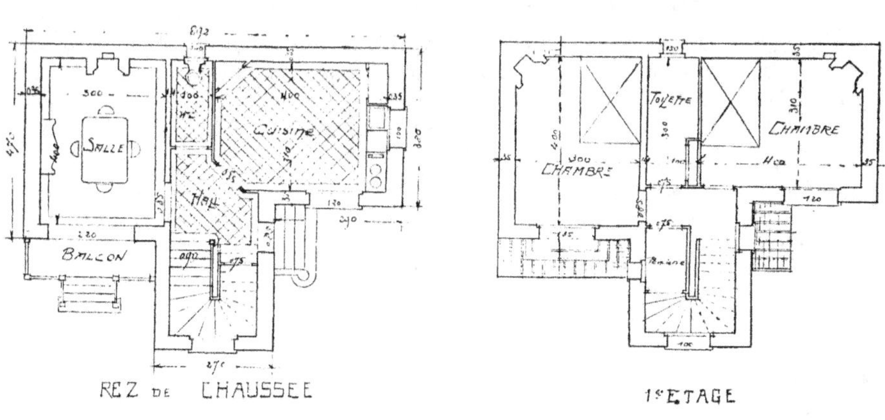

SALLE
BALCON
HALL
Cuisine
REZ DE CHAUSSEE
CHAMBRE
Toilette
CHAMBRE
1ᵉ ETAGE

PLANCHE 20

Villa dans la banlieue de Paris : 20.000 francs.

Elle se compose de :

Sous-sol de 2.00 de hauteur auquel on accède par la descente placée sous l'escalier avec palier pour descente extérieure des vins, et comprenant : dégagement, buanderie, cave à vins, cave à charbon, légumier.

Rez-de-chaussée de 3.00 de hauteur divisé en : vestibule et escalier desservant le premier étage, salle à manger 4.00 × 3.00, cuisine de 4.00 × 3.10 et w.-c.

Premier étage de 2.90 de hauteur ayant comme distribution : palier d'escalier, chambre à coucher de 4.00 × 3.00, autre chambre de 4.00 × 3.10, penderie, toilette.

Grenier au-dessus avec escalier.

Construction établie sur rigoles remplies en béton, murs dans la hauteur du sous-sol en caillasse hourdée en mortier de chaux hydraulique et sable maigre, élévation en caillasse avec parties en briques repressées pour rester apparentes, pour arcs, bandeaux et appuis ; mur de refend aussi en briques ordinaires de 0.11.

Conduits de fumée en boisseaux Gourlier de 0.19 × 0.23 chemisés en plâtre pour former coffres et prolongés sur comble par des souches en briques repressées, couronnées en ciment avec mitrons.

Ravalements extérieurs : soubassement jointoyé en Portland en creux, perron en béton aggloméré, partie haute jointoyée en chaux, sur caillasse avec partie de briques parementées et jointoyées en chaux, joints tirés au fer, motifs de baies enduits en chaux teintée ainsi que les chaînes inférieures.

A l'intérieur, le plancher de cave à solives en fer à T de 0.12, hourdées en briques de pays par voutains, les autres planchers et le comble en madriers, 1/2 madriers, chevrons en sapin de commerce, queues de vaches, voligeages, consoles, balcons et auvent, sapin raboté. Escalier en sapin rouge à la française à balustres, limons moulurés, potille à tête et culs-de-lampe tournés, main-courante profilée, dessus de marches en chêne, descente de cave en chêne de 0.054, abattues de rive sur la face.

Couverture en tuiles à emboîtement petit moule, scellées en chaux, faîtage et arrêtiers en terre cuite, embarrures, solins et ruellées en Portland, derrières de cheminées, noues, gouttières et tuyaux en zinc n° 12.

Chaînages en fer, tuyau de chute et dauphins en fonte, linteaux en fer, clous, boulons, rapointis, barreaux.

Croisées et porte d'entrée en chêne, persiennes brisées en fer et tôle, balcons saillants en sapin, menuiseries intérieures, huisseries, portes, armoires sous évier, moulures-chambranles, faux lambris, baguettes, socles de marches, plinthes et stylobates en sapin.

Garde-robe à effet d'eau avec abattant en chêne ciré, canalisation des eaux pluviales et ménagères allant à la syphoïde en dehors du bâtiment, dont les eaux usées sont recueillies dans un puisard.

Canalisation en plomb partant du compteur desservant l'évier et l'effet d'eau de garde-robe et un robinet pour l'arrosage du jardin.

Parquet en chêne deuxième choix sur lambourdes au rez-de-chaussée, sur solives au premier étage. Carrelage en carreaux de Beauvais carrés dans cuisine et water-closet, en céramique de ciment dans le vestibule, le tout posé sur ciment de Portland avec forme de sable.

Dans la cuisine, évier en grès vernissé, fourneau en fonte et tôle, ventilateur en tôle remplaçant la hotte, paillasse, revêtement en carreaux de faïence, tablette, applique et porte-casseroles.

Dans salle à manger, cheminée à modillons en marbre rouge, dans les autres pièces cheminées capucines à cadres et revêtements avec foyers et intérieurs rétrécis en faïence à ventouses et accessoires.

Peinture des boiseries extérieures et intérieures, des persiennes, balcons, saillies, auvent, des murs et plafonds de cuisine et w.-c., lambris et autres à l'huile 3 couches, égrenées, rebouchées, plafonds à la colle, rampe d'escalier et extérieur de la porte d'entrée en bois naturel passés à l'huile et vernis, parquets replanis, encaustiqués et frottés.

Vitrerie en verre demi-double, 2e choix, pour les hors mesure, et simple, 3e choix, des croisées, et en verre cathédrale du châssis de la porte d'entrée et de ceux du w.-c.

Tenture en papier avec bordures et collage.

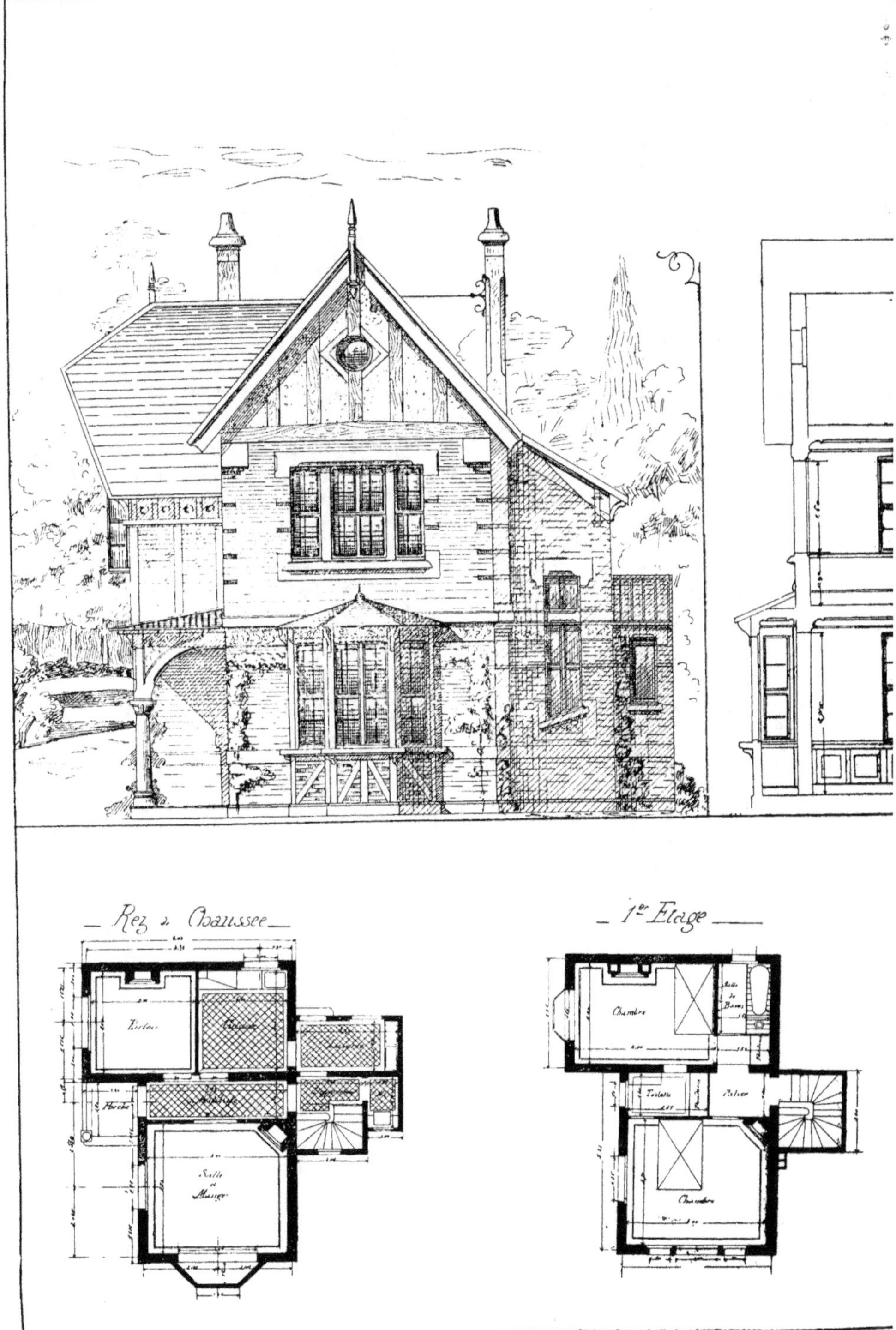

PLANCHE 21

Cottage anglais : 10.000 francs.

Ce pavillon type anglais est prévu avec tout le confortable et le souci de l'hygiène caractéristique des cottages anglais.

La construction est élevée d'une marche au-dessus du sol, les fondations sont en béton, les murs en briques jointoyées, la couverture en ardoises, la charpente et la menuiserie en sapin, frise en céramique.

Il se compose : au rez-de-chaussée, d'un porche, vestibule, parloir, salle à manger, cuisine, laverie, w.-c. et escalier. Au 1er étage : 2 chambres à coucher, une salle de bain et cabinet de toilette, au-dessus grenier et chambre de bonne.

Les pièces du rez-de-chaussée parquets en chêne, cheminées en bois, lambris et plafond apparent, carrelage de cuisine, vestibule, porche, fourneau de cuisine, évier dans la cuisine et la laverie, revêtement en faïence.

Installation des .w-c. avec réservoir de chasse, la salle de bain avec baignoire en fonte, chauffe-bain, et fosse syphoïde, canalisation, eau et gaz.

Fermeture en fer, peintures dans toute les pièces, vitraux dans le window.

Façade Rue
Coupe A.B
Chambre
Toilette
1er Étage
Cuisine
Vestibule
Salle à Manger
Rez de Chaussée

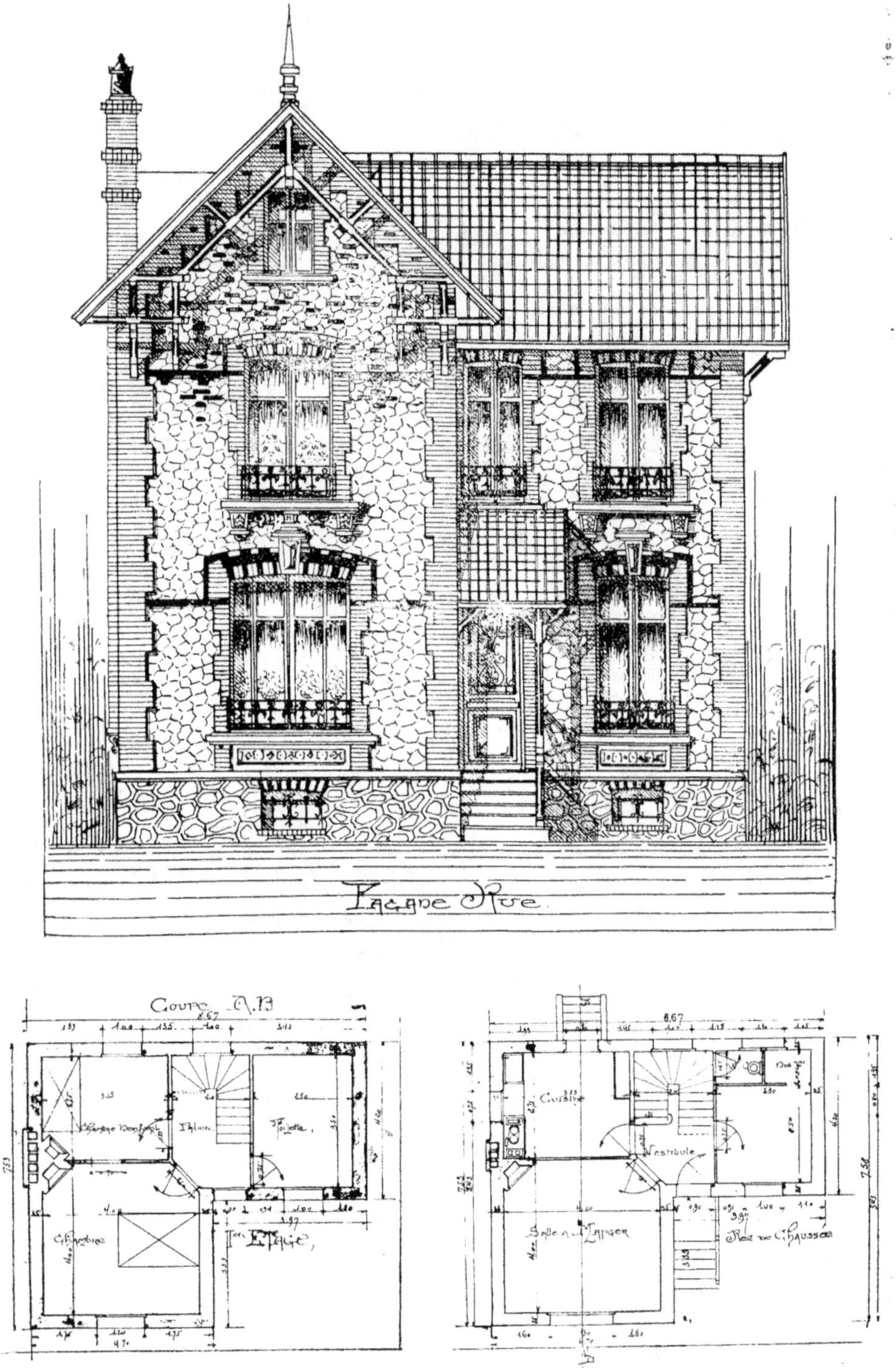

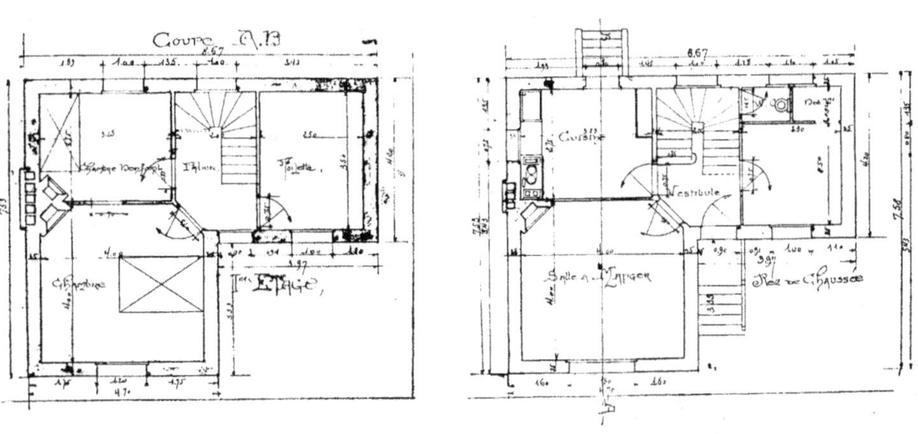

PLANCHE 22

Villa à Noisy-le-Sec : 10.500 francs.

Maçonnerie-Terrasse. — La fouille en déblai et en rigoles avec chargement en brouette et roulage dans la propriété pour les deux tiers en terre végétale et enlèvement aux décharges pour l'autre tiers. Les rigoles remplies en béton de cailloux, chaux hydraulique et sable de rivière. Les murs du sous-sol en caillasse et chaux hydraulique idem. Le mur de refend du sous-sol et le mur d'échiffre en brique de la plaine de 0.22 et chaux idem. La cloison en brique de 0.06. Les murs jointoyés en chaux sur meulière et sur brique, sauf ceux de la buanderie enduits en plâtre. Le sol de la buanderie dallé en ciment de 0.05. Le plancher de cave hourdé en plâtras avec voutains de 0.05 de flèche ragréés en dessous après décintrage. Le bac baignoire en ciment de Portland. Les murs en élévation en meulière jointoyée extérieurement avec joint en creux. Ornementation de croisées, hapages de chaînes d'angles et faces de cheminées saillantes en briques calibrées, parements rejointoyés en creux en chaux tirés au fer. Le mur de refend en briques pleines de la plaine de 0.11 et chaux idem. Les tuyaux de cheminée en briques de 0.22 $\times$ 0.22 de sections enduits à l'intérieur en chaux et les cloisons de face de pan coupé en carreaux de plâtre ravalés d'un côté. Les têtes de cheminées en briques calibrées de 0.11 et chaux, parementée et jointoyée idem avec enduits intérieurs des conduits, astragale et bandeau aussi en briques, fermetures enduites en Portland et lanternes en terre cuite scellées en ciment. Le soubassement du ravalement smillé grossièrement en mosaïque et jointoyé en mortier bâtard avec bandeau de couronnement uni en Portland, les appuis et arc de soupiraux et porte en brique. Les perrons avec limons, marches et paliers en béton aggloméré. Intérieurement : les plafonds en augets droits avec lattis et enduits. Corniches de 0.50 de profil dans la salle à manger et la grande chambre. Les cloisons de distribution en carreaux de plâtre avec tendeurs en fil de fer et lardis de clous dans les huisseries. Les murs et cloisons enduits en plâtre avec tableaux de baies, feuillures, arêtes et chemisages de coffres de cheminées. Les trous, scellements de pattes, gonds, fers, bois et autres. Les scellements de lambourdes au rez-de-chaussée. Le carrelage du vestibule en carreaux céramiques et celui de la cuisine et water-closets en carreaux rouges et blancs, le tout posé sur ciment. L'évier en grès vernissé avec jambages en briques et paillasse en plâtre de cet évier au fourneau. Canalisation en grès vernissé de 0.10 pour évier, buanderie et eaux pluviales. Puisard en caillasse de 0.80 le diamètre et murs de 0.30 à sec, avec deux chaînes en chaux, une au milieu et l'autre à l'encorbellement pour le tampon qui sera en béton armé. Ce puisard descendu jusqu'à la couche absorbante. Regard sous le robinet du jardin avec grille en fonte et cuillère en ciment. Syphon panier pour la buanderie. Fosse réglementaire en meulière et chaux enduite en ciment de Portland, plancher en fer de 0.12 hourdé en brique de 0.11 et enduite en ciment de Portland. Châssis et tampon réglementaire de 1 sur 0.65 de vide.

Charpente, Gros Fers. — Le plancher des caves en fer à T de 0.12, espacé de 0.70 d'axe en axe, les linteaux en fers à T de 0.10 boulonnés. Chaînage au premier étage en fer de 0.035 sur 0.007 sur les murs de pourtour, sur les refends et en prolongement du mur de face en arrière-corps, chaînage par les plates-formes, ferrement de combles, tirants, harpons, ancres, linteaux de cheminées, bandes de trémie, ceinture de paillasse, clous, rapointis et autres. Barreaux des soupiraux en fer de 0.018. Le plancher haut du rez-de-chaussée en bastaings de sapin, de 0.065 sur 0.17, celui du 1ᵉʳ étage en demi-bastaings de 0.030 sur 0.17, les bastaings entiers sous les poteaux de pannes et faîtage. La charpente du comble toute en bastaings de sapin, les chevrons de 0.065 sur 0.08, les saillies rabotées. L'escalier du 1ᵉʳ et du 2ᵉ étages, en sapin à la française à liges, en sapin à la française à lifreins, les marches en chêne de 0.041, les contremarches en chêne de 0.018. La ferme ornementale, les consoles chantournées et la charpente du porche en sapin raboté avec chantournements et chanfreins. Escalier de descente de cave et paliers en chêne brut de 0.054, légèrement arrondis d'arêtes.

Menuiserie. — Les portes de cave en sapin brut de 0.027 banées en chêne avec huisseries en sapin pour sceller les cloisons, les autres en feuillure. La porte de la descente des vins en sapin, parquet de 0.034, baguette sur joints emboîtée et banée en chêne. Châssis vitré pour les soupiraux, en chêne avec jet d'eau sans dormants. La porte d'entrée du vestibule en chêne avec dormant de 0.054 et châssis d'imposte. Lambris d'assemblage à grands cadres ou équivalent frisé, et socle, panneau en fonte ornée. Les croisées en chêne à noix et gueule de loup, jet d'eau et pièce d'appui, dormant de 0.054, châssis de 0.034, gorges d'écoulement et tapée en chêne pour persiennes en fer. Huisseries en sapin de 0.065 sur 0.14 pour les cloisons de 0.14 et de 8 sur 8 pour celles de 0.08. Portes intérieures en lambris d'assemblage sapin à petits cadres et plates-bandes aux deux parements, 3 panneaux, bâtis de 0.034 et panneaux de 0.018. Armoire sous évier en sapin avec bâti. Trappe en sapin emboîtée et barrée aussi avec bâti. Echelle-escabeau en sapin de 0.024 avec marches, les limons de 0.027 sur 0.16, les marches idem, pour monter au grenier. Plinthes en sapin dans la cuisine, la salle à manger, les w.-cl., le débarras et sur le palier, stylobates en sapin partout ailleurs. Chambranles en moulures sapin de 0.013 sur 0.055, aux portes et aux croisées, moulures cadres sapin de 0.013 sur 0.045 et cymaises en sapin de 0.018 sur 0.06 formant lambris de salle à manger. Agencement de la cuisine composé de tablettes, porte-casseroles et applique. Armoire dans la cuisine et en prolongement de coffre dans la toilette du 1ᵉʳ étage en double de 0.034, de 0.027 et panneaux de 0.013 à petits cadres et plates-bandes, un parement à glace de l'autre, 5 tablettes et tasseaux à l'une et 3 à l'autre. Socles de marches rampant pour l'escalier, parquet en chêne 2ᵉ choix sur lambourdes au rez-de-chaussée et sur solives au 1ᵉʳ étage, en sapin de 3ᵉ choix dans le grenier, ferrage des lambourdes et replanissage du parquet sauf au grenier.

Quincaillerie. — Châssis de soupiraux, équerres de 0.19, paumelles simples à gonds de 0.14 et targettes de 0.048. Porte de cave intérieure scellée en murs de 0.22, 2 pentures et gonds et une serrure pêne dormant, celles en cloisons de distribution, 3 paumelles de 0.11 et une serrure idem. Porte de descente de vins, deux pentures entaillées avec gonds et une serrure pêne dormant idem. Porte d'entrée principale 8 pattes.

Couverture, Plomberie, Zinc. — En tuiles à emboîtement de Choisy-le-Roi sur liteaux de sapin, avec faîtières, ruellées et solins en ciment aux cheminées, tous les usages de couverture en ciment. Gouttières de 0.25, tuyaux de 0.08, derrières de cheminées et noues en zinc n° 12, support galvanisé. Un châssis à tabatière de 9 tuiles. Voligeage en sapin des queues de vaches, noues et derrière de cheminée. Dans le w.-cl., appareil à effet d'eau et tous accessoires, alimentation en plomb de 0.013 en 0.006. Canalisation de l'eau en tuyaux de 0.013 en 0.006 et arrivée de l'eau au-dessus de l'évier, à la toilette, à la buanderie, au réservoir du w.-cl. et à la face du jardin par des robinets de 0.013, dont un à raccord. A la toilette lavabo en porcelaine avec canalisation en fonte de 0.06 à syphon. Grille d'évier en cuivre syphon et décharge en plomb de 0.040 en 0.005.

Fumisterie, Marbrerie. — Deux cheminées capucines à revêtement, une en marbre rouge pour salle à manger, une en marbre blanc pour chambre à coucher avec foyer et arrangement d'intérieur, rétrécis en faïence, rideaux forts, âtre carrelé et plaque en briques réfractaires de 0.11. Un ventilateur en tôle pour enlever la buée, remplaçant la hotte. Un fourneau-cuisinière de 1 m. à retour de flamme, à charbon de terre et un réchaud à charbon de bois, bain-marie, four, boîte à charbon et accessoires. Carrelage de la paillasse et quatre rangs au-dessus du fourneau, de cette paillasse et de la pierre d'évier, en carreaux de faïence blanche de 0.11, ceux de la pierre d'évier posés en ciment.

Peinture. — Peinture à l'huile 3 couches des boiseries et extérieurs, papier de tenture vitrine, la cuisine et w.-cl. peints à l'huile.

REZ. DE. CHAUSSÉE.
SOUS. SOL.
TINETTE
CAVE
T. PLEIN
3.95
3.20
W.C.
BUREAU SALON
SALLE COMMUNE
7.35
3.75
3.25
3.00
3.25
3.50
3.50
3.60
CHAMBRE
CHAMBRE
3.00
2.25
3.00
3.50
1ER ÉTAGE

PLANCHE 23

Villa près Calais : 10.500 francs.

Composée de :
Sous-sol sous la partie principale du bâtiment comprenant 1 cave et la descente pour y accéder, fosse tinette.

Rez-de-chaussée divisé en bureau, salon 3.15×3.00, salle commune 3.00×3.50, dégagement, w.-c.

Premier étage : chambre de 3.50×3.00, autre chambre de 3.00×3.25, escalier.

Construction établie sur rigoles remplies en béton ; sous-sol et élévation en moellons et chaux hydraulique et sable du pays, cloisons légères de distribution en carreaux de plâtre ; ravalements extérieurs jointoyés en chaux avec bandeaux, arcs et appuis en pierre.

Conduits de fumée en boisseaux Gourlier de 0.20×0.20 terminés sur comble par des souches en briques apparentes parementées et jointoyées avec couronnement en ciment.

A l'intérieur : plancher haut du sous-sol en fer à T de 0.10 hourdé en brique de 0.06, planchers en bastaings et demi-bastaings de sapin, comble en sapin avec saillies de queue de vaches rabotées.

Couverture et auvent en tuiles à emboîtement avec faîtage, rives, solins, embarrures, filets, etc., en ciment, derrières de cheminées, gouttières et tuyaux, noues en zinc. Croisées et porte d'entrée en chêne, persiennes du rez-de-chaussée en fer et tôle, menuiserie intérieure en sapin.

Canalisation des eaux pluviales et ménagères en grès vernissé, canalisation des eaux potables avec robinets à l'évier. Fosse syphoïde dont les eaux se perdent dans le terrain par des drainages.

Bureau, salon parquetés en chêne ; premier étage parqueté en sapin, salle commune et w.-c. carrelés en carreaux de ciment ; cheminées capucines à revêtement, en marbre avec foyer, cheminée à hotte avec intérieur en briques dans la salle commune, plinthes et stylobates au bas des murs, faux lambris, en moulures dans le bureau, salon, chambranles aux portes et croisées, évier en grès vernissé, carreaux de faïence au-dessus de l'évier, tablettes, appliques et porte-casseroles. Peinture des plafonds à la colle, deux couches. Les murs de salle commune et boiseries à l'huile, trois couches ; tenture des murs de chambres et autres, en papier. Vitrerie en verre simple, troisième choix.

NOTA: REZ DE CHAUSSEE 3.00; SOUS-SOL
2.10, ETAGE 2.75 DE HAUTEUR.....
ETAGE
CHAMBRE
3.25
PALIER
TOIL.
BAINS
3.25
CHAMBRE
3.25
TOIL
3.25
CUISINE
3.85
SALON
3.25
4.00
VESTIBULE
2.10
SALLE A MANGER
3.25
3.25
W.C.
0.8R
PERRON
REZ DE CHAUSSEE
CAVE
3.20
3.75
P.PLEIN
CAVE
3.20
SOUS. SOL
FOSSE
3.20

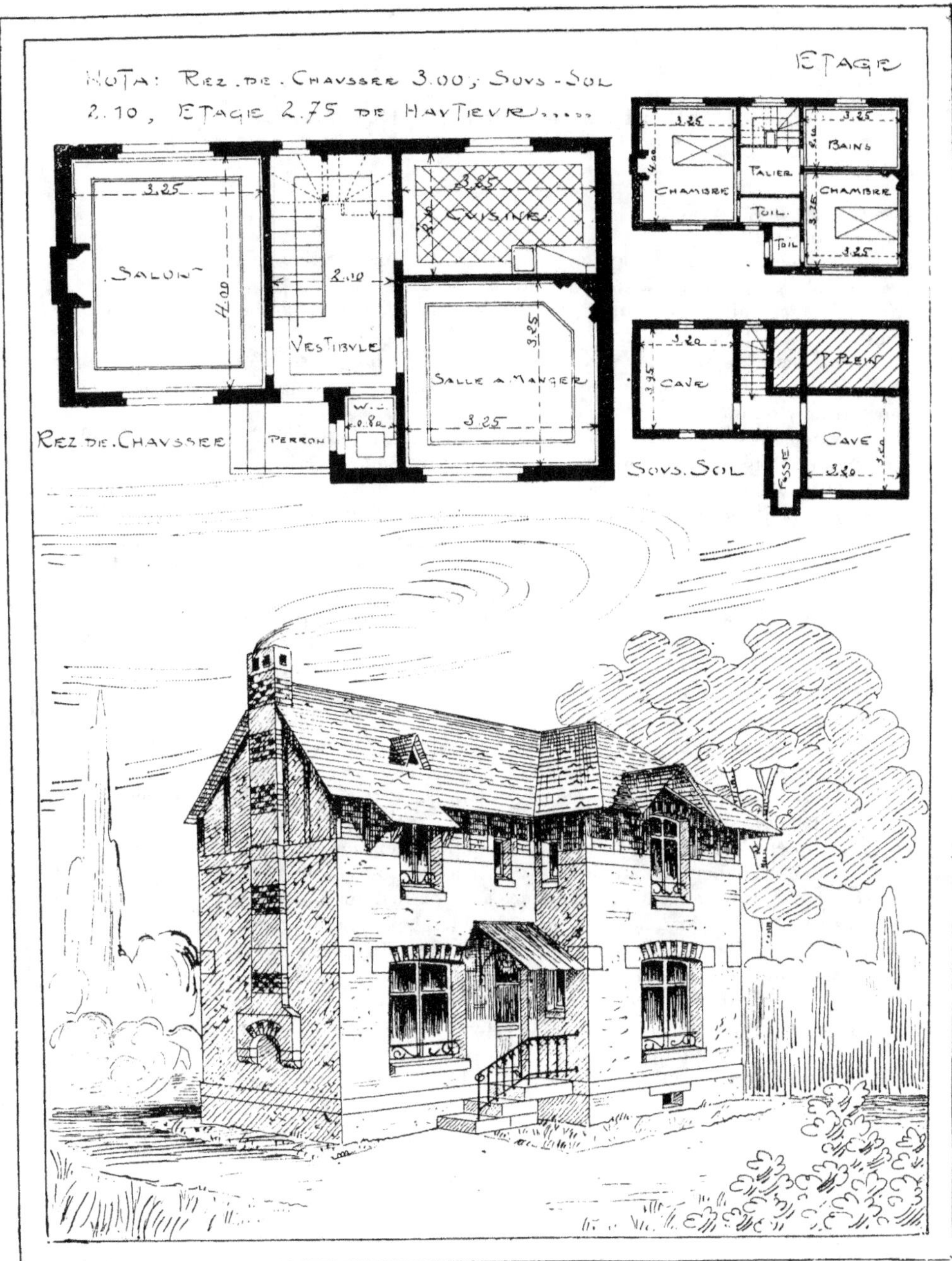

PLANCHE 24

Habitation de famille : 10.900 francs.

Elle se compose de :

Au sous-sol : cave à bois, cave à vins et fosse.

Au rez-de-chaussée : perron d'accès, vestibule, escalier montant au 1er étage, salon 3.25 × 4.00, salle à manger de 3.25 × 3.25, cuisine de 3.85 × 2.10 et w.-c. ; au 1er étage, palier d'escalier, chambre de 3.25 × 4.00, chambre de 3.25 × 3.25 et salle de bains-toilette de 2.10 × 3.25.

Construction établie sur rigoles remplies en béton, sous-sol et élévation en meulière et chaux, avec bandeaux, chaînes et arcs en briques repressées, cloisons légères en carreaux de plâtre.

Ravalement joint en chaux, les parties de briques jointoyées en creux, les soubassements enduits en Portland, perron en béton aggloméré. Conduits de fumée en Gourlier de 0.20 × 0.20, terminés sur comble par des souches en briques apparentes repressées, parementées et jointoyées en chaux, enduites en Portland dessus. Suivant plan.

A l'intérieur, plancher de cave en solives de fer à T, hourdé en briques, les autres planchers et le comble en sapin, bastaings, demi-bastaings et chevrons, saillies de comble, liens, voligeage et consoles en sapin raboté.

Escalier à balustres en sapin, les dessus de marches seuls en chêne de 0.034. Couverture en tuiles à emboîtement avec faîtage et rives unies en terre cuite, gouttières, tuyaux et derrières de cheminées en zinc. Croisées, porte d'entrée et portes-croisées en chêne, persiennes en fer, menuiseries intérieures en sapin.

Canalisation des eaux pluviales et ménagères en grès vernissé. Canalisation des eaux potables avec robinets à l'évier, à la cave, à la salle de bains. Tuyaux de décharge en fonte et garde-robe de w.-c. à effet d'eau avec abattant en chêne.

Salle à manger parquetée en chêne, cuisine et water-closet carrelés en carreaux de terre cuite posés sur ciment avec plinthes en carreaux, vestibule en carreaux de ciment, toutes les pièces du premier parquetées en sapin. Cheminées capucines à revêtements en marbre dans les chambres, dans la salle à manger, modillon rouge ; salon pompadour marbre blanc, intérieur rétréci en faïence avec prise d'air. Enduit sur murs et plafonds. Plinthes et stylobates au bas des murs, faux lambris en moulures dans la salle à manger, moulures, chambranles aux portes, baguettes d'angles aux croisées, agencement de cuisine composé de fourneau, fonte et tôle, paillasse, évier en grès vernissé, ventilateur, revêtements en carreaux de faïence, tablettes, appliques et porte-casseroles.

Peinture des plafonds à la colle, 2 couches, des murs et boiseries à l'huile, 3 couches. Tenture des murs en papier.

Vitrerie simple, 3e choix, verre cathédrale à la porte d'entrée et à l'escalier.

CHAMBRE
CHAMBRE
Toilette
Toilette
CHEM
1er ETAGE
SALLE A MANGER
SALON
HALL
REZ DE CHAUSSÉE

PLANCHE 25

Villa russe en Savoie : 11.000 francs.

Cette construction comprend : un sous-sol composé d'une cave à vins, buanderie, cave à charbon, un rez-de-chaussée avec perron en aggloméré, comprenant un hall, une salle à manger, un salon, une cuisine, w.-c., un escalier en chêne conduisant aux étages supérieurs, un 1er étage composé de deux chambres, deux toilettes, une salle de bains, un palier, un 2e étage composé de deux chambres et grenier.

TERRASSE. — Fouilles en déblai, fosse, puisard, compris tous jets, reprises, chargements et transports, régalage et nivellement.

MAÇONNERIE. — Les rigoles sous les murs, refends, seront remplies en béton de cailloux et mortier de chaux hydraulique et sable de rivière avec 0.05 d'empattement de l'épaisseur des murs. Les murs seront en meulière hourdée en mortier de chaux hydraulique de 0.35 d'épaisseur, rocaillés à l'intérieur en mortier d° et jointoyés à l'extérieur en mortier d°. Les murs de refend seront en brique de 0.11 d'épaisseur et jointoyés en mortier idem aux deux faces, celui d'escalier de caves en briques de 0.11 et mortier idem. Cloison de la buanderie en briques de 0.06 hourdées, jointoyées aux faces. Les murs et cloisons de la buanderie seront enduits en ciment de Portland jusqu'à 1.00 de hauteur du sol, le surplus sera jointoyé en mortier de chaux idem ; le sol dallé en ciment de Portland avec angles arrondis au pourtour du sol du dallage et pentes nécessaires pour l'écoulement des eaux. Un tuyau de fumée dans la buanderie et un tuyau de ventilation. Le plancher du sous-sol sera en fer à T hourdé en briques. Les cloisons du rez-de-chaussée et des étages seront en carreaux de plâtre de 0.06, enduits en plâtre aux deux faces. Les planchers des 1er et 2e étages lattés et enduits. Le plafond rampant d'escalier latté et enduit en plâtre.

DÉCORATION. — Les façades seront jointoyées en mortier d°. Moucheti tyrolien, faux pans de bois en ciment au cabinet de toilette, en encorbellement sur la façade. Les tableaux des baies en briques vernissées. Les appuis de croisées en briques rouges et blanches. Les bandeaux du rez-de-chaussée et 1er étage en ciment. Tuyau de fumée en boisseaux de 0.20 × 0.20 avec chemisages, enduit, faux-coffres et hourdis de trémis à la demande. Prolongement des souches et ventilation en dehors du comble avec enduit, bandeau en dos d'âne. Un mitron par conduit. Cours de chaînage avec tirants et ancres à chaque plancher. Lardis de clous et rapointis. Scellement de lambourdes au rez-de-chaussée ; au 1er et au 2e étage, les parquets seront posés sur les solives.

CARRELAGE. — Le hall, la cuisine, salle de bains, w.-c. et toilettes seront carrelés en carreaux d'Auneuil, posés sur forme en sable et ciment.

CHARPENTE. — Le plancher du 1er étage et du 2e étage sera en bastaing de 0.065 × 0.17, espacé de 0.33 d'axe en axe et de 0.20 de portée dans l'épaisseur des murs. L'escalier conduisant aux étages tout chêne avec limon, marches de 0.041 et contre-marches de 0.027, poteaux et main-courante et balustres en chêne. La charpente de la toiture et auvents en sapin. Plate-forme ; poteaux pour faitage ; faitage en pannes de sapin, en madrier sapin. Chevronnage en sapin. Balustrades et consoles en sapin.

SERRURERIE. — Le plancher des caves sera en fer à T de 0.12 espacé de 0.65 à 0.70 d'axe en axe. Cours de chaînage en fer méplat de 0.004 à 0.007 de 0.03. Plates-bandes pour limons, boutons d'écartement. Les soupiraux munis de barreaux en fer rond de 0.018 scellés. La porte de descente des vins sera ferrée de pentures avec gonds à scellement, une serrure, 2 pênes et un verrou intérieur. Les autres portes idem avec serrure pêne dormant de 0.14. La porte d'entrée à 2 vantaux ferrée de pattes, coudées et équerres fortes de 6 paumelles doubles à boules et à équerre, une serrure de sûreté, une poignée en cuivre à l'intérieur et bouton de tirage avec chainette, panneaux en fonte ornée et vasistas en fer rainé, 2 verrous boite fonte 0.032, gâches et conduits. Les portes intérieures seront ferrées chacune de 3 paumelles de 0.11, bagues en cuivre, serrure pêne dormant 1/2 tour et bouton double blanc, imitant ivoire. Bec de cane et targettes aux portes des w.-c. et toilettes. Les croisées ferrées chacune de 7 pattes, 8 équerres simples, 6 paumelles de 0.11 et d'une crémone fer 1/2 rond de 0.018 et accessoires. Fermeture à rouleau pour le salon et salle à manger. Persiennes en fer compris tous accessoires et peinture au minium. Toutes les serrures seront marquées.

COUVERTURE ET PLOMBERIE. — La couverture en ardoises sur liteaux compris accessoires, plate-forme en zinc. Gouttières en zinc n° 12. Descente en zinc et raccords avec la canalisation, conduisant les eaux au puisard. Dans le w.-c. appareil tout à l'égout avec abattant en chêne, cuvette 1/2 porcelaine et réservoir de chasse. Dans la cuisine évier en grès émaillé de 0.55 × 0.65 avec bonde, vidange et siphon. Robinet en cuivre alimentant les lavabos en fonte émaillée et décharge dans les cabinets de toilette. Canalisation de l'eau en tuyau de plomb et arrivée au-dessus de l'évier, dans les toilettes et w.-c. et salle de bains, buanderie et prise d'eau à vis dans le jardin pour arrosage.

MENUISERIES ET PARQUETS. — Les portes des caves et buanderie en sapin brut de 0.027, barres en chêne 0.034 × 0.08 chanfreinées. La porte de descente des vins par frises avec baguettes sur joints et jet d'eau en chêne, bâtis chêne 0.034, panneaux sapin 0.027. Châssis vitrés en chêne pour soupiraux avec jet d'eau dans le bas. La porte d'entrée à 2 vantaux sera en chêne avec bâtis et imposte, panneaux à grands cadres, avec plates-bandes aux 2 faces et socle dans le bas, panneaux de fonte ornée dans la partie haute suivant dessin indiqué au plan, chambranles avec socles à la face intérieure de la porte d'entrée. Agencement dans la cuisine, tablettes, barres à casseroles et dosserets. Toutes les portes intérieures seront à petits cadres et plates-bandes simples aux 2 parements, 3 panneaux par vantail dans la hauteur, bâtis 0.034, panneaux de 0.18, chambranles en sapin. Les croisées tout chêne, châssis 0.034, dormant 0.054, avec petits bois fermant à noix et gueule de loup avec jet d'eau. Tapées en chêne pour les persiennes en fer. A l'intérieur des croisées chambranles d° au pourtour. Petits cadres figurant panneaux avec plinthe et cimaise dans la salle à manger. Stylobates sapin dans le hall, salon, plinthes dans le reste. Les huisseries en sapin. Socles de marches rampants en sapin. Parquet chêne 2e choix posé à point de Hongrie sur les lambourdes au rez-de-chaussée. Sapin rouge au 1er et 2e étage sur solives. Baguettes d'angles, 1/2 baguettes aux angles des murs.

FUMISTERIE. — Dans la cuisine, un fourneau-cuisinière de 0.80 à charbon de terre et réchaud à charbon de bois avec bain-marie, four, boîte à charbon et accessoires. Une paillasse entre le fourneau et l'évier, revêtements en carreaux de faïence sur la paillasse, au pourtour de la cuisinière et l'évier de 0.45 de hauteur compris bordure. Dans la salle à manger, cheminée à modillon marbre rouge de Flandre, modillon blanc pour le salon, modillon noir ou caroline pour les autres pièces. Arrangements intérieurs, rétrécis en faïence, cadre cuivre, rideaux crémaillère avec coquille en cuivre dans le bas, âtre en carreaux, contre-cœur en brique, etc.

PEINTURE, VITRERIE, TENTURE. — Tous les plafonds à la colle 2 couches. Ceux de la cuisine et w.-c. à l'huile, 2 couches et enduit, les murs de cuisine, hall, escalier, w.-c. enduits huile 2 couches, galon dans l'escalier et hall. Toutes les menuiseries à l'huile 3 couches compris impression et 2 tons pour les intérieures. Celles extérieures de la porte d'entrée du vestibule à l'huile 3 couches dont 1 d'impression, façon décors et vernis. Les lambris de la salle à manger à hauteur de 1.10 seront à l'huile idem et façon de décors. Papier de tenture du prix d'achat de 0 fr. 60 le rouleau, prix moyen. Vitrerie en verre simple 3e choix. Verre double 4e choix pour châssis de toit.

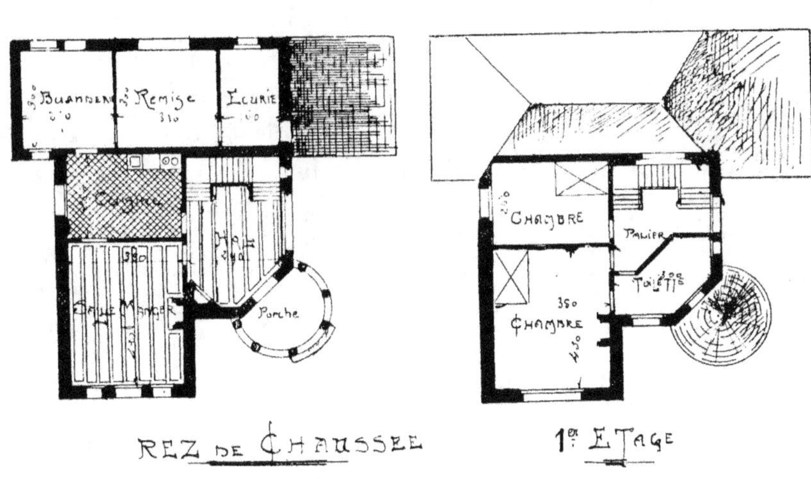

REZ DE CHAUSSÉE   1ᵉʳ ÉTAGE

PLANCHE 26

Cottage près de Versailles : 11.000 francs.

Cette construction comprend : sous-sol, rez-de-chaussée, 1er étage pour l'habitation. Rez-de-chaussée seulement pour les dépendances. 1º Sous-sol sous l'habitation comprenant : caves au vin et au charbon, grand dégagement, et escalier montant au rez-de-chaussée; 2º Rez-de-chaussée comprenant : Hall, salle à manger, cuisine, w.-c., escalier montant au 1er étage, buanderie, remise, écurie et hangar; 3º 1er étage comprenant : grand palier sur lequel ouvrent les portes donnant entrée aux 2 chambres et à un cabinet de toilette.

TERRASSE. — Fouilles en déblai et en rigoles et transport des terres dans la propriété.

1º MAÇONNERIE. — Les murs de cave en moellons durs du pays et chaux hydraulique, le parement intérieur jointoyé en montant, le parement extérieur jusqu'au niveau du rez-de-chaussée, jointoiement en ciment. Les cloisons en briques de 0.06 d'épaisseur jointoyées aux deux faces. Le mur de refend en briques de 0.22. Fosse syphoïde. Des soupiraux seront érigés avec jouées et glacis en ciment. Les marches d'escalier de caves en pierres factices. Le sol des caves pilonné, nivelé et sablé. Le hourdis de plancher entre fers à T en briques creuses hourdées en ciment. Les murs des façades en élévation en moellon avec angles et arcs en briques calibrées, hourdées en mortier hydraulique. Décoration briques rouges et blanches, jointoyées en chaux, tiré au fer, les moellons jointoyés en creux. Les murs de refend en briques. Les cloisons en carreaux de plâtre, les murs et ces cloisons enduits en plâtre. Les conduits de fumée en briques dans l'épaisseur des murs de 0.20 × 0.20 de section enduits en mortier à l'intérieur. Les souches hors comble en briques idem. Les sols du hall, de la cuisine, du cabinet de toilette, des w.-c. revêtus de carreaux de ciment posés sur ciment, celui de la salle à manger avec scellement de lambourdes pour recevoir un parquet. Les plafonds enduits avec augets. Dans la cuisine, ventilateur en poterie dans l'épaisseur du mur. L'écurie pavée, la remise et la buanderie dallées en ciment.

3º CHARPENTE. — La charpente du comble et des planchers en sapin de sciage, assemblé suivant les besoins. La charpente extérieure aussi en sapin corroyé et chanfreiné. L'escalier tout chêne à la française, limon de 0.08 d'épaisseur, chanfreiné sur les arêtes, marches profilées de face, balustres, main-courante profil olive et pilastre de départ. La charpente du porche en sapin corroyé, chanfreiné, assemblé. Balustrade pour balcons, caisses à fleurs, consoles suivant dessins des façades. Les linteaux des baies en chêne. Le hangar tout en sapin.

4º SERRURERIE. — Le plancher des caves en fer à T, ailes ordinaires de 0.12 de hauteur. Chaînage et ferrements nécessaires pour tout le bâtiment. Les soupiraux munis de barreaux en fer rond de 0.018 scellés des deux bouts. Panneau fonte à la porte d'entrée avec châssis ouvrant et toutes ferrures. Les portes de caves ferrées de penture, gonds et serrure pêne demi-tour. Les portes extérieures ferrées sur dormant avec paumelles à équerre et à T de façon, serrure de sûreté 6 gorges et bouton fonte avec tirage. Les portes intérieures à 1 vantail ferrées de 3 paumelles de 0.11 et serrure, pêne dormant demi-tour, bouton double façon ivoire. Les croisées ferrées de 6 pattes, 8 équerres, 6 paumelles crémones de 0.018. Toutes les serrures et crémones seront marquées. Persiennes en fer à toutes les baies.

5º COUVERTURE, PLOMBERIE. — La couverture en tuile à recouvrement posée sur liteaux sapin. Le porche couvert en zinc. Gouttières en zinc nº 12 de 0.25 de développement avec talons et crochets à chaque chevron. Les descentes en zinc nº 12 se raccordant à la canalisation. Appareils de w.-c. en porcelaine à valve et effet d'eau. Installation de l'eau dans la cuisine, w.-c., buanderie et toilette. Tuyaux plomb pour distribution et vidange, tous raccords, etc.

6º MENUISERIE, PARQUETS. — Toutes les portes de caves en sapin brut de 0.027, barres chêne chanfreinées. Les châssis chêne de 0.031 avec bâtis. La porte d'entrée sera toute en chêne à grands cadres, vitrée par le haut. Les portes intérieures à 1 vantail à petits cadres à frise aux 2 parements, tout sapin. Les croisées extérieures en chêne, dormant de 0.054, bâtis de 0.034 avec jet d'eau et pièce d'appui. Armoires sapin à la demande. Chambranles sapin aux baies de portes et croisées. Huisseries sapin à la demande. Plinthes et stylobates. Parquets chêne, à l'anglaise sur lambourdes en chêne au rez-de-chaussée. Sapin rouge aux étages posés sur les solives. Tablettes dans la cuisine et la toilette, agencement de cuisine. Agencement d'écurie.

7º FUMISTERIE. — A la cuisine. — Fourneau-cuisinière en tôle avec four bain-marie, à charbon de bois et charbon de terre de 1.00 à retour de flamme, évier en grès émaillé de 0.50 sur 0.60 avec égouttoir. Revêtement sur mur en carreaux de faïence. Cheminées marbre à modillons pour rez-de-chaussée marbre rouge et noir dans les chambres; rétrécies en faïence blanche, châssis à rideau, cadre cuivre, intérieur en briques et carrelages des âtres.

8º PEINTURE, VITRERIE, TENTURE. — Plafonds à la colle, 2 couches. Ceux de la cuisine à l' « Inaltérable. » Toutes les menuiseries à 3 couches et à deux tons pour les intérieures. Celles extérieures de la porte d'entrée du vestibule, à 3 couches et verni. Tous les bois, extérieur, seront peints à l'huile, 3 couches, compris rebouchage au préalable. Les portes extérieures et persiennes en fer recevront deux couches d'huile en plus de la couche de minium. Vitraux à la demande et au choix du propriétaire. Les lambris de la salle à manger à hauteur de 1.10 seront en façon décor et sur 3 couches et vernis. Les panneaux de fonte, barreaux de soupiraux, linteaux en bois apparents deux couches, et minium une couche. Carrelages lavés, parquets en chêne encaustiqués, frottés. Tous les nettoyages. Pose de fourniture de papier de tenture à 0 fr. 70 le rouleau. Bordures assorties suivant les pièces. Vitrerie en verre simple 3e choix pour les portes vitrées et croisées.

Chambre
Ch.
Chambre
Toilette
Salle Commune
Galerie
Salle à Manger
1ᵉ Étage
Rez de Chaussée

PLANCHE 27

Pavillon de la banlieue de Paris : 11.000 francs.

Cette habitation se compose de :

Sous-sol de 2.00 de hauteur auquel on accède par la descente placée sous l'escalier et dans laquelle se trouve un palier avec porte pour la descente des vins, et comprenant trois caves, dont une renferme la fosse syphoïde.

Rez-de-chaussée de 3.00 de hauteur divisé en : vestibule et escalier desservant le premier étage, salon et salle à manger communiquant ensemble par une porte à 2 vantaux et ayant chacune 3.50×3.80, cuisine de 3.02×2.77. Le vestibule et la cuisine avec perrons d'accès. En plus water-closet et passage entre la cuisine et l'escalier.

Premier étage de 2.90 de hauteur ayant comme distribution : palier d'escalier, deux chambres à coucher de chacune 3.50×3.80, une autre chambre de 3.02×2.77 et une toilette de 1.90×2.47.

Grenier au-dessus avec trappe d'accès sur le palier de l'escalier.

Construction établie sur rigole remplie en béton, murs dans la hauteur du sous-sol en caillasse hourdée en mortier de chaux hydraulique et sable maigre, élévation en briques parties repressées pour rester apparentes, parties ordinaires pour être recouvertes ; murs de refend aussi en briques ordinaires. Conduits de fumée en boisseaux Gourlier de 0.16×0.25 chemisés en plâtre pour former coffres et prolongés sur comble par des souches en briques repressées, couronnées en ciment de Portland et surmontées de mitrons-lanternes en terre cuite.

Ravalements extérieurs : soubassement jointoyé en Portland avec bandeau de couronnement et perrons en béton aggloméré, partie haute parementée et jointoyée en chaux sur brique avec joints tirés au fer, chaînes et motifs de baies enduits en chaux teintée, attiques et clefs en staff, souches en briques jointoyées idem. Frise en panneaux de moucheti tyrolien.

Fosse d'aisances en béton armé, dite syphoïde, de moyen modèle.

A l'intérieur, le plancher de cave à solives en fer à I de 0.12 hourdées en briques de pays par voutains, les autres planchers et le comble en bastaings, demi-bastaings et chevrons, en sapin de commerce, porche queues de vaches, voligeage, consoles et tous bois apparents en sapin rouge raboté à chanfreins. Escalier en sapin rouge à la française à balustres, limons moulurés, potille à têtes et culs-de-lampe tournés ou chantournés, main-courante profilée, dessus de marches en chêne et celles de descente de cave en chêne de 0.054 abattus de rive sur la face.

Couverture en tuiles à emboîtement grand moule, faîtage et arêtiers unis, embanures, solins et ruellées en Portland, épis en terre cuite, derrières de cheminées, noues, gouttières et tuyaux en zinc n° 12.

Chaînages en fer, tuyaux de chute et dauphins en fonte, linteaux en fer, clous, boulons, rapointis.

Croisées et porte d'entrée en chêne, persiennes brisées en fer et tôle, balcons saillants en fonte ; menuiseries intérieures, huisseries, portes, armoire sous évier, moulures, chambranles, faux lambris, baguettes, plinthes, socles de marches et stylobates en sapin.

Garde-robe à effet d'eau avec abattant en chêne ciré, canalisation des eaux pluviales et ménagères allant à la syphoïde, dont les eaux usées sont recueillies dans un puisard les perdant dans les sables.

Canalisation en plomb partant du réservoir desservant l'évier et l'effet d'eau de la garde-robe, ainsi que le lavabo du cabinet de toilette du 1er étage ; forage de puits, pompe aspirante et refoulante, réservoir à terrasson trop plein et canalisation comme la précédente.

Parquet en chêne deuxième choix sur lambourdes au rez-de-chaussée, en sapin 3e choix dans le grenier avec trappe et échelle pour y accéder. Carrelage en carreaux de Beauvais carrés dans cuisine et water-closet, en céramique de ciment dans le vestibule, le tout posé sur ciment de Portland avec forme de sable.

Dans la cuisine, évier en grès vernissé, fourneau en fonte et tôle, ventilateur en tôle remplaçant la hotte paillasse, revêtement en carreaux de faïence, paillasse, tablette applique et porte-casseroles.

Dans les quatre pièces à feu, cheminées capucines à cadre et revêtement, foyers et intérieurs rétrécis en faïence à ventouses et accessoires.

Peinture des boiseries extérieures et intérieures, des persiennes, balcons, saillies, auvent, des murs et plafonds de cuisine et w.-c., lambris et autres à l'huile 3 couches, égrené, rebouché, plafonds à la colle, rampe d'escalier et extérieur de la porte d'entrée en bois naturel passés à l'huile et vernis, parquets replanis, encaustiqués et frottés.

Vitrerie en verre simple 3e choix des croisées, et en verre cathédrale du châssis de la porte d'entrée et de celui du w.-c.

Tenture en papier avec bordures et collage.

Façade Principale.

Chambre
Chambre
Chambre
Toilette
1er Étage.
Salle à Manger
Salon
Vestibule
Rez de Chaussée.

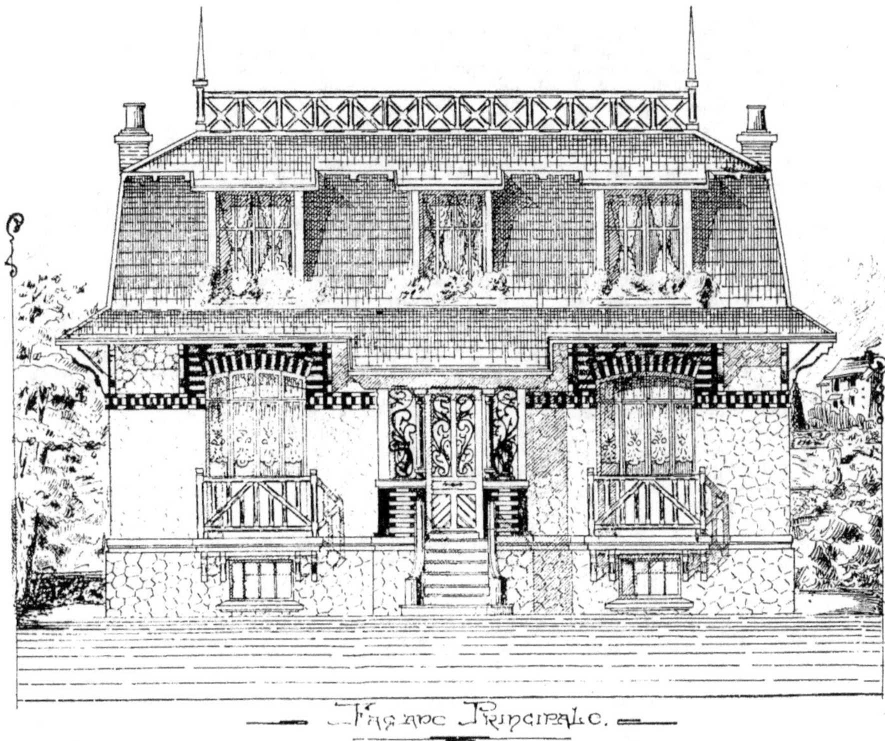

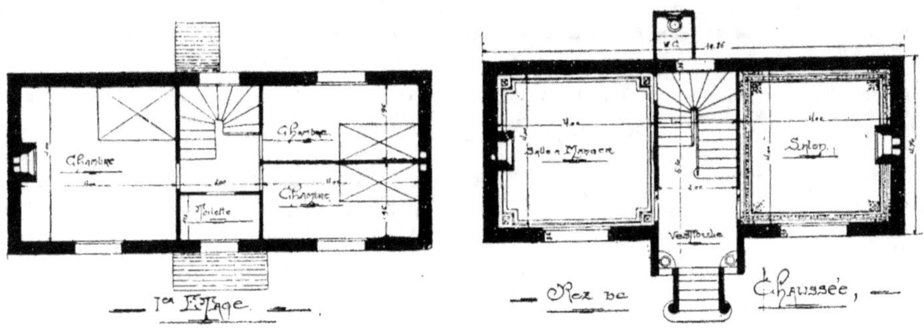

PLANCHE 28

Villa dans l'Oise : 11.200 francs.

La construction comprend : un sous-sol composé de cave, cuisine, office et escalier avec marches en béton aggloméré; un rez-de-chaussée auquel on accède par un perron en béton aggloméré et comprenant vestibule, salle à manger de 4 m. sur 4 m., salon de 4 m. sur 4 m. et escalier pour le premier étage; un 1er étage comprenant 2 chambres de 4 m. sur 4 m., toilette et le palier d'escalier. Le w.-c. se trouve à l'extérieur, on y pénètre par un palier dans l'escalier de cave.

Terrasse. — Fouille en déblai, jets, reprises, chargements et transports, régalage et nivellement dans la propriété. Un puisard en pierres sèches pour recevoir la canalisation des eaux pluviales, et ménagères.

Maçonnerie. — Rigoles sous les murs de faces remplies en béton de cailloux et mortier, chaux hydraulique et sable de rivière. Murs du sous-sol en meulière-caillasse hourdée en chaux hydraulique, jointoyés en ciment à l'extérieur et en chaux à l'intérieur. Les murs des autres étages, en moellons. Fosse « septique » et ses canalisations. Les cloisons de refend de cave en briques de plaine de 0.06 épaisseur et jointoyées en mortier idem. Celui d'escalier de cave en briques de 0.22 et mortier idem. Les murs et cloison de descente et cuisine enduits en ciment de Portland jusqu'à 1.00 de hauteur du sol, le surplus enduit en plâtre dur crépi mortier de chaux idem, le sol dallé en ciment de Portland avec angles arrondis au pourtour. Plancher du sous-sol en fer à T hourdé en brique, rejointoyée en dessous. Cloisons du rez-de-chaussée et de l'étage en carreaux de plâtre de 0.06, enduits en plâtre aux deux faces; les plafonds enduits en plâtre sur lattis et augets. Les murs enduits en plâtre. Ravalement de façades en jointoiement apparent, les arcs et bandeau en briques calibrées, jointoyées en chaux, les joints tirés au fer. Bandeaux du rez-de-chaussée et appuis de baies en ciment. Tuyaux de fumée en boisseaux de 0.20 sur 0.20 avec chemisages, enduits, hourdis de trémies et prolongement des souches en dehors du comble en briques apparentes jointoyées en chaux. Un mitron par conduit et enduit en ciment des fermetures. Canalisation en grès vernissé avec siphons, regards, brides et autres pour cuisine, descentes et fosse septique. Trous, scellements de poteaux et huisseries, pattes et autres entailles et raccords de toute nature. Lardis de clous et rapointis. Scellement de lambourdes au rez-de-chaussée; au 1er étage les parquets posés sur les solives.

Carrelage. — Vestibule et w.-cl. carrelés en carreaux de ciment posés sur forme en sable et sur ciment, plinthe en carreaux dans vestibule et w.-c.

Charpente. — Plancher haut du rez-de-chaussée en bastaings de 0.65 sur 0.17; celui du faux plancher du 1er étage en demi-bastaings de 0.03 sur 0.17, espacés de 0.33 d'axe en axe. Escalier conduisant à l'étage, chêne avec limons, marches de 0.041 et contre-marches de 0.027, poteaux, main-courante et balustres en chêne. Charpente de la toiture en sapin. Window du vestibule. Rampes de galerie de faitage et épis en sapin corroyé avec chanfreins. Lucarnes en sapin rouge corroyé.

Serrurerie. — Plancher des caves en fer à T espacé de 0.65 à 0.70 d'axe en axe. Cours de chaînage en fer méplat de 0.007 de 0.035. Soupiraux munis de barreaux en fer rond de 0.018 scellés. Portes de cave ferrées de pentures et serrure. Porte d'entrée à 1 vantail ferrée de pattes, coudées, équerres fortes, 3 paumelles doubles à boules et à équerre, serrure de sûreté, poignée en cuivre à l'intérieur et bouton de tirage avec chaînette; panneau en fonte ornée et vasistas en fer rainé. Portes intérieures ferrées de paumelles et serrure à deux pênes avec bouton double. Becs de cane et targette à la porte des w.-cl. et toilette. Croisées ferrées de pattes, équerres simples, paumelles et crémones fer demi-rond 0.018. Persiennes en fer et tôle.

Couverture et Plomberie. — La couverture en ardoises à crochet. Gouttières et descentes en zinc. Dans le w.-cl. appareil tout à l'égout, avec abattant en chêne, cuvette demi-porcelaine et réservoir de chasse. Dans la cuisine, évier en grès émaillé, avec bonde, vidange et siphon. Lavabo en fonte émaillée et décharges dans le cabinet de toilette. Canalisation de l'eau en tuyaux de plomb.

Menuiserie et Parquets. — Portes des caves en sapin brut, barres en chêne, celle de cuisine en lambris arasé sapin. Châssis vitrés en chêne pour soupiraux et baies avec dormants. La porte d'entrée à 1 vantail en chêne avec bâtis et imposte, panneaux à grands cadres, panneau de fonte ornée et chambranles avec socles. Agencement dans la cuisine, tablettes, barres à casseroles et dosserets. Portes intérieures en sapin à petits cadres et plates-bandes aux 2 parements, 3 panneaux, chambranles sapin et socles aux deux faces. Croisées en chêne avec tapées en chêne pour les persiennes en fer. A l'intérieur des croisées chambranles en sapin au pourtour. Petits cadres figurant panneaux avec plinthe et cimaise dans la salle à manger. Stylobates sapin dans le vestibule, salon et chambres. Socles de marches rampants en sapin. Parquet chêne 2e choix, à l'anglaise, sur lambourdes au rez-de-chaussée et en sapin au 1er étage sur solives.

Fumisterie. — Dans la cuisine, fourneau-cuisinière. Paillasse entre le fourneau et l'évier, revêtements en carreaux de faïence sur la paillasse et au pourtour de la cuisinière et de l'évier. Dans la salle à manger, cheminée à modillons marbre rouge de Flandre, modillon blanc pour le salon, modillons noirs ou caroline pour les autres pièces.

Peinture, Vitrerie, Tenture. — Plafonds à la colle 2 couches. Ceux de cuisine et w.-cl. à l'huile 2 couches et enduits. Les murs de cuisine, vestibule, escalier, enduits huile 2 couches, galon dans l'escalier et le vestibule. Les menuiseries à l'huile 3 couches compris impression et deux tons pour les intérieures. Celles extérieures, saillies, consoles, balcons, de la porte d'entrée de vestibule à l'huile 2 couches et verni bois naturel. Les peintures de la salle à manger à l'huile idem et façon de décors. Papier de tenture du prix d'achat de 0 fr. 60 le rouleau. Vitrerie en verre simple 3e choix.

S. a MANGER
CVISINE
SALON
GRAND HALL
W.C.
REZ DE CHAVSSEE
1ER ETAGE
CHAMBRE
BAINS
CHAMBRE
TOIL.
SOVS SOL
CAVE
P. PLEIN
CAVE
FOSSE

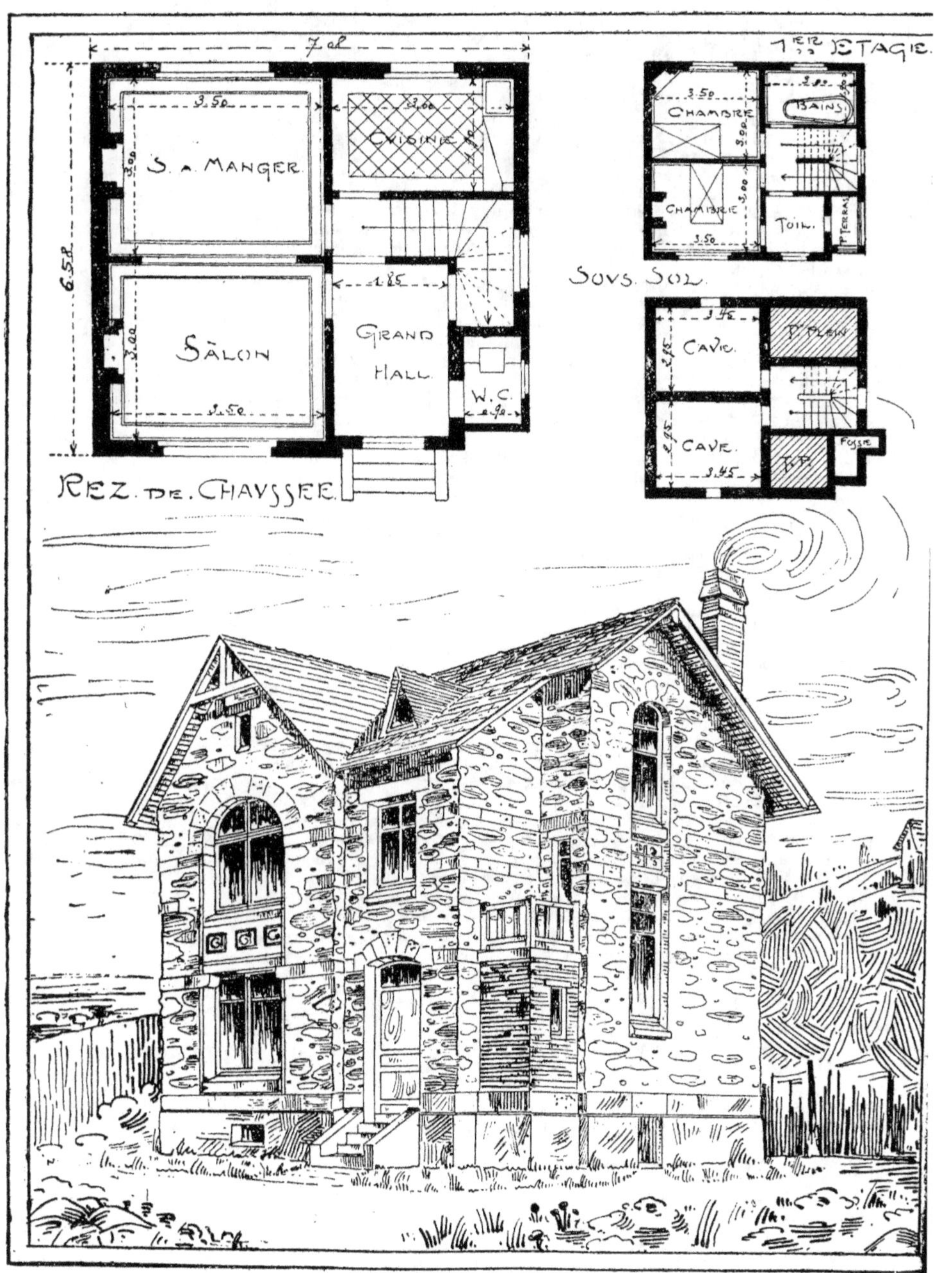

PLANCHE 29

Villa dans l'Aisne : 11.500 francs.

Ce pavillon comprend : sous-sol : deux caves, fosse et dégagement. Rez-de-chaussée : salle à manger de 3.50 × 3.00, salon de 3.50 × 3.00, hall, escalier, w.-c. et cuisine de 3.00 × 1.90 ; 1er étage : chambre de 3.50 × 3.00, autre chambre de 3.50 × 3.00, salle de bains 3.00 × 1.90, toilette et terrasse.

TERRASSE. — Fouille en déblai ou en rigoles, jets, reprises, roulages, nivellements, remblais et régalage dans la propriété.

MAÇONNERIE. — Rigoles et massifs remplis en béton de cailloux et chaux hydraulique et sable maigre. Gros murs, jusqu'au sol du rez-de-chaussée en caillasse hourdée en mortier de chaux hydraulique. Fosse réglementaire, canalisation en tuyau de grès de 0.16, siphons, puisard à pierre sèche avec tampon. Soubassements extérieurs, jointoyés en creux, en ciment, tableaux enduits en ciment. Plancher hourdé en briques creuses de 0.06 jointoyées. Murs en élévation, caillasse et chaux hydraulique. Murs de refend en briques de pays, cloisons en carreaux de plâtre. Jointoiement en chaux en creux des caillasses, appuis en béton aggloméré. Planchers des étages, lattés et enduits en plâtre ; enduits de murs et cloisons. Conduits de fumée et ventilation en Gourlier. Souches de cheminées hors comble, en briques avec mitrons-lanternes et jointoiement. Entre le fourneau et l'évier, tablette hourdée en béton et carrelée en carreaux de faïence ainsi que 4 rangs de carreaux semblables au-dessus d'évier, tablette et fourneau. Carrelage du hall en carreaux de ciment. Water-closet et cuisine en carreaux rouges et blancs posés sur ciment. Au pourtour de ces pièces, rang de carreaux formant plinthe aussi posé sur ciment. Scellement des lambourdes dans salle à manger et salon. Perron en béton aggloméré posé sur massif en béton de cailloux.

CHARPENTE. — Charpente du comble en sapin de commerce. Planchers en bastaings, solives espacées de 0.35 d'axe en axe et doublées pour les enchevêtrages. Charpente extérieure visible, sapin corroyé, chanfreiné. Escalier en sapin à limon, quartier tournant, balustres et pilastres, marches en chêne ; descente de cave en chêne.

SERRURERIE. — Plancher haut du sous-sol en fer à T, linteaux en fer avec agrafes ; chaînage avec ancres. Tirants, coffres de cheminées, barreaux pour châssis et soupiraux, harpons, plates-bandes, équerres, clous et rapointis. Fermeture : persiennes en fer pour toutes les ouvertures, rez-de-chaussée et premier étage, sauf les portes d'entrée et le châssis de w.-c. Caves : portes ferrées de 3 pentures avec gonds à scellement ou à patte et serrure noire de 0.14 avec gâche. Châssis ferrés de 2 paumelles et une targette. Rez-de-chaussée : portes d'entrée, serrure 6 gorges avec chaînette, paumelles de 0.14, pattes à scellement, crémone de 0.018 et équerres. Portes intérieures, paumelles de 0.11, serrure 2 pênes et bouton double imitation ivoire ; celle à 4 vantaux, verrous haut et bas avec gâche ; portes de water-closet, cuisine, cabinets de toilette, bec de cane avec verrou, bouton semblable. Armoire ferrée de fiches, chanteau et targette. Croisées ferrées de 6 paumelles de 0.11, pattes à scellement, crémone de 0.018 et 8 équerres de 0.19. Pour les huisseries, bâtis, contre-bâtis, pattes de façon. Dans les cloisons tirages en fil de fer. Tuyaux de chute en fonte de 0.16, ceux des eaux de toilette de 0.10.

COUVERTURE, PLOMBERIE. — Couverture en tuiles plates, faîtages et tous accessoires. Gouttières pendantes de 0.25, descentes de 0.08 et noues en zinc n° 12. Appareil de water-closet à effet d'eau, châssis de comble ; dans la cuisine évier en grès émaillé de 0.55 × 0.80. Distribution d'eau pour toilette, water-closet, bains et cuisine.

MENUISERIE. — Portes de caves en sapin 0.027, 2 parements rainés, avec barres en chêne chanfreinées. Huisseries et poteaux sapin pour cloisons. Châssis en chêne de 0.034 sans dormant. Rez-de-chaussée : porte d'entrée en chêne, dormant 0.054, à grands cadres et impostes. Croisées en chêne, dormant 0.054, châssis 0.034, jet d'eau, pièce d'appui, tapées pour volets en fer. Les portes intérieures en sapin, bâti 0.034, panneaux 0.018 à petits cadres et chanfreins, plates-bandes, deux faces, trois panneaux. Armoire sapin idem. Dans cuisine, armoire et water-closet, tablettes en sapin avec potences et tasseaux, agencement de cuisine en porte-casseroles et appliques. Aux refends, bâtis et contre-bâtis en sapin pour portes. Dans hall et salle à manger, faux lambris composés de champs sapin moulurés, avec plinthes et cymaises, dans les autres pièces stylobates sapin 0.013 × 0.22. Moulures chambranles sapin de 0.013 × 0.05 avec socles aux portes et croisées, baguettes d'angles et demi-baguettes à toutes les arêtes. Socles rampants de marches d'escalier, en sapin.

PARQUETS. — Rez-de-chaussée : parquet en chêne à l'anglaise sur lambourdes. Premier étage, parquet à l'anglaise en sapin. Rabotage des parquets, rez-de-chaussée, premier étage et marches d'escalier.

FUMISTERIE ET MARBRERIE. — Cuisine, fourneau en tôle à retour de flamme avec charbonnier. Ventilateur remplaçant hotte. Intérieurs de cheminées en briques avec rétrécissement en faïence, rideau en tôle à contrepoids, cadre en cuivre, prises d'air et plaques en briques réfractaires. Cheminées en marbre blanc Louis XV pour le salon, Henriette et Napoléon à modillons pour les chambres. Poêle-cheminée pour la salle à manger.

STAFF. — Hall, salle à manger et salon : corniches avec angles, rosaces.

PEINTURE, VITRERIE, TENTURES. — Plafonds, sauf cuisine et water-closet, à la colle et rebouchés. Bois intérieurs, murs et plafonds de cuisine et w.-c., faux lambris, corniches, imprimés, rebouchés et huile 2 couches. Bois apparents extérieurs à l'huile bouillante et 1 couche de vernis ainsi que l'escalier. Hall et escalier, murs peints à l'huile, pochés avec galons étrusques. Cuisine et water-closet, ripolin à la dernière couche. Les fers et fontes extérieurs minium et 2 couches huile. Salle à manger, hall et escalier, boiseries et corniches en décors cirés. La vitrerie sera en verre simple 3e choix. Papier de tenture d'un prix moyen d'achat de 0 fr. 60, apprêts nécessaires et bordures assorties. Nettoyage et encausticage de l'escalier, des parquets.

Sous-Sol
Rez de Chaussée
1er Etage
678
Cave
Cave
Salle
Cuisine
Chambre
Chambre

PLANCHE 30

Habitation ouvrière à Troyes : 5.500 francs.

Sous-sol de deux mètres de hauteur, comprenant cave à vins, cave à bois, descente de cave et dégagement, fosse tinette.

Rez-de-chaussée de 2.90 de hauteur, divisé en vestibule, dans lequel se trouve l'escalier desservant le premier étage, salle à manger 3.00 × 3.75, cuisine de 3.00 × 2.75, w.-c.

Premier étage ayant comme position : deux chambres à coucher de 3.00 × 3.75 et 3.00 × 3.63, au-dessus du grenier.

Construction établie sur rigoles remplies en béton. Sous-sol en meulière-caillasse hourdée en mortier de chaux hydraulique et sable de rivière, élévation en mêmes matériaux, bandeau, sommiers, consoles et arcs de baies en briques repressées, conduits de fumée en boisseaux Gourlier de 0.20 × 0.20, souches sur comble en briques apparentes, parementées et jointoyées, couronnements enduits dessus en Portland et mitron en terre cuite.

Ravalements extérieurs jointoyés en creux en chaux hydraulique; les parties de briques parementées et jointoyées en chaux; joints tirés au fer. Soubassement jointoyé en mortier bâtard de chaux et ciment, avec retraite en ciment de Portland. Appuis et perrons en béton aggloméré à marches unies. Les ciments badigeonnés en chaux vive, ton pierre.

A l'intérieur, plancher de cave en fer à T avec entretoises et fentons, et hourdés en plâtras et plâtre ragréé en dessous, les murs de caves non enduits. Aux étages supérieurs plafonds et murs enduits en plâtre.

Plancher haut du premier étage, plancher haut du rez-de-chaussée, comble et chevronnage en sapin de sciage du commerce, madriers, bastaings et demi-bastaings et chevrons.

Couverture en tuiles à emboîtement grand moule, faîtage, terre cuite; solins, ruellées, embarrures ciment; derrières de cheminées, noues, gouttières et descente en zinc, dauphins en fonte.

Balcons en fonte, chaînages en fer; croisées, porte-croisée et porte d'entrée en chêne, volets en bois sapin; menuiseries intérieures en sapin; garde-robe à effet d'eau au water-closet, canalisation des eaux pluviales et ménagères en grès vernissé avec tranchées et drainages perdant les eaux dans le terrain.

Canalisation en plomb amenant les eaux à un robinet sur évier et pour l'arrosage du jardin.

Salle à manger parquetée en chêne, à l'anglaise sur lambourdes et avec replanissage, plinthes, stylobates, cheminées à modillons en marbre à intérieur rétrécis en faïence; vestibule carrelé en céramique, cuisine et w.-c. en carreaux de terre cuite avec plinthes aussi en carreaux. Escalier en chêne du rez-de-chaussée au premier.

Cuisine. Evier en grès vernissé, paillasse en ciment armé, fourneau en fonte et tôle à charbonnier, revêtement en faïence et agencement composé de tablettes, appliques et porte-casseroles, armoire sous-évier et paillasse; ventilateur remplaçant la hotte.

Au 1er étage, plafonds unis, parquets en sapin cloués sur solives, murs et plafonds enduits, cheminée capucine en marbre à revêtements, intérieurs rétrécis en faïence et prises d'air, stylobates dans les pièces.

Peinture des boiseries extérieures et intérieures des volets, balcons, murs et plafonds de cuisine, water-closet, à l'huile 3 couches, égrené, rebouché, porte d'entrée en bois naturel passé à l'huile et vernis.

Vitrerie en demi-double 2e choix pour les verres hors mesure; simples 3e choix pour les autres, et cathédrale pour water-closet et portes extérieures.

Tenture en papier à 0 fr. 60 le rouleau d'achat en moyenne, apprêts des murs, bordure et collage.

Planche
Hall
Salon
Cuisine
Salle à Manger
Balcon
Window
Palier
Ch
Ch
Ch
Balcon
Rez de Chaussée
1er Étage

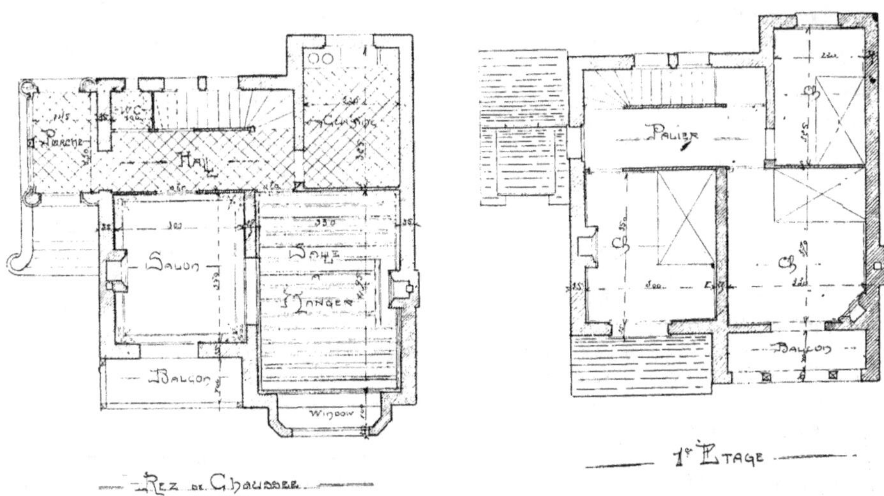

PLANCHE 31

Cottage à Lisieux : 12.000 francs.

Ce cottage se compose de :

Sous-sol de 2.00 de hauteur, comprenant : caves, buanderies et fosse.

Rez-de-chaussée de 3.00 de hauteur, divisé en hall et escalier desservant le 1er étage, porche et perron pour y accéder, salon de 3.00 × 3.50 avec balcon, salle à manger de 3.25 × 4.70 à window, et cuisine de 2.15 × 3.20.

1er étage comprenant : chambre à coucher de 3.00 × 3.50, autre chambre à coucher de 3.25 × 3.60 avec balcon, petite pièce 2.15 × 3.20, et palier de l'escalier. Le w.-c. est placé sous l'escalier.

Construction établie sur béton, le sous-sol et l'élévation du pourtour en meulières, caillasse ou moellon dur hourdé, en mortier de chaux, celle des murs de refend en briques de pays, conduits de cheminées en briques dans l'épaisseur des murs, souches, hors comble en briques apparentes avec mitrons-lanternes en terre cuite. Ravalements extérieurs, enduit en métallique, pour imiter la pierre, avec pilastres, refends, tableaux, joints de coupes de pierres ; quelques parties de meulières apparentes avec jointoiement en creux, autres parties en briques repressées et rejointoyées en chaux à joints tirés, soubassement enduit en Portland à refends et bandeaux de couronnement mouluré ; perron à volute en béton aggloméré, et marches astragalées, colonnes de porche en staff.

Le soubassement et le perron badigeonnés à la chaux vive teintée pierre.

À l'intérieur, le plancher de cave en solives de fer à T, hourdé en briques, les autres planchers en sapin ainsi que le comble, en bastaings, demi-bastaings et chevrons, fausses fermes, lucarnes en pénétration, saillies de comble, balcons, consoles, lambrequin, voligeage, caisses à fleurs et planches de rives en sapin raboté, escalier en chêne à la française à balustres, poteaux, limons et main-courante.

La couverture en tuiles petit moule à recouvrement, faîtages, arêtiers et épis en terre cuite, noues, gouttières, tuyaux et derrières de cheminées en zinc, croisées, porte d'entrée et portes-croisées en chêne, persiennes en fer et tôle ; menuiseries intérieures en sapin ; fosse en maçonnerie avec enduits étanches, garde-robe à effet d'eau aux water-closets, canalisation des eaux pluviales et ménagères en grès vernissé avec puisard les perdant dans les sables.

Forage d'un puits, pompe aspirante et foulante et canalisation en plomb amenant les eaux sur l'évier, au w.-c., à un poste d'eau placé sur le palier et au jardin.

Salon et salle à manger parquetés en chêne, plafonds avec corniche dans le salon et à solives apparentes en staff dans la salle à manger, faux lambris en moulures rapportées avec plinthes et cymaises dans deux pièces, plinthes en carreaux dans la cuisine, stylobates dans le salon et le porche.

Carrelage en céramique dans le hall et le porche.

Carreaux en ciment dans la cuisine, évier, paillasse, fourneau en fonte et tôle, ventilateur remplaçant la hotte et agencement carreaux de faïence.

Cheminées en marbre blanc à modillons dans le salon, en marbre rouge dans la salle à manger et capucines noires à revêtement dans les chambres. Intérieurs rétrécis en faïence à prise d'air.

Au premier étage, plafonds unis, parquets en chêne 2e choix, cloués sur solives, plinthes, stylobates, chambranles autour des baies.

Peintures des boiseries extérieures et intérieures, des persiennes en fer et des plafonds et murs de w.-c., porche et cuisine, à l'huile trois couches, égrené, rebouché, et en décors vernis dans la salle à manger, le hall et les ouvertures de l'escalier. Rampe d'escalier et porte d'entrée en bois naturel, à l'huile et vernis.

Vitrerie en verre demi-double pour ceux hors mesure, simple pour ceux dans les mesures du commerce, cathédrale pour w.-c., porche, window.

Tenture en papier avec bordure dans les pièces et en étoffe imprimée dans le vestibule et l'escalier.

RÉZ DE CHAUSSÉE
1ER ÉTAGE
SOUS-SOL
4.00
3.50
3.08
SALLE A MANGER
3.00
6.50
0.80
W.C.
CUISINE
4.50
VESTIBULE
SALON
3.00
3.50
CHAMBRE
CHAMBRE
3.00
BAINS
DEG.
3.45
CAVE
CAVE
3.45

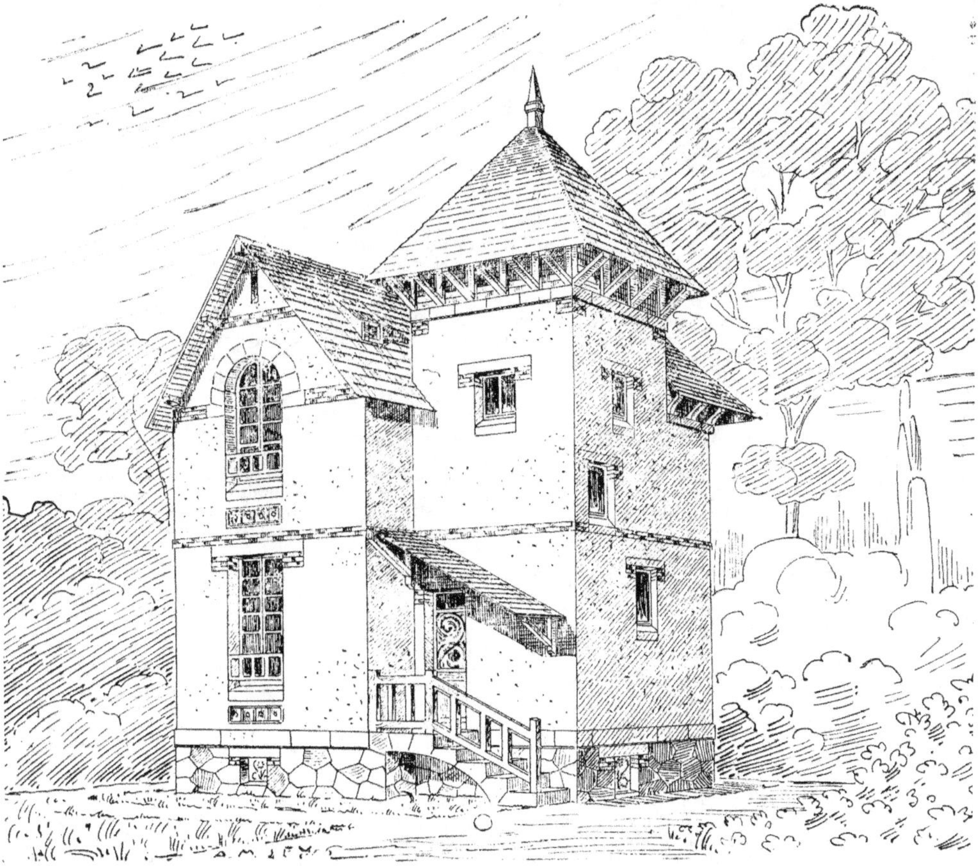

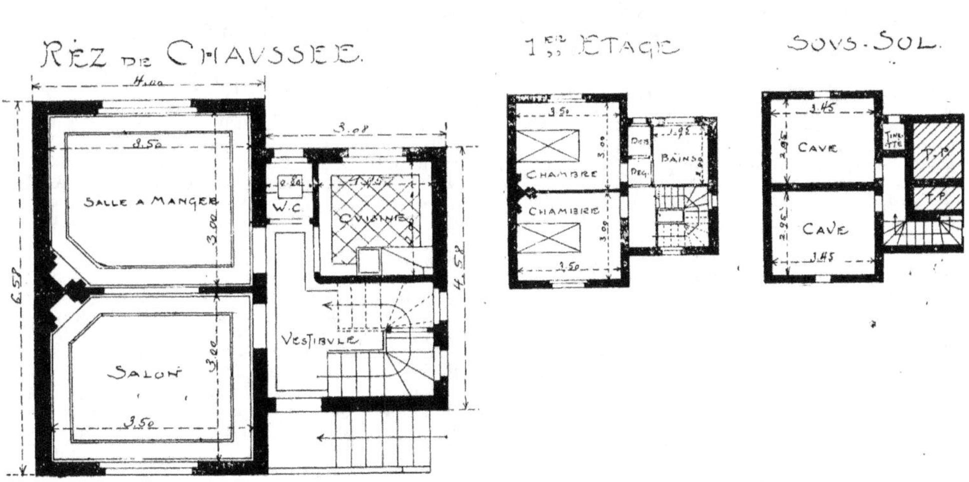

PLANCHE 32

Cottage dans les Pyrénées : 12.000 francs.

Ce pavillon comprend : sous-sol : 2 caves; rez-de-chaussée : vestibule, salle à manger, salon, cuisine, water-closet; 1er étage : deux grandes chambres, débarras, salle de bains.

Terrasse. — Fouille en déblai ou en rigole, jets, reprises, chargements, transports, régalage et nivellement dans la propriété. Puisard à pierres sèches pour recevoir la canalisation des eaux pluviales et ménagères, de profondeur suffisante pour les absorber.

Maçonnerie. — Sous-sol : rigoles sous murs, remplies en béton de cailloux et mortier, de chaux hydraulique et sable de rivière. Murs de fondation jusqu'au sol du rez-de-chaussée en meulière-caillasse hourdée en mortier de chaux hydraulique. Refends en brique de plaine hourdée et jointoyée. Marches de descente et du perron en béton aggloméré. Fosse mobile en tôle placée dans un réduit avec son arrangement. Plancher du sous-sol en plâtras et plâtre. Rez-de-chaussée et étages : murs des façades et du refend en briques de plaine et mortier de chaux. Enduit de plâtre sur les murs et cloisons à l'intérieur. Cloisons de distribution en carreaux de plâtre de 0.06. Plafonds enduits en plâtre. Ravalement des façades en moucheti tyrolien, bandeaux en briques apparentes, appuis et tableaux mortier lissé, arêtes et champs. Soubassement jointoyé ciment. Planchers lattés et enduits. Corniches et rosaces en staff dans chambres, salle à manger et salon. Tuyaux de fumée en boisseaux de 0.20 × 0.20, enduits, faux coffres et hourdis de trémie. Prolongement des souches sur comble avec enduits, bandeaux et mitrons. Canalisation en grès vernissé des eaux pluviales et ménagères. Scellements de lambourdes au rez-de-chaussée. Dans la cuisine, hotte en plâtre avec manteau au-dessus du fourneau.

Carrelage. — Vestibule, cuisine, w.-cl., salle de bains, carrelés en carreaux de ciment posés sur ciment.

Charpente. — Plancher du 1er étage et faux plancher en bastaings et 1/2 bastaings de sapin. Escalier en chêne avec limons, marches, contremarches, poteaux, main-courante et balustres. Charpente de la toiture en sapin : plates-formes 0.065 × 0.17. Poteaux pour faîtages 0.12 × 0.12. Faîtages et pannes 0.065 × 0.17. Chevronnages 0.075 × 0.08. Saillies, auvent, balcons, balustrades et motifs en sapin corroyé.

Serrurerie. — Plancher des caves et linteaux en fer à T. Chaînage en fer méplat de 0.007 × 0.035. Plates-bandes pour limons, boulons d'écartement. Soupiraux et châssis du sous-sol munis de barreaux en fer rond de 0.018 scellés. Portes de cave avec pentures et serrure pêne dormant de 0.14. Porte d'entrée à 1 vantail ferrée de pattes coudées, équerres fortes, poignée en cuivre, bouton de tirage avec chaînette, panneau en fonte ornée et vasistas en fer rainé. Imposte au-dessus avec châssis ouvrant, ferré de paumelles, loqueteau, conduit et tirage. Portes intérieures ferrées de 3 paumelles de 0.11 et serrure pêne dormant 1/2 tour et bouton double ovale, imitation ivoire. Bec de cane et targettes aux portes des w.-cl., bains et débarras. Croisées ferrées de 7 pattes, 8 équerres simples, 6 fiches chanteau de 0.11 et une crémone fer 1/2 rond de 0.018. Persiennes en fer compris accessoires et peinture au minium. Fers peints au minium avant leur emploi et serrures marquées 1re qualité. Pattes droites, coudées, contrecoudées et à scellement pour bâtis, contre-bâtis, dormants, etc. Fers pour hotte du fourneau, fonte pour chute et descente.

Couverture, Plomberie. — Couverture en ardoises sur volige et solins aux souches de cheminées. Noues, faîtage, arêtiers. Gouttières et descente en zinc n° 12. Dans le w.-cl., appareil à effet d'eau avec abattant en chêne, cuvette porcelaine. Dans la cuisine évier en grès émaillé de 0.50 × 0.60 avec bonde, vidange et siphon. Canalisation de l'eau en tuyaux de plomb.

Menuiserie et Parquets. — Portes de caves en sapin brut de 0.027, barres chêne 0.034 × 0.08 chanfreinées. Châssis vitrés en chêne pour soupiraux, jet d'eau dans le bas. Porte d'entrée en chêne, dormants, panneaux à grands cadres et plates-bandes, plinthe dans le bas, panneau de fonte ornée, chambranles avec socles à l'intérieur et imposte. Agencement de cuisine : 3 m. de tablettes, barres à casseroles et dosseret. Portes intérieures en sapin, à petits cadres et plates-bandes aux deux parements, 3 panneaux et chambranles sapin avec socles aux deux faces. Croisées en chêne, châssis 0.034, dormant 0.054, noix à gueule de loup, jet d'eau et pièce d'appui. Tapées en chêne pour persiennes en fer. A l'intérieur, chambranles au pourtour. Petits cadres figurant panneaux avec plinthe et cimaise de 0.06, dans la salle à manger. Stylobates sapin dans le vestibule, le salon et les chambres; plinthes dans les autres pièces. Huisseries en sapin. Socles de marches, rampants en sapin. Parquet chêne 2e choix à l'anglaise sur lambourdes au rez-de-chaussée. Parquet sapin rouge au 1er étage.

Fumisterie. — Dans la cuisine, fourneau-cuisinière de 0.75 à retour de flamme, à charbon de terre et à charbon de bois avec bain-marie, four, boite à charbon et accessoires. Trappe en tôle et crémaillère à la hotte. Revêtements en carreaux de faïence au pourtour de la cuisinière, de l'évier, de 4 rangs de carreaux avec bordure. Cheminée à modillons, marbre rouge de Flandre, salle à manger; Napoléon ou Caroline dans les autres pièces, cheminée Pompadour, marbre blanc, au salon. Arrangements intérieurs, rétrécis en faïence, cadre cuivre, rideau fort, âtre en carreaux, contre-cœurs en briques, etc.

Peinture, Vitrerie, Tenture. — Plafonds à la colle, 2 couches. Ceux de la cuisine et w.-c. à l'huile, 3 couches. Menuiseries à l'huile, 3 couches, compris impression et 2 tons pour les principales pièces. Extérieurs de porte d'entrée, intérieurs salle à manger, vestibule et escalier, façon de décors et vernis sur l'huile 3 couches. Balcons, panneaux de fonte, barreaux de soupiraux, linteaux apparents, persiennes, huile 2 couches et minium 1 couche. Pose et fourniture de papier de tenture du prix d'achat de 0 fr. 60 le rouleau. Verre cathédrale pour porte d'entrée et w.-c.; vitrerie en verre simple 3e choix pour portes vitrées et croisées.

2.60
2.80
3.00
2.20

Rez-de Chaussée
Cuisine
W.C.
Vestibule
Salle à Manger
Salon

1er Etage
Toilette
Chambre
Palier
Chambre
Chambre

Caves
Débarras
Tinette
Cave à Charbon
Cave à Vins

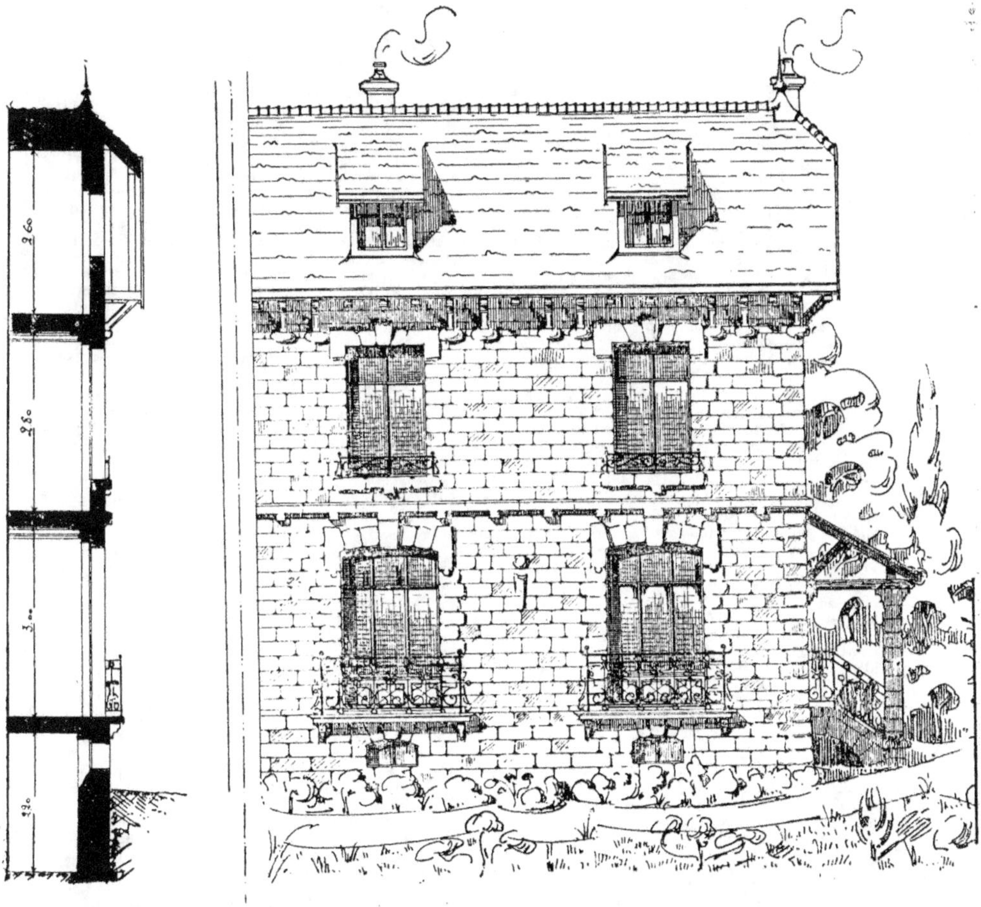

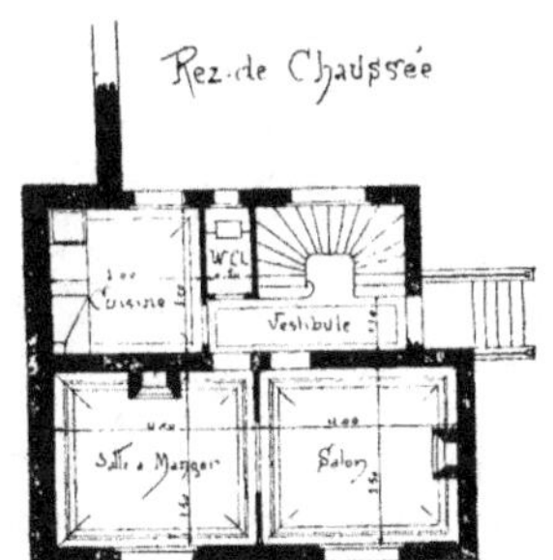

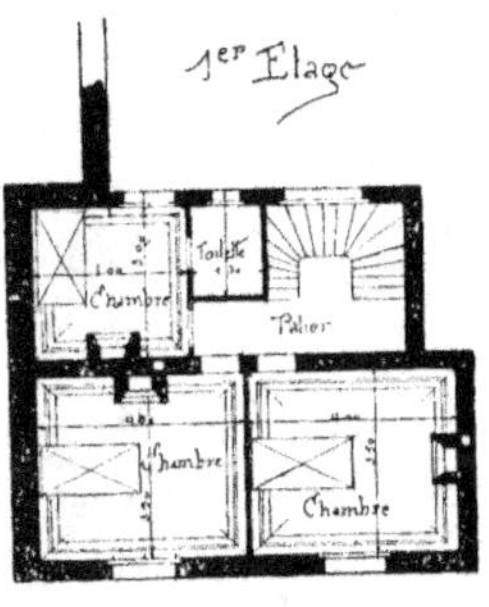

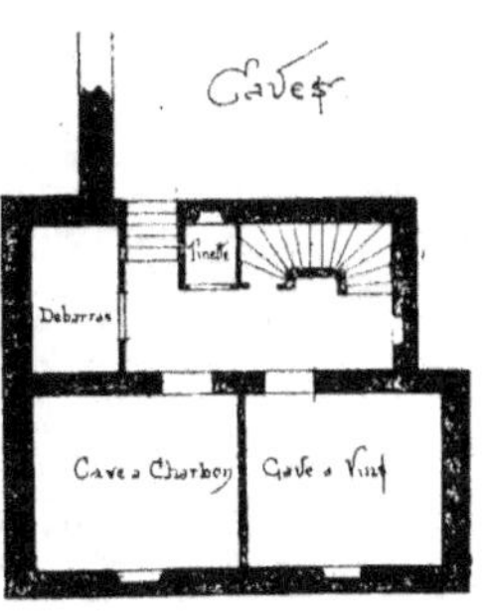

PLANCHE 33

Villa à Menet : 12.000 francs.

Terrasse. — Fouille pour caves, rigoles, fosse, puisard et puits, jets, reprises, chargement et transpor-
et nivellement dans le terrain.

Maçonnerie. — Les rigoles remplies en béton de cailloux et mortier de chaux hydraulique et sable de
rivière. Les murs au pourtour, tant en fondation qu'en élévation, ainsi que les refends en moellons dressés
et jointoyés, hourdés en mortier de chaux. Les autres murs et cloisons en briques de plaine et mortier
dito enduits aux deux faces. Les cloisons de 0.08 en carreaux de plâtre et enduits aux deux faces, avec
tendeurs. Les murs et cloisons enduits en ciment, jusqu'à 1 mètre de hauteur, le surplus jointoyé. Dallage
en ciment Portland sur béton dito avec angles arrondis au pourtour. Un tuyau de fumée et un tuyau de
ventilation. Le plancher haut hourdé en plâtras et en plâtre. Les marches de la descente des vins en béton
Coignet reposant sur massif en béton. La fosse de 150 sur 100 sur 1.50 de haut enduite en ciment Portland
avec chute. Les planchers hauts du rez-de-chaussée et du premier étage, en augets, lattes et enduits. Scellement de lambourdes. Le sol du vestibule, de la cuisine et du w.-c., en carreaux cérame, avec bordure
au pourtour posé sur ciment et forme sable. Le plafond rampant de l'escalier hourdé, plein, latté et enduit.
Les conduits de fumée en poterie réglementaire de 0.20 sur 0 20 avec chemisage et enduits nécessaires,
hourdis en plein des trémies, prolongements en dehors du comble en brique enduit en dos d'âne sur le
dessus, lanternes ornées en terre cuite. Dans la cuisine, hotte avec manteau, jambages à consoles en briques,
le tout ravalé. Appuis, bandeaux et champs en mortier coloré. Puisard en pierres sèches pour recevoir
les eaux. Canalisation pour les eaux pluviales et ménagères.

Charpente. — Le comble en sapin de sciage. Les abouts des chevrons moulurés. Le plancher haut
du rez-de-chaussée en bastaings de 0.065 sur 0.17. Le faux plancher en bastaings. Les solives doublées
sous les cloisons de distribution. Deux étages d'escalier à limon en chêne à l'anglaise, marches, contre-
marches. Rampe en bois à balustres pour rester apparente. Rampe pour le perron et le balcon avec
ballustrade. Charpente de l'appentis avec montants à consoles, rabotée.

Serrurerie. — Le plancher des caves en fer. Chevêtres et armatures pour trémies, planchers et
combles, linteaux des baies, barreaux en fer rond pour soupiraux, cours de chainage par étage en fer
plat, avec ancres et accessoires. Balcons saillants en fonte pour les croisées, avec barres d'appui en fer.
Persiennes en fer. Panneau en fonte pour la porte d'entrée. Vasistas en fer rainé, ouvrant à la demande.
Tuyaux réglementaires pour chute, colliers, etc. Clous à bateaux et rapointis.

Quincaillerie. — Les croisées ferrées de huit équerres, une crémone, six fiches chanteaux et sept
pattes. La porte d'entrée avec panneaux en fonte et vasistas en fer ouvrant, ferrée de 3 paumelles, une
serrure de sûreté avec chaînettes et 7 pattes, boutons de tirage à l'extérieur, et poignée en fer à l'intérieur,
un châssis ouvrant en fer rainé, avec loqueteaux cuivre, panneaux de fonte. Les portes des caves et celle
du calorifère de pentures et gonds à scellement, une serrure pène dormant noir de 0.14. La porte de
descente aux caves et celle de la buanderie de trois paumelles doubles de 0.16, un bec de cane et un
bouton double, imitation ivoire. Les portes intérieures de 3 paumelles par vantail, une serrure à pène
dormant 1/2 tour, bouton double, imitation ivoire. Bec de cane et targette pour la porte des w.-c. et
cabinets de toilette. La porte de descente des vins, 2 pentures avec gonds à scellements, serrure et 2 verrous intérieurs haut et bas. Les armoires et placards, de charnières, ressorts en acier avec mentonnet et
serrure à canon de 0.08. Ventilation pour lesdites. Les châssis de fiches chanteaux, 4 équerres simples et
une targette.

Menuiserie. — Les croisées en chêne 0.054 sur 0 034, dormant, jet d'eau, pièces d'appui. Les portes des
caves en chêne brut de 0.027 d'épaisseur et barres. La porte de descente extérieure des fûts et celle de la
buanderie en chêne 0.027 par frises avec baguettes sur joints. Celles des w.-c., débarras et descente de
cave, en sapin 0.034 à petits cadres et à glace. Les autres portes intérieures en sapin à petits cadres aux
deux parements avec plates-bandes. La porte d'entrée tout chêne à grands cadres et à glace pour la partie
basse et vitrées par le haut avec panneau fonte et vasistas ouvrant. Tapées chêne pour recevoir les
persiennes en fer. Les huisseries en sapin 8/8 ou 0.065 sur 0.14. Les bâtis sapins 0.05 sur 0.055. Contre-
bâtis en sapin 0.027. Moulures 0.013 sur 0.05, avec socles autour des portes et des croisées, sur toutes les
faces. Dans la cuisine, sous l'évier et la paillasse, armoires en sapin. Un cours de tablettes sapin 0.027,
dosserets 0.027 et barres à casseroles. Tablettes sapin 0.027 dans le débarras et w.-c. Armoires en sapin
arasé et à glace avec bâtis et tablettes. Dans la salle à manger, cadres figurant faux lambris avec cimaise
et plinthe par le bas. Dans toutes les pièces, plinthes, à l'exception des chambres où il y aura des stylobates. Socles des marches rampants en sapin. Les parquets en chêne à l'anglaise sur lambourdes au rez-
de-chaussée et sur solives au premier. Le parquet des combles, sapin, posé sur les solives. Baguettes de
calfeutrement 1/4 de rond, demi-baguettes ou baguettes d'angles. Replanissage des parquets et marchez
d'escalier.

Couverture, Plomberie. — Couverture du comble, ainsi que celle de l'auvent au-dessus du perron,
en tuile à emboîtement sur liteaux, compris ruellées, noues, faitages, épis, etc. Les descentes nécessaires
se raccordant à la canalisation. Gouttières de 0.33 avec crochet à chaque chevron. Dans les combles, un
réservoir en tôle d'une contenance de cinq cents litres, colonne d'alimentation de distribution et robinets
de vidanges. La canalisation amènera l'eau à l'évier et dans la buanderie et le cabinet de toilette.
L'alimentation du réservoir se fera au moyen d'une pompe aspirante et refoulante. Robinets en cuivre
à vis, pour la cuisine et la buanderie, et à manette pour le cabinet de toilette. L'évier de la cuisine
en grès émaillé de 0.50 sur 0.60, avec siphon et tuyaux. Dans les w.-c., appareil tout à l'égout avec
réservoir.

Marbrerie, Fumisterie. — Installation complète d'un calorifère établi en caves et destiné à chauffer
toutes les pièces du rez-de-chaussée et du 1er étage. Ensemble 4 bouches. Système Besson à air chaud.
Dans la cuisine, un fourneau avec bain-marie, tube de vapeur. Entre le fourneau et l'évier, une paillasse.
Trois rangs de carreaux de faïence au pourtour du fourneau de la paillasse et de l'évier. Cheminées à
modillons, marbre rouge de Flandre dans la salle à manger, noir dans les chambres. Les arrangements,
intérieurs, rétrécis faïence, contre-cœur en briques, âtre en carreaux, encadrements cuivre et rideau fort,
Une lessiveuse de 60 litres, avec son foyer dans la buanderie.

Peinture, Vitrerie. — Boiseries intérieures et extérieures, égrenées, impression et huile 2 couches,
les fers et fontes apparents égrenés, impression au minium et huile deux couches. Le plancher des caves
au minium. Ripolin une couche cuisine. Cuisine, w.-c., vestibule, escalier, égrenage et huile, deux couches.
Galon dans l'escalier et vestibule. Plafonds égrenés, rebouchés, et colle deux couches. Vitrerie en verre
simple 3e choix, mesures du commerce. Les papiers de tenture du prix de 0 fr. 75 le rouleau, prix d'achat,
bordure, un franc, collage. Vitraux dans la salle à manger. Nettoyage complet et encaustiquage des
parquets et escaliers, carrelages lavés et grattés.

Staff. — Dans le vestibule et la salle à manger, corniche et rosace en staff.

FAÇADE PRINCIPALE...
CROQUIS DE LA TREILLE
G^de CHAMBRE
CHAMBRE
1er ÉTAGE...
CAVE
CAVE
SOUS SOL...
TREILLE
GRANDE SALLE
WC Deg.
SALLE D'ÉTÉ
REZ DE CHAUSSÉE...

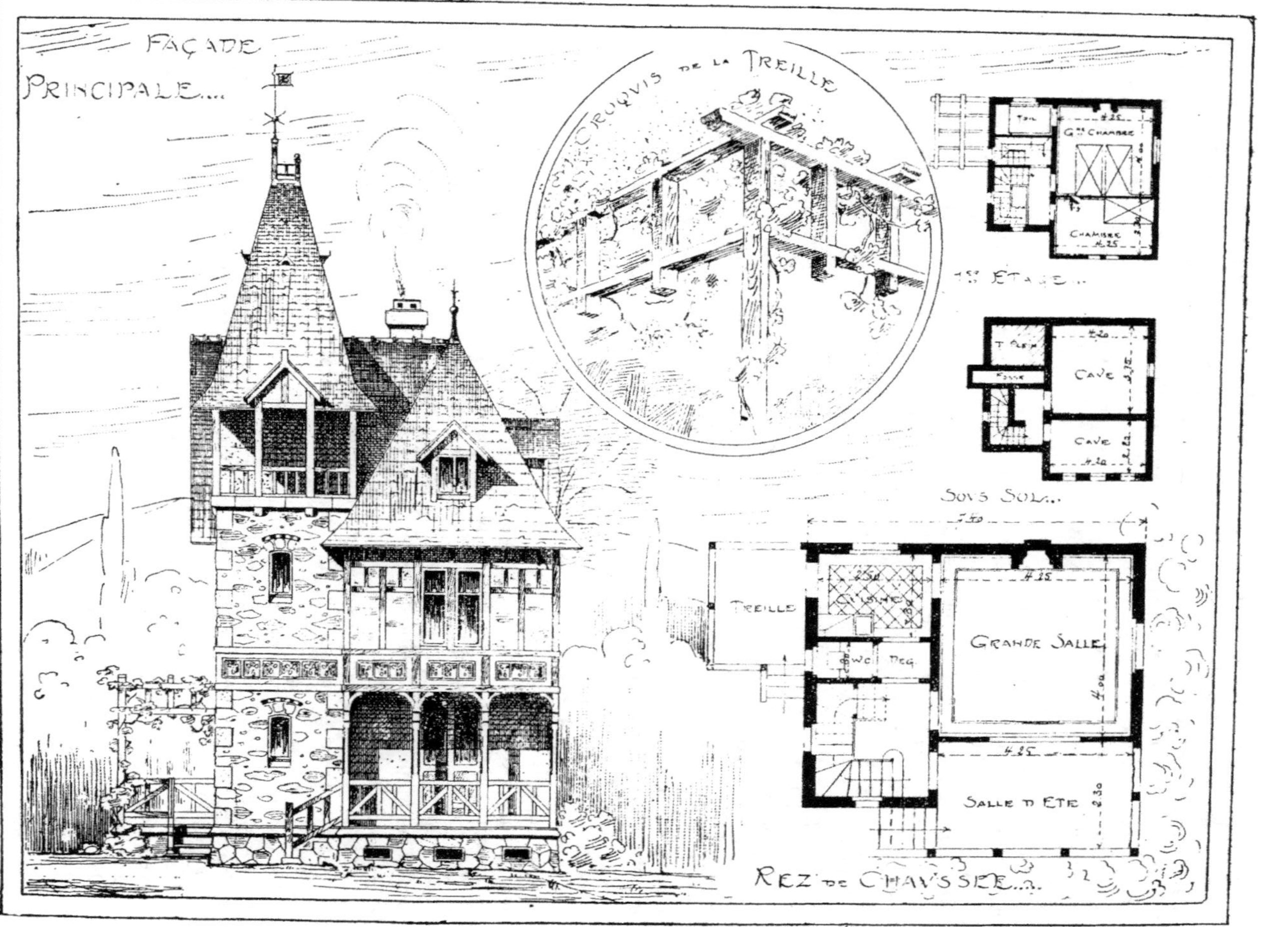

PLANCHE 34

Villa près Dunkerque : 12.500 francs.

Elle se compose de :

Sous-sol de 2.00 de hauteur auquel on accède par la descente placée sous l'escalier et comprenant : dégagement, cave à vins, cave à charbon, fosse.

Rez-de-chaussée de 3.00 de hauteur divisé en : vestibule et escalier desservant le premier étage, salle à manger 4.75×4.00, cuisine de 1.50×1.80 et w.-c., salle d'été 4.25×2.80 et treille.

Premier étage de 2.80 de hauteur ayant comme distribution : palier d'escalier, chambre à coucher de 4.25×4.00, autre chambre de 4.25×2.80, toilette.

Grenier au-dessus avec escalier.

Construction établie sur rigoles remplies en béton, murs dans la hauteur du sous-sol en caillasse hourdée en mortier de chaux hydraulique et sable maigre, élévation en caillasse avec parties en briques repressées pour rester apparentes, pour arcs, bandeaux et appuis ; mur de refend aussi en briques ordinaires de 0.11.

Conduits de fumée en boisseaux gourlier de 0.16×0.25 chemisés en plâtre pour former coffres et prolongés sur comble par des souches en briques repressées, couronnées en ciment avec mitrons.

Ravalements extérieurs : soubassement jointoyé en Portland en creux, perron en béton aggloméré, parties de briques parementées et jointoyées en chaux, joints tirés au fer, motifs de baies, frises en céramique.

A l'intérieur, le plancher de cave à solives en fer à T de 0.12 hourdées en briques de pays par voutains, les autres planchers et le comble en madriers, 1/2 madriers, chevrons en sapin de commerce, queues de vaches, voligeage, consoles, balcons, sapin raboté. Escalier en sapin rouge à la française à balustres, main-courante profilée, dessus de marches en chêne, descente de cave en chêne de 0.054.

Couverture en tuiles à emboîtement petit moule, scellées en chaux, faîtage et arêtiers en terre cuite, embarrures, solins et ruellées en Portland, derrières de cheminées, noues, gouttières et tuyaux en zinc n° 12.

Chaînages en fer, tuyau de chute fonte, linteaux en fer.

Croisées et porte d'entrée en chêne, persiennes brisées en fer et tôle, balcons saillants en sapin, menuiseries intérieures, huisseries, portes, armoire sous évier, moulures-chambranles, faux lambris, baguettes, socles de marches, plinthes et stylobates en sapin.

Garde-robe à effet d'eau avec abattant en chêne ciré.

Canalisation en plomb partant du compteur desservant l'évier et l'effet d'eau de garde-robe.

Parquet en chêne deuxième choix sur lambourdes au rez-de-chaussée, sur solives au premier étage. Carrelages en carreaux de Beauvais carrés dans cuisine et water-closet, en céramique de ciment dans le vestibule, le tout posé sur ciment de Portland avec forme de sable.

Dans la cuisine, évier en grès vernissé, fourneau en fonte et tôle, ventilateur en tôle remplaçant la hotte, paillasse, revêtement en carreaux de faïence, tablette, applique et porte-casseroles.

Dans salle à manger, cheminée à modillons en marbre rouge, cheminées capucines à cadres et revêtements avec foyers et intérieurs rétrécis en faïence à ventouses et accessoires pour chambre au 1er.

Peinture des boiseries extérieures et intérieures, des persiennes, balcons, saillies, auvent, des murs, et plafonds de cuisine et w.-c., lambris et autres à l'huile 3 couches, égrenées, rebouchées, plafonds à la colle, rampe d'escalier et extérieur de la porte d'entrée en bois naturel passés à l'huile et vernis, parquets replanis, encaustiqués et frottés.

Vitrerie en verre demi-double 2e choix, pour les hors mesure, et simple 3e choix des croisées, et en verre cathédrale du châssis de la porte d'entrée et de ceux du w.-c.

Tentures en papier avec bordures et collage.

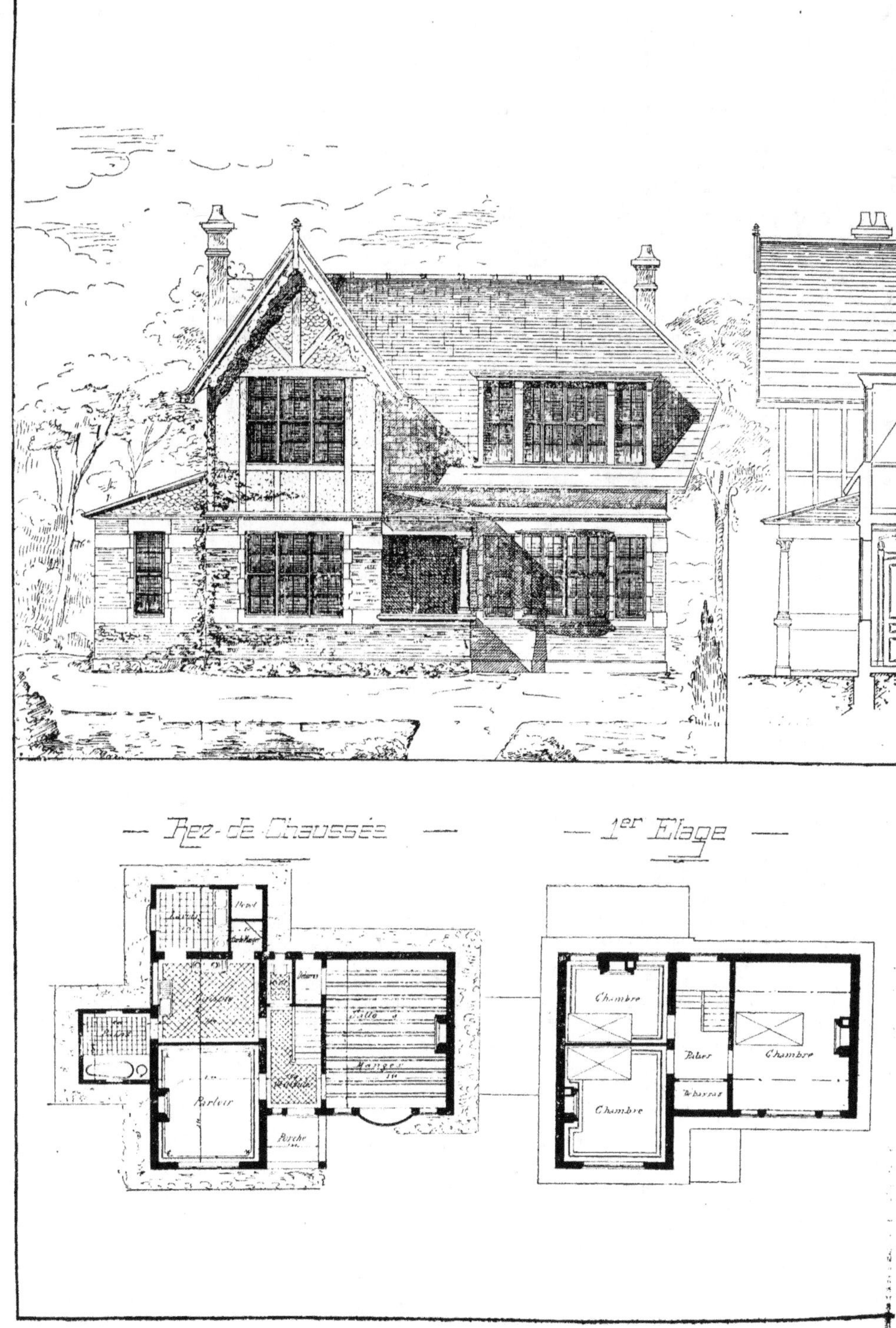

PLANCHE 35

Cottage anglais : 12.500 francs.

Sous-sol comprenant : caves, au vin, au charbon, buanderie, grand dégagement et escalier montant au rez-de-chaussée ; rez-de-chaussée divisé en vestibule, porche, salle à manger, salon, parloir, cuisine, bains, laverie, water-closet, lavabo, débarras ; escalier conduisant aux étages ; 1er étage se composant de : antichambre sur laquelle ouvrent les portes donnant entrée aux 3 chambres, toilette, au-dessus grenier.

TERRASSE. — Fouilles, roulage et étendage.

MAÇONNERIE. — Murs de cave en moellons durs du pays, parement intérieur jointoyé en montant, parements extérieurs jusqu'au niveau du rez-de-chaussée en moellons formant appareil de pierre, et jointoiement en ciment. Cloisons en briques de 0.06 jointoyées aux 2 faces. Buanderie, sol dallé en ciment, murs enduits dito jusqu'à 1 mètre de hauteur, surplus enduit en mortier blanchi à la chaux. Bac en ciment à deux compartiments, cheminée et ventilation en poterie pour la buée. Fosse réglementaire étanche. Marches d'escalier de caves en pierre. Sol des caves pilonné, nivelé et sablé. Hourdis de planchers entre fers à T en briques creuses hourdées en ciment.

ÉLÉVATION. — Murs des façades du rez-de-chaussée, piles et refends en briques, hourdées en mortier hydraulique. Parement extérieur apparent jointoyé en creux au mortier. Parement intérieur enduit en plâtre, partie haute moucheti tyrolien. Murs au-dessus du rez-de-chaussée en briques de 0.22. Décoration briques rouges et blanches avec faux pans de bois en ciment et simili-pierre, harpes, etc. Conduits de fumée en brique dans l'épaisseur des murs de 0.20×0.20 de section enduits en mortier à l'intérieur. Souches hors comble enduits en chaux, bandeau ciment, mitrons terre cuite. Murs du hall, de la cuisine, des cabinets de toilette, des w.-c. revêtus de carreaux rouges de London. Sol desdits en carreaux de céramique de même provenance sur forme en sable et hourdés en ciment. Hourdis des planchers en briques creuses spéciales de la largeur totale des travées de solives. Plinthes en ciment au pourtour. Dans cuisine et w.-c., ventilation en poteries dans l'épaisseur des murs. Carrelage du vestibule en carreaux de ciment à dessin avec bordure assortie et plinthes au pourtour.

CHARPENTE. — Charpente du comble en sapin de sciage. Charpente extérieure sapin corroyé et chanfreiné. Escalier tout chêne à la française, limon de 0.08 chanfreiné sur les arêtes, marches profilées de face, balustres, main-courante et pilastres. Le plancher des caves et des étages en fer à T, ailes ordinaires, peints au minium. Cours de chaînage à chaque plancher avec ancres. Linteaux des baies en fer à T assemblés avec boulons et entretoises. Soupiraux munis de barreaux en fer rond de 0.018 scellés des deux bouts. Panneau fonte à la porte d'entrée avec châssis ouvrant et toutes ferrures. Portes de caves ferrées de pentures, gonds et serrure pêne dormant noir. Portes extérieures ferrées sur dormant de paumelles à équerre et à T de façon, serrure de sûreté 6 gorges et bouton fonte avec tirage. Portes intérieures à un vantail ferrées de 3 paumelles de 0.11. Serrure pêne dormant 1/2 tour, bouton double façon ivoire. Portes à 2 vantaux de 6 paumelles dito, serrure, crémone de 0.018 et 6 pattes. Pattes coudées et contrecoudées pour croisées, portes, etc. Serrures et crémones marquées.

COUVERTURE. — Couverture en tuile plate à recouvrement posée sur liteaux sapin. Les rampants et motifs pour poinçons des pignons en terre cuite. Gouttières et descentes en zinc n° 12 de 0.25 de développement avec talons à la demande et crochets à chaque chevron. Appareils de w.-c. en porcelaine à valve et effet d'eau. Installation de l'eau dans cuisine, w.-c., buanderie et salle de bains, distribution, vidange et tous raccords pour l'installation de l'eau.

MENUISERIE. — Portes de caves en sapin brut de 0.027, barres chêne chanfreinées. Les châssis chêne de 0.034 avec bâtis. Porte d'entrée en chêne à grands cadres à frise aux 2 parements, tout sapin. Croisées extérieures en chêne, dormant de 0.054, bâtis de portes et croisées. Croisées intérieures sapin, volets sapin. Huisseries sapin à la demande. Plinthes et stylobates dans les chambres. Parquets chêne, à l'anglaise, sur lambourdes en chêne au rez-de-chaussée. Sapin rouge, posés sur solives aux autres étages.

FUMISTERIE. — *Cuisine.* Fourneau-cuisinière de 120 en tôle avec four, bain-marie, à retour de flamme. Evier en grès émaillé de 0.80×0.60 avec égouttoir. Revêtement sur mur en carreaux de faïence. Pièces : cheminées marbre blanc à modillons pour le rez-de-chaussées, marbre rouge et noir dans les chambres, rétrécis en faïence blanche, châssis à rideau, cadre cuivre, intérieurs en briques et carrelage des âtres.

PEINTURE, VITRERIE, TENTURE. — Bois intérieurs et extérieurs peints à l'huile, 3 couches, rebouchés. A l'intérieur, peinture à deux tons et faux bois à la demande. Les parties sur fer recevront 2 couches d'huile et une couche de minium. Tentures en étoffe ou autres au choix du propriétaire. Vitrerie en verre simple 3e choix pour les mesures du commerce, verre 1/2 double, 2e choix, pour les hors mesure. Vitraux à la demande et au choix du propriétaire.

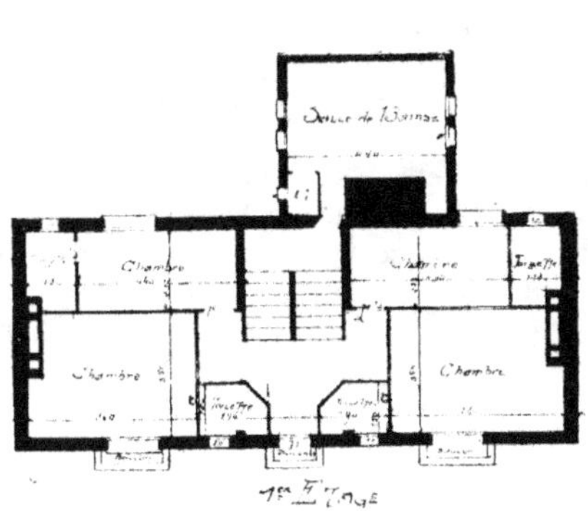
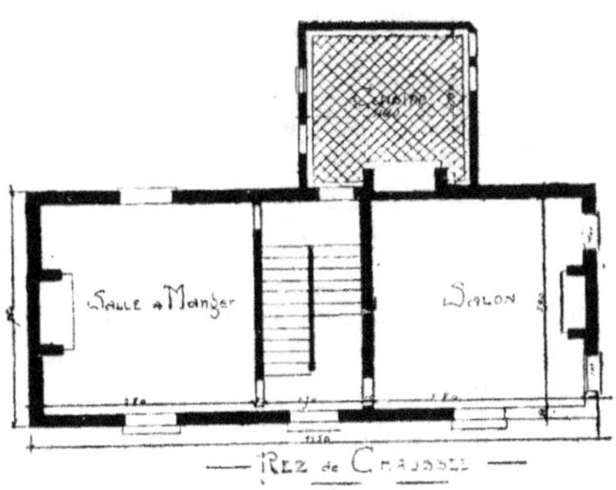

PLANCHE 36

Cottage près de Lisieux : 15.000 francs.

Nous donnons ci-dessous le détail des travaux à faire pour l'appropriation d'une ancienne grange en bâtiment d'habitation.

Cette appropriation se compose de : percement des croisées, portes et châssis, bouchement des anciens vides de grand'porte et de gerbage, remaniement de la charpente et de la couverture, établissement des tuyaux de fumée et des souches en briques sur comble, jointoiement, construction des lucarnes et des planchers intérieurs en sapin, aussi des murs de refend en briques ordinaires de 0.22.

Enduits en ciment de Portland des ravalements extérieurs avec bandeaux imitant faux pans de bois dans la partie haute et fausse brique dans la partie basse, le tout badigeonné à la chaux, deux couches et teinté; chaînages en fer, croisées et portes croisées en chêne, persiennes en fer et tôle; menuiseries intérieures en sapin; garde-robe à effet d'eau au water-closet, canalisation des eaux pluviales et ménagères en grès vernissé avec tranchées et drainages perdant les eaux dans le terrain. Fosse syphoïde en béton armé.

Forage de puits, pompe aspirante et foulante avec réservoir et canalisations en plomb amenant les eaux à l'évier, aux w.-c., aux cabinets de toilette et à un robinet pour l'arrosage du jardin.

Salon et salle à manger parquetés en chêne à l'anglaise sur lambourdes et avec replanissage, corniches en staff, stylobates dans ces trois pièces, grandes cheminées en marbre à intérieurs rétrécis en briques; vestibule carrelé en céramique, cuisine en carreaux de terre cuite avec plinthes aussi en carreaux. Escalier à la française en chêne à balustres, tourné, du rez-de-chaussée au premier et du premier à l'étage sous comble.

Cuisine : évier en grès vernissé, paillasse en ciment armé, fourneau en fonte et tôle à charbonnier, revêtement en faïence et agencement composé de tablette, applique et porte-casseroles, armoire, sous-évier et paillasse et ventilateur en tôle remplaçant la hotte.

Au 1er étage, plafonds unis, parquets en chêne 2e choix cloués sur solives et replanis, stylobates dans toutes les pièces.

Au 2e étage : chambres de bonnes, parquet en sapin de 2e choix cloué sur solives.

Peinture des boiseries extérieures et intérieures et des persiennes et balcons, murs et plafonds de cuisine, water-closet, à l'huile trois couches, égrené, rebouché; salle à manger, portes et croisées de vestibule, escalier et bureau en décors faux bois vernis; rampe d'escaliers et porte d'entrée en bois naturel passés à l'huile et vernis.

Vitrerie en demi-double 2e choix pour croisées et cathédrale pour water-closet et portes extérieures.

Teinture en papier dans les pièces et en étoffe imprimée dans le vestibule et l'escalier.

Construction d'une annexe en briques, ravalement, couvertures et tous travaux en rapport avec la partie principale.

On peut ainsi tirer parti d'un vieux bâtiment et y établir, avec relativement peu de frais, une habitation assez confortable.

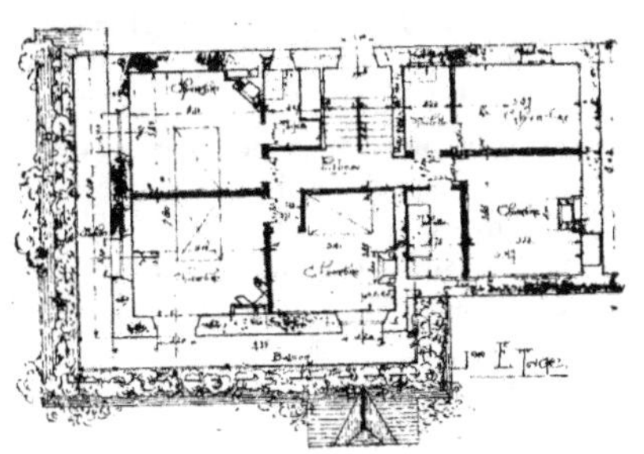

PLANCHE 37

Maison de famille à Avallon : 15.000 francs.

Nous donnons ci-dessous le détail des travaux à faire pour l'appropriation d'un ancien moulin en hôtel.

Cette appropriation se compose : percement des croisées, portes et châssis, bouchement des anciens vides, remaniement de la charpente et de la couverture, établissement des tuyaux de fumée et des souches en briques sur comble, jointoiement, construction des lucarnes et des planchers intérieurs en sapin, aussi des murs de refend en briques ordinaires de 0.14.

Jointoiement en ciment de Portland des ravalements extérieurs avec bandeaux imitant les linteaux, enduit en même ciment dans la partie basse ; deux chaînages en fer, croisées et portes-croisées en chêne, persiennes en fer et tôle ; menuiseries intérieures en sapin ; garde-robe à effet d'eau au water-closet, canalisation des eaux pluviales et ménagères en grès vernissé avec tranchées perdant les eaux dans le terrain. Fosse syphoïde en béton armé.

Extérieurement grand perron d'accès en béton aggloméré, galeries, petit perron et balcons en charpente de sapin raboté, les marches seules en chêne.

Prise sur la rivière, pompe aspirante et foulante avec réservoir et canalisations en plomb amenant les eaux à l'évier, aux w.-c., aux cabinets de toilette et à un robinet pour l'arrosage du jardin.

Au rez-de-chaussée : hall, chambre et salle à manger parquetés en chêne à l'anglaise sur lambourdes et avec replanissage. Plafond et corniches en staff, stylobates dans ces trois pièces, grandes cheminées en staff à intérieurs rétrécis en briques dans hall et salle à manger ; vestibule carrelé en céramique, cuisine, w.-c. en carreaux de terre cuite avec plinthes aussi en carreaux. Escalier à la française en chêne à balustres tournés du rez-de-chaussée au premier et du premier à l'étage sous comble.

Cuisine : évier en grès vernissé, grande cheminée, fourneau en fonte et tôle à charbonnier, revêtement en faïence et agencement composé de tablettes, appliques et porte-casseroles, armoire, sous-évier, paillasse et ventilateur en tôle remplaçant la hotte.

Au 1er étage, plafonds unis, parquets en chêne 2e choix cloués sur solives et replanis, stylobates dans toutes les pièces, cheminées en marbre, agencement de toilettes.

Au 2e étage : chambres de bonnes et salle de billard, parquet en chêne de 2e choix cloué sur solives.

Peinture des boiseries extérieures et intérieures et des persiennes et balcons, murs et plafonds de cuisine, water-closet, à l'huile trois couches, égrenées, rebouchées ; salle à manger, portes et croisées de vestibule, escalier et bureau en décors faux bois vernis, rampe d'escalier et porte d'entrée en bois naturel passés à l'huile et vernis.

Vitrerie en demi-double 2e et 3e choix pour croisées et cathédrale pour water-closet et portes extérieures.

Tenture en papier dans les pièces et en étoffe imprimée dans le vestibule, l'escalier et le hall.

Construction des annexes en briques, ravalement, couvertures et tous travaux en rapport avec la partie principale.

On peut ainsi tirer parti d'un vieux bâtiment et y établir, avec relativement peu de frais, un hôtel confortable.

Bureau
Cuisine
Salle à Manger
Vestibule
Chambre
Chambre
Chambre
Toilette
Rez de Chaussée
Premier Étage

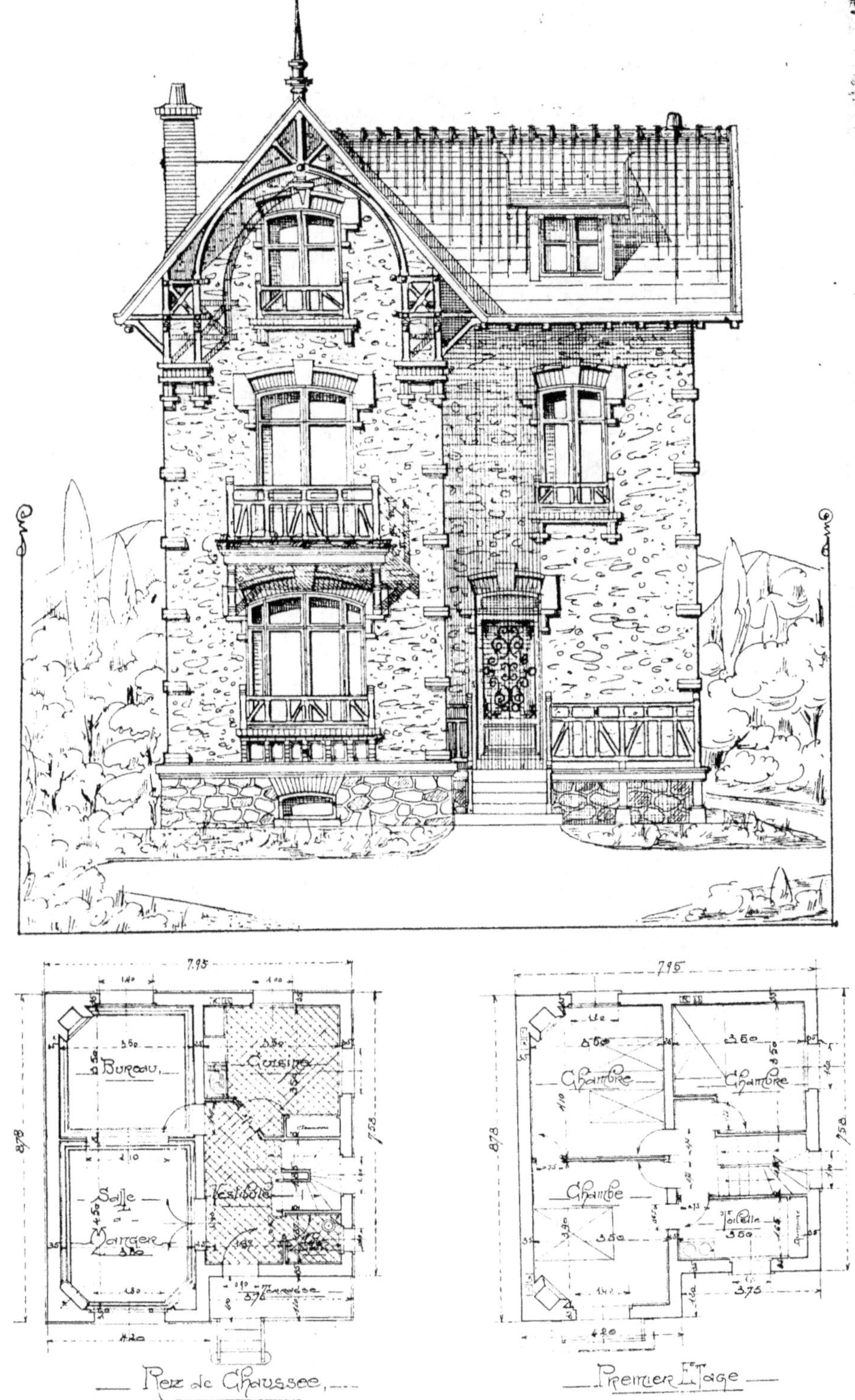

PLANCHE 38

Villa dans la Seine-et-Oise : 15.500 francs.

Cette maison de campagne se compose de :

Sous-sol de deux mètres de hauteur, comprenant cave à vins, cave à bois, descente de cave et dégagement, fosse étanche.

Rez-de-chaussée de 3.00 de hauteur, divisé en : vestibule dans lequel se trouve l'escalier desservant le premier étage, salle à manger 3.50 × 4.50, cuisine de 3.50 × 3.50, water-closet et bureau de 3.00 × 3.50.

Premier étage ayant comme composition : une chambre à coucher de 3.90 × 3.50 et toilette, une autre chambre de 3.50 × 4.00, une troisième chambre de 3.50 × 3.50. Palier, dégagement, escalier. Grenier au-dessus dans lequel il pourrait être établi des chambres de domestiques.

Construction établie sur rigoles remplies en béton, sous-sol en meulière-caillasse hourdée en mortier de chaux hydraulique et sable de rivière, élévation en mêmes matériaux mais avec petites chaînes d'angles, sommiers de fausse-ferme, appuis, consoles et arcs de baies en briques repressées, refend en briques brutes de pays, conduits de fumée dans l'épaisseur des murs en boisseaux Gourlier de 0.20 × 0.20, souches sur comble en briques, apparentes, parementées et jointoyées, couronnements enduits dessus en Portland et mitrons en terre cuite.

Ravalements extérieurs jointoyés en creux en chaux hydraulique, les parties de briques parementées et jointoyées en chaux ; joints tirés au fer, sommiers et clés enduits en Portland. Soubassement jointoyé en mortier bâtard de chaux et de ciment, avec retraite, bandeau saillant mouluré en ciment de Portland. Perron en béton aggloméré à marches unies et limon. Les ciments sont badigeonnés en chaux vive ton pierre.

A l'intérieur, plancher de cave en fer à T avec entretoises et fentons, et hourdés en plâtras et plâtre ragréé en dessous, les murs de caves non enduits, sauf ceux de la descente et de la buanderie, les cloisons de sous-sol en brique de 0.06 à joints réappuyés en montant, la fosse enduite en Portland extérieurement, et intérieurement côtés caves ; munie de trappe réglementaire en fonte. Aux étages supérieurs, plafonds et murs enduits en plâtre.

Plancher haut du premier étage, plancher haut du rez-de-chaussée, comble et chevronnage en sapin de sciage du commerce, madriers, bastaings et chevrons.

Couverture en tuiles à emboîtement grand moule, faîtage, terre cuite, solins, ruellées, embarrures ciment, derrières de cheminées, noues, gouttières et descente en zinc, dauphins en fonte.

Balcons et balustrades en sapin à chanfreins, chaînages en fer ; croisées, portes-croisées et porte d'entrée en chêne, persiennes en fer et tôle ; menuiseries intérieures en sapin ; garde-robe à effet d'eau au water-closet, canalisation des eaux pluviales et ménagères en grès vernissé avec tranchées et drainages perdant les eaux dans le terrain.

Forage de puits, pompe aspirante et foulante avec réservoir dans le comble et canalisations en plomb amenant les eaux à la buanderie, aux w.-c., au cabinet de toilette et à un robinet pour l'arrosage du jardin. Deuxième réservoir recevant les eaux des toitures et les amenant au-dessus de la pierre d'évier. Bac de lavage dans la buanderie, dallage Portland et siphon.

Bureau et salle à manger parquetés en chêne à l'anglaise sur lambourdes et avec replanissage, corniche en staff, plinthes, stylobates dans ces pièces, et cheminées à modillons en marbre à intérieurs rétrécis en faïence ; vestibule carrelé en céramique, cuisine et w.-c. en carreaux de terre cuite avec plinthes aussi en carreaux. Escalier à la française en chêne à balustres tournés du rez-de-chaussée au premier, escalier idem en sapin pour le grenier.

Cuisine : évier en grès vernissé, paillasse en ciment armé, fourneau en fonte et tôle à charbonnier, revêtement en faïence et agencement composé de tablettes, appliques et porte-casseroles, armoire entaillée, armoire, sous-évier et paillasse, ventilateur en tôle remplaçant la hotte.

Au 1er étage : plafonds unis, parquets en chêne cloués sur solives et replanis, cheminées capucines en marbre à revêtements intérieurs rétrécies en faïence et prises d'air, stylobates dans toutes les pièces.

Au grenier : murs crépis en plâtre, parquet en sapin de 2e choix cloué sur solives.

Peinture des boiseries extérieures et intérieures et des persiennes et balcons, murs et plafonds de cuisine, water-closet et toilette, à l'huile 3 couches, égrenées, rebouchées, salle à manger, portes et croisées de vestibule, escalier et bureau en décors faux bois vernis, salon et toilette en ripolin ; rampe d'escalier et porte d'entrée en bois naturel passé à l'huile et vernis.

Vitrerie en demi-double 2e choix pour les verres hors mesure ; simples 3e choix pour les autres et cathédrale pour water-closet et portes extérieures.

Tenture en papier à 0 fr. 60 le rouleau d'achat en moyenne, apprêt des murs, bordure et collage.

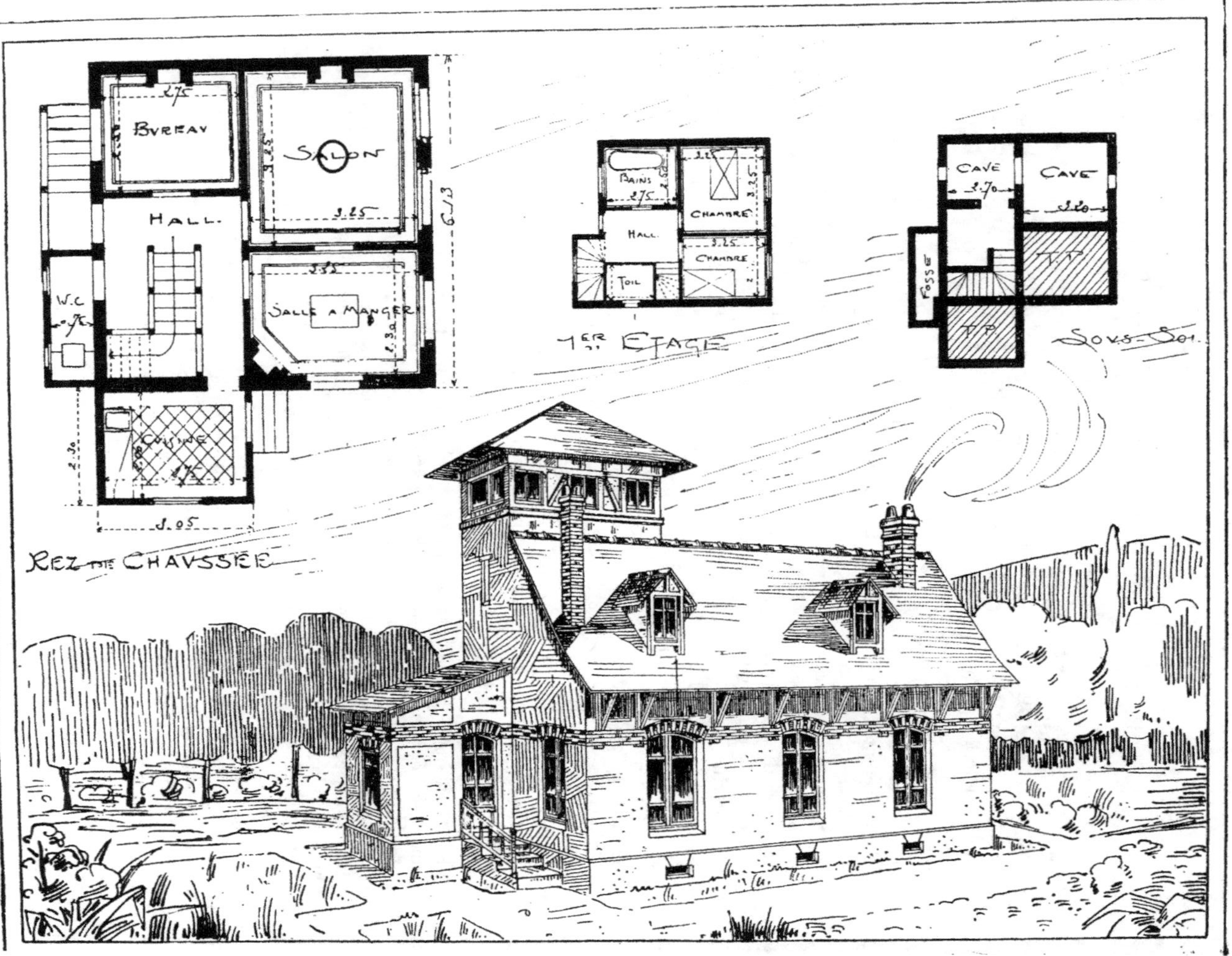

BUREAU
SALON
HALL.
W.C
SALLE A MANGER
CUISINE
REZ DE CHAUSSÉE
BAINS
HALL.
TOIL
CHAMBRE
CHAMBRE
1ER ÉTAGE
CAVE
CAVE
FOSSE
SOUS-SOL
PLANCHE 39

Villa à Wimereux : 16.000 francs.

Elle se compose de :

Sous-sol de 2.00 de hauteur comprenant 2 caves auxquelles on accède par une descente béton aggloméré, fosse. Rez-de-chaussée divisé en cuisine de 2.75 × 2.00, hall et escal., salle à manger de 3.60 × 3.60 et salon 3.25 × 3.25, bureau 2.50 × 2.74, w.-c. Premier étage : chambre à coucher de 3.50 × 3.25, autre chambre de 3.25 × 3.00, salle de bains 2.75 × 2.50, toilette.

Construction établie sur rigoles remplies en béton, sous-sol en caillasse et mortier de chaux, refend en brique, élévation en brique de pays de 0.22, cloisons de distributions en carreaux de plâtre.

Ravalement en moucheti tyrolien, soubassement jointoyé en Portland, arcs de baies, bandeau et appuis en briques repressées ; perron en aggloméré. Conduits de fumée en saillie intérieurement, Gourlier de 0.49 × 0.22, terminés sur comble par des souches en briques, couronnées de bandeaux en ciment et de mitrons en terre cuite.

A l'intérieur : plancher du sous-sol en fer à I, hourdé en plâtras avec entretoises et fentons, plancher du rez-de-chaussée en bastaings ; plancher du 1er étage en demi-bastaings ; comble en sapin à saillies rabotées ; murs et plafonds enduits en plâtre, grenier crépi.

Escalier en chêne de 0.034, poteau main-courante, balustres, contre-marches sapin.

Couverture en tuile à emboîtement, faîtage en terre cuite, ruellées et solins ciment, derrières de cheminées, gouttières et tuyaux de descente en zinc. Croisées et portes d'entrée en chêne. Volets-persiennes et persiennes en fer et tôle.

Canalisation des eaux pluviales et ménagères allant à la syphoïde, eaux de ladite se perdant dans le terrain par des drainages ; canalisation des eaux potables avec robinet sur l'évier.

Salle à manger, bureau, salon du rez-de-chaussée parquetés en chêne 2e choix sur lambourdes, cuisine, hall et watter-closet carrelés.

Premier étage parqueté en sapin cloué sur solives. Cheminées modillons et capucines, à l'intérieur rétrécis en faïence avec prise d'air ; dans la cuisine fourneau en fonte et tôle ; paillasse, évier, revêtement en carreaux de faïence, agencement et ventilateur remplaçant la hotte.

Stylobates au bas des murs, chambranles autour des portes, baguettes demi-rondes aux croisées, faux lambris en moulure dans la salle à manger, plinthes dans la cuisine et les pièces du 1er étage, stylobates dans toutes les autres pièces.

Peinture des plafonds à la colle ; boiseries extérieures et intérieures, murs et plafonds de cuisine, escalier, hall et water-closet à l'huile 3 couches. Vitrerie en verre simple 3e choix. Papiers de tenture et bordure.

1910
Bureau-Salon
Cuisine
Hall
W.C.
Salle à Manger
Rez de Chaussee
Chambre
Palier
Toilette
Chambre
Chambre
1er Etage

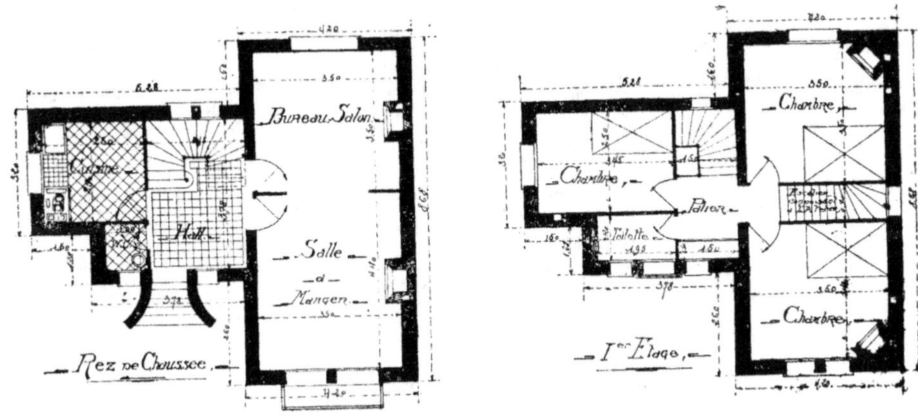

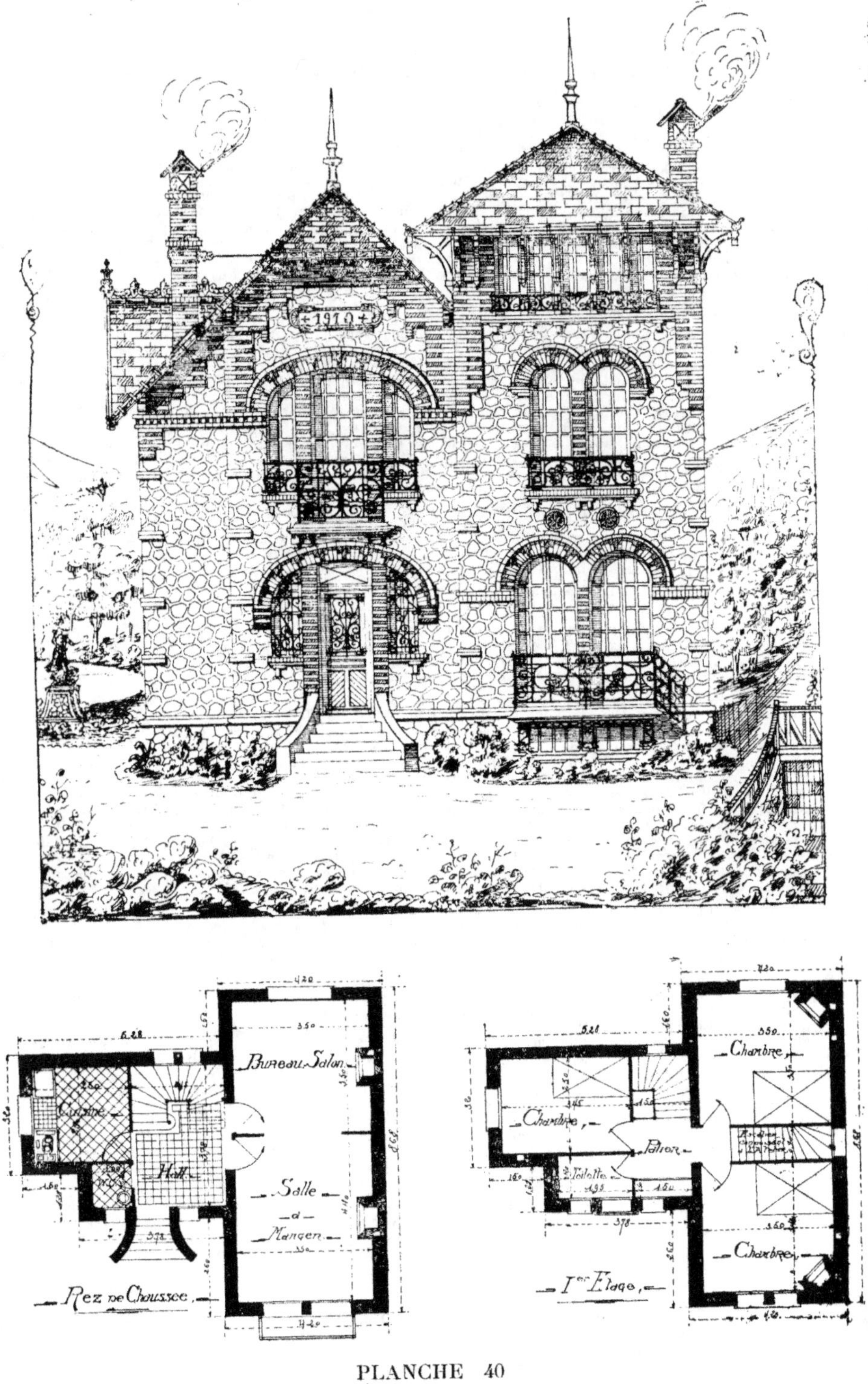

PLANCHE 40

Villa dans la banlieue de Paris : 16.500 francs.

Cette villa se compose au sous-sol d'une buanderie de 4.40 sur 3.50. Cave à bois de 2.50 sur 2.50, cave à vins de 3.50 sur 3.50, garde-manger sous l'escalier de cave de 0.80 sur 1.25, la hauteur du sous-sol 2 m. ; au rez-de-chaussée : salle à manger de 4.40 sur 3.50 avec balcon, salon-bureau de 3.50 sur 3.50, cuisine de 2.50 sur 2.50 avec fourneau, évier, tablette en faïence entre ces deux derniers ; hall de 3.78 sur 2.45, escalier en chêne conduisant à l'étage, water-closet, une fosse syphoïde, la hauteur du rez-de-chaussée 3 m. ; au 1er étage : une chambre de 3.50 sur 3.50, une de 3.50 sur 3.42, une de 3.45 sur 2.50, cabinet de toilette de 1.95 sur 1.20, grande armoire de 1.50 de longueur sur 0.50 de profondeur, éclairée par un châssis ; palier avec escalier conduisant au 2e étage. La hauteur du 1er étage 2.90 ; au 2e étage : un grand atelier de 8 m. sur 3 m. pouvant servir d'atelier de peinture, éclairé par de larges baies sur les 4 faces et par des châssis de toit ; dans le reste grenier. La hauteur du 2e étage 2.60.

TERRASSE. — Fouille en déblai et en rigole pour fosse-puisard, jets, reprises, chargements et transports, regalage et nivellement des terres.

MAÇONNERIE. — Les rigoles sous les murs, refends, seront remplies en béton de cailloux et mortier de chaux hydraulique et sable de rivière avec 0.30 de profondeur du sol des caves. Les murs de fondation jusqu'au sol du rez-de-chaussée seront en meulière hourdée en mortier de chaux hydraulique. Le mur de refend de cave sera en meulière idem jointoyée à l'intérieur en mortier idem. Celui de l'escalier de cave en briques de 0.11 de mortier idem et jointoyées en mortier idem. Les marches de descente des vins seront en béton aggloméré, ainsi que le perron. Le plancher du sous-sol sera en fer à T de 0.12 de hauteur hourdé en plâtras et plâtre. Rez-de-chaussée et étages. Les murs des façades seront en meulière et mortier de chaux idem ; montant jusqu'à la toiture, suivant indications aux plans. Le mur refend du rez-de-chaussée sera en briques de 0.22 d'épaisseur ; plâtre et enduits de plâtre sur murs et cloisons à l'intérieur du bâtiment. Celui de l'escalier en briques de 0.07 idem enduites en plâtre. Le ravalement des façades, ornementation des baies, appuis de croisées, jambages et lancis, en briques calibrées, parements rejointoyés en creux en chaux tirés au fer. Les plafonds en augets droits avec lattis et enduit. Rosaces en staff, salon, bureau et salle à manger. Le plafond rampant d'escalier latté et enduit en plâtre. Tuyau de fumée réglementaire en boisseaux avec chemisages, ainsi que celui de la ventilation de la fosse, enduits faux-coffres. Prolongement des souches et ventilation en dehors du comble avec couronnement en tuiles. Aux étages les parquets seront posés sur les solives.

CARRELAGE. — Le hall sera carrelé en carreaux de mosaïque et la cuisine et w.-c. en carreaux de Beauvais.

CHARPENTE. — Les planchers des 1er et 2e étages, faux planchers, seront en bastaing et demi-bastaing espacé de 0.33 d'axe en axe et 0.20 de portée dans l'épaisseur des murs. L'escalier conduisant aux étages tout chêne avec limons de 0.05 épaisseur, marches de 0.034 et contre-marches de 0.027, poteaux et mains-courantes et balustres. La charpente de la toiture en sapin.

SERRURERIE. — Le plancher des caves, du balcon, sera en fer de 0.12 espacé de 0.70 en axe avec entretoises et fentons. Cours de chaînage en fer méplat de 0.004 à 0.007 de 0.03 de largeur à chaque angle et à la rencontre des refends. Plates-bandes pour limons, boulons d'écartement. Les soupiraux et châssis du sous-sol munis de barreaux en fer rond de 0.018 scellés. La porte de descente des vins sera ferrée de 2 pentures avec gonds et scellements, une serrure, deux pênes et un verrou intérieur. Les autres portes idem avec une serrure pêne dormant de 0.14. La porte d'entrée à un vantail ferrée de pattes coudées et équerres fortes, une poignée en cuivre à l'intérieur et bouton de tirage avec chaînette, panneaux en fonte ornés et vasistas en fer rainé. Imposte au-dessus de la porte d'entrée avec châssis ouvrant ferré de paumelles, loqueteau, anneau, conduit et tirage. Les portes intérieures seront ferrées chacune de : 3 paumelles de 0.11, bagues en cuivre, serrure pêne dormant demi-tour de bouton double. Bec de cane et targette aux portes des w.-c. et toilette. Les croisées ferrées chacune de 7 pattes, 8 équerres simples, 6 fiches chanteau de 0.11 et 1 crémone fer demi-rond de 0.018 et accessoires. Persiennes en fer compris tous accessoires et peinture au minium.

COUVERTURE, PLOMBERIE. — La couverture en tuiles à emboîtement avec faîtières, ruellées et solins en ciment aux souches de cheminées. Gouttières en zinc, n° 12. Descentes, en zinc, de 0.08 de diamètre, et raccords avec la canalisation conduisant les eaux au puisard. Dans la cuisine, évier en grès émaillé de 0.60 sur 0.60 avec bonde, vidange et siphon, w.-c., tout à l'égout.

MENUISERIE ET PARQUET. — Les portes de cave en sapin brut de 0.027, barres chêne 0.034 sur 0.08 chanfreinées. La porte de descente des vins par frises avec baguettes sur joints et jet d'eau en chêne bâtis, chêne 0.034, panneaux sapin 0.027. Châssis vitrés en chêne pour soupiraux avec bâtis et jet d'eau dans le bas. La porte d'entrée à un vantail sera en chêne avec bâtis et contre-bâtis, imposte, panneaux à grands cadres avec plates-bandes aux deux faces et socle dans le bas, chambranles avec socles à la face intérieure de la porte d'entrée. Agencement dans la cuisine, 3 m. de tablettes, barres à casseroles et dosseret. Toutes les portes intérieures seront en sapin à petits cadres et plates-bandes simples aux deux parements, 3 panneaux par vantail dans la hauteur, chambranles sapin avec socles aux deux faces. Les croisées tout chêne, châssis 0.034, dormant 0.054 avec petits bois fermant à noix, et à gueule de loup avec jet d'eau. Tapées en chêne pour les persiennes en fer. A l'intérieur des croisées chambranles idem au pourtour. Petits cadres figurant panneaux avec plinthe et cimaise de 0.06 dans la salle à manger et le hall. Stylobates sapin dans le vestibule et le salon-bureau, plinthes dans le reste. Socles de marches rampant en sapin. Les huisseries en sapin à la demande. Parquet chêne à frise deuxième choix, posé à l'anglaise sur les lambourdes au rez-de-chaussée. Sapin rouge idem aux 1er et 2e étages sur les solives.

FUMISTERIE. — Dans la cuisine 1 fourneau-cuisinière de 0.75 à retour de flamme. Une paillasse entre le fourneau et l'évier, revêtements sur la paillasse au pourtour de la cuisinière et l'évier en lave émaillée. Dans la salle à manger, le salon-bureau et les chambres, cheminées en marbre. Arrangements intérieurs, rétrécis en faïence, cadre cuivre, rideau, crémaillère avec coquille en cuivre dans le bas, âtre en carreaux, contre-cœur en briques.

PEINTURE, VITRERIE, TENTURE. — Tous les plafonds à la colle, 2 couches. Ceux de la cuisine et w.-c. à l'huile, 3 couches. Les menuiseries à l'huile, 3 couches, compris impressions. Celles extérieures, de la porte d'entrée du hall, 2 couches et verni. Les lambris de la salle à manger et du hall à hauteur de 1.10 seront idem, façon décor. Les panneaux et balcons de fonte, barreaux de soupiraux, 2 couches, et minium 1 couche au préalable. Pose et fourniture de papier de tenture à 0 fr. 70 le rouleau. Vitrerie en verre simple 3e choix pour les portes vitrées, croisées et châssis de toit.

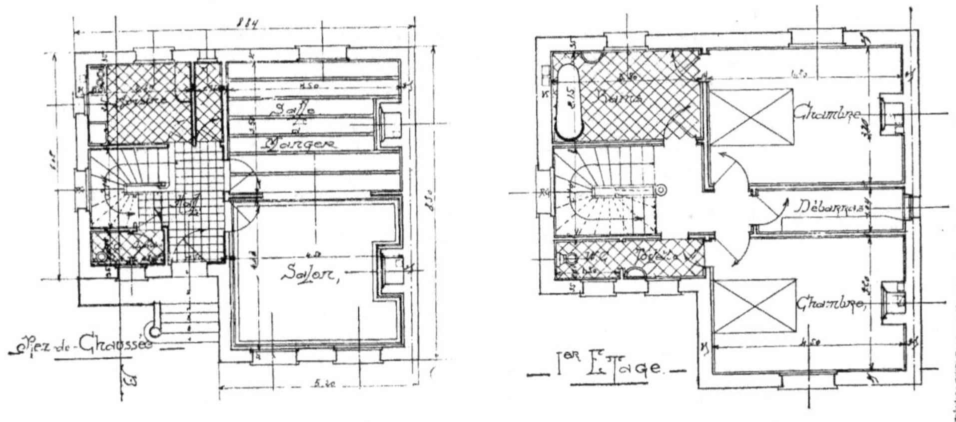

Façade Rue

Rez-de-Chaussée

1er Étage

PLANCHE 44

Villa à Chaville : 16.500 francs.

Cette villa se compose de :

Sous-sol de deux mètres de hauteur, comprenant 2 caves à vins, descente de cave et dégagement, buanderie.

Rez-de-chaussée de 3.00 de hauteur, divisé en hall de 3.12 × 3.50 et escalier desservant le premier étage, salle à manger de 3.50 × 4.50, salon 4.00 × 4.50, cuisine de 2.67 × 2.15, débarras 2.15 × 0. 75, lavabo.

Premier étage ayant comme composition : deux chambres à coucher de 4.50 × 3.20, salle de bains de 2.15 × 3.50, toilette, débarras 1.04 × 3.50, palier, dégagement, escalier, w.-c. Grenier au-dessus dans lequel il est établi une chambre de maître, et où on peut avoir des chambres de domestiques.

Construction établie sur rigoles remplies en béton, sous-sol en meulière-caillasse hourdée en mortier de chaux hydraulique et sable de rivière, élévation en mêmes matériaux, bandeau, arcs de baies en briques de Bourgogne, refend en briques brutes de pays, conduits de fumée dans l'épaisseur des murs ou avec coffre en boisseaux Gourlier de 0.16 × 0.25, souches sur comble enduites en chaux badigeonnée avec bandeau de couronnement et mitrons en terre cuite. Plancher de cave hourdé en briques de 0.06.

Ravalements extérieurs jointoyés en creux en chaux hydraulique, les parties de briques parementées et jointoyées en chaux ; joints tirés au fer, motifs de baies, sommiers des harpes enduits en ciment de Portland teinté à 2 couches, grande baie de salon, entablement moucheti tyrolien. Soubassement jointoyé en mortier bâtard de chaux et ciment, avec bandeau mouluré en ciment de Portland. Perron terrasse en béton aggloméré à marches astragalées et limons, les ciments sont badigeonnés en chaux vive ton pierre, deux couches.

A l'intérieur, plancher de cave en solives fer de 0.12 et 0.14, les murs de caves non enduits, les cloisons de sous-sol en brique de 0.06 à joints réappuyés en montant ; aux étages supérieurs, plafonds et murs enduits en plâtre.

Plancher haut du premier étage, plancher haut du rez-de-chaussée, comble et chevronnage en sapin de sciage du commerce, madriers, bastaings, 1/2 bastaings, chevrons.

Couverture en tuiles à emboîtement posés sur liteaux sapin, solins, ruellées, embarrures ciment, derrières, dessus de cheminées, noues, gouttières et descente en zinc.

Balcons en fonte ornée à mains-courantes et pitons en fer, chaînages en fer, châssis, croisées, et porte d'entrée en chêne, persiennes en fer et tôle ; menuiseries intérieures en sapin ; garde-robe à effet d'eau au water-closet, canalisation des eaux pluviales et ménagères en grès vernissé, raccord avec la canalisation en fonte allant à l'égout.

Canalisation des eaux de concession et compteur amenant les eaux à la cuisine, salle de bains, w.-c., cabinet de toilette, lavabo et à un robinet pour l'arrosage du jardin.

Salon et salle à manger parquetés en chêne à l'anglaise sur lambourdes et avec replanissage, fausses poutres pour plafond salle à manger, corniches en staff, salon et hall, plinthes dans ces pièces et faux lambris, cheminées à modillons en marbre, à intérieurs rétrécis en faïence, hall carrelé en céramique, cuisine, w.-c., salle de bains, lavabo, toilette, débarras en carreaux de terre cuite avec plinthes aussi en carreaux. — Escalier à la française en chêne à balustres, tournés, du rez-de-chaussée au premier, escalier idem en sapin pour le deuxième étage.

Cuisine : évier en grès vernissé, paillasses en carreaux, fourneau en fonte et tôle à charbonnier, revêtements en faïence et agencements composés de tablettes, appliques et porte-casseroles, armoires, sous-éviers et paillasses et ventilateurs en tôle remplaçant la hotte. Une grande armoire dans la cuisine.

Au premier étage, plafonds unis, parquets en chêne cloués sur solives et replanis, cheminées capucines en marbre à revêtements, intérieurs rétrécis en faïence et prises d'air, stylobates dans toutes les pièces. Rosaces dans les chambres.

Au deuxième étage : chambre, cheminée capucine, parquet en sapin de 3e choix cloué sur solives.

Peinture des boiseries extérieures et intérieures et des persiennes et balcons, murs et plafonds de cuisine, water-closet, salle de bains, lambris de salle à manger, salon, hall, à l'huile 3 couches, égrenés, rebouchés. Menuiserie intérieure 2 couches et enduit, rampe d'escalier et porte d'entrée en bois naturel passé à l'huile et vernis.

Vitrerie en demi-double deuxième choix pour les verres hors mesure ; simple 3e choix pour les autres, et cathédrale pour water-closet et portes extérieures.

Tenture en papier dans les pièces du prix de 0 fr. 70 le rouleau.

PLANCHE 42

Pavillon à Magny-en-Vexin : 18.000 francs.

Ce pavillon se compose de :

Sous-sol de 2.40 de hauteur, comprenant cave à vins, resserre, remise à autos, descente de cave en saillie, emplacement de fosse syphoïde.

Rez-de-chaussée de 3.00 de hauteur, divisé en : hall dans lequel se trouve l'escalier desservant le premier étage, salle à manger et salon ayant chacun 4.00×4.00, cuisine 4.10×2.25, water-closet, laverie, salle de bains de 3.50×2.25 et 2 chambres de chacune 4.00×4.00.

Premier étage ayant : deux chambres à coucher principales de 4.00×4.00, toilette de 2.00×2.80, lingerie de 4.00×4.00, grenier de 4.00×4.00. Palier, dégagement et terrasse côté jardin.

Construction établie sur rigoles remplies en béton, sous-sol en meulière-caillasse hourdée en mortier de chaux hydraulique et sable de rivière, élévation en mêmes matériaux mais avec chaînes d'angles, entablements, bandeaux, arcs de baies et lucarnes en pierre de pays, ainsi que la balustrade de terrasse, refend en briques brutes, conduits de fumée en boisseaux Gourlier de 0.20×0.20, souches sur comble en briques apparentes, parementées et jointoyées, couronnements en pierre et mitrons-lanternes en terre cuite.

La partie d'avant-corps de cuisine et bains en briques repressées, parementées et jointoyées idem à sommiers et clefs en pierre.

Ravalements extérieurs jointoyés en creux en chaux hydraulique, les parties de briques parementées et jointoyées en chaux ; joints tirés au feu, celles en pierres taillées, moulurées et jointoyées. Soubassement jointoyé en mortier bâtard de chaux et ciment, avec retraite, bandeau uni et bandeau mouluré en ciment de Portland. Perron en pierre dure à marches astragalées et limons. Les ciments sont badigeonnés en chaux vive ton pierre.

A l'intérieur, plancher de sous-sol en solives acier P. N. avec entretoises et fentons, et hourdés en plâtras et plâtre ragréé en dessous, les murs de cave enduits ainsi que les plafonds de remise et de resserre ; aux étages supérieurs, plafonds et murs enduits en plâtre. Plancher en fer de terrasse hourdé en béton, dalle en Portland dessus.

Plancher haut du 1er étage, plancher haut du rez-de-chaussée, faux plancher, mansarde, comble et chevronnage en sapin de sciage du commerce, madriers, bastaings et chevrons.

Couverture en ardoises à crochets sur volige sapin, faîtage et épis en zinc estampés, solins ciment, derrières de cheminées, membrons, arêtiers-noquets, gouttières et descentes en zinc, dauphins en fonte.

Balcons en fonte ornée à mains-courantes, et pitons en fer, chaînages en fer ; croisées, portes-croisées et porte d'entrée en chêne, persiennes en fer et tôle ; menuiseries intérieures en sapin ; garde-robe à effet d'eau au water-closet, canalisation des eaux pluviales et ménagères en grès vernissé avec tranchées et drainages perdant les eaux dans le terrain, fosse syphoïde.

Canalisation en plomb amenant les eaux aux w.-c., cabinet de toilette, cuisine, laverie, bains, remise à autos et à un robinet pour l'arrosage du jardin.

Au rez-de-chaussée : chambres, salon et salle à manger parquetés en chêne à l'anglaise sur lambourdes et avec replanissage, corniches en staff, plinthes et stylobates dans ces quatre pièces, et cheminées à modillons en marbre à intérieurs rétrécis en faïence ; hall et bains carrelés en céramique, cuisine, w.-c., laverie en carreaux et terre cuite avec plinthes aussi en carreaux. Escaliers à la française en chêne à balustres, tournés, escalier idem en chêne sur poteau pour le sous-sol.

Cuisine : évier en grès vernissé, paillasse en ciment armé, fourneau en fonte et tôle à charbonnier, revêtement en faïence et agencement composé de tablettes, appliques et porte-casseroles, armoire, sous-évier et paillasse, et ventilateur en tôle remplaçant la hotte.

Au 1er étage, plafonds unis, parquets en chêne cloués sur solives et replanis, cheminées capucines en marbre à revêtements intérieurs rétrécis en faïence et prises d'air, stylobates dans toutes les pièces, chambranles, moulures, armoires dans la lingerie et la laverie. Peinture des boiseries extérieures et intérieures et des persiennes et balcons, murs et plafonds de cuisine, water-closet, laverie et bains, à l'huile 3 couches, égrenés, rebouchés ; salle à manger, portes et croisées de hall, escalier et bureau en décors faux bois vernis, salon et bains en ripolin ; rampe d'escalier et porte d'entrée en bois naturel passé à l'huile et vernis.

Vitrerie en demi-double 2e choix pour les verres hors mesure ; simple 3e choix pour les autres, et cathédrale pour water-closet et portes extérieures. Tenture en papier dans les pièces et en étoffe imprimée dans le vestibule et l'escalier.

Façade sur Rue

Rez de Chaussée

1er Etage

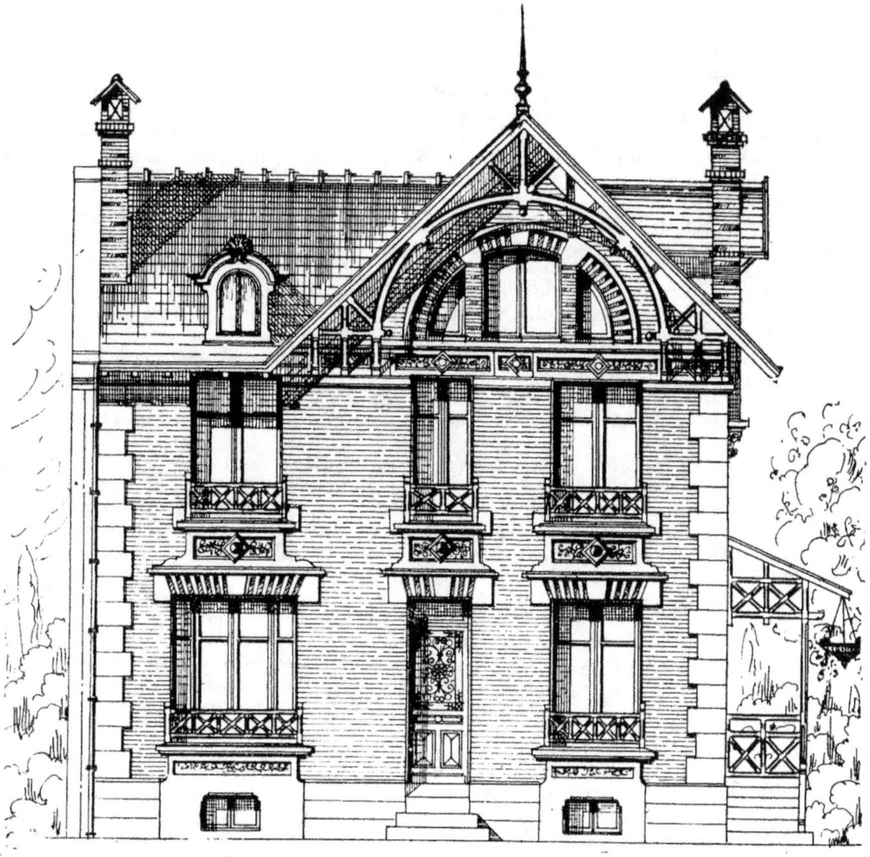

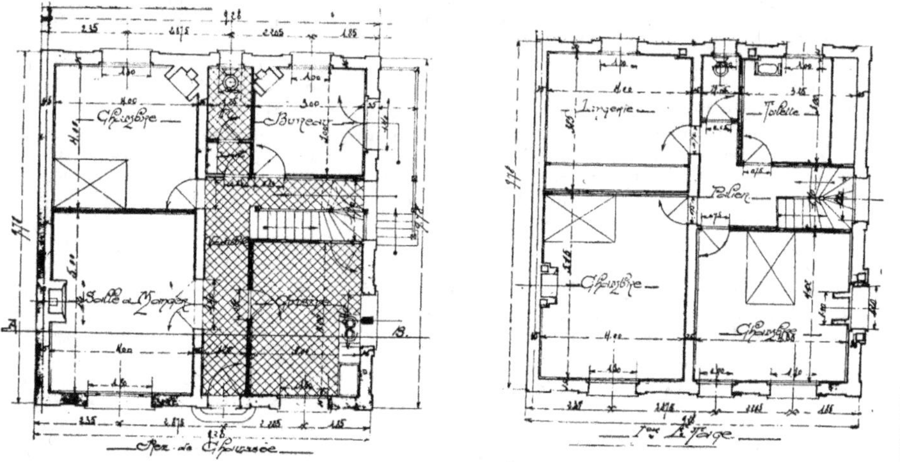

PLANCHE 43

Villa dans l'Aisne : 18.000 francs.

Elle se compose de :

Sous-sol de 2.00 de hauteur auquel on accède par la descente placée sous l'escalier et par une descente extérieure pour les vins, et comprenant trois caves, dont une renferme la fosse syphoïde.

Rez-de-chaussée de 3.00 de hauteur divisé en : vestibule et escalier desservant le premier étage, salle à manger de 4.00×5.00, chambre de 4.00×4.00, bureau de 3.00×3.00, cuisine de 4.22×3.00. La cuisine avec 3 marches d'accès. En plus water-closets et lavabo.

Premier étage de 2.90 de hauteur ayant comme distribution : palier d'escalier, chambre à coucher de 4.00×5.15, autre chambre de 4.33×4.22, toilette de 3.00×3.25, lingerie de 3.85×4.00, water-closets.

2e étage : 2 pièces et grenier au-dessus avec trappe d'accès sur le palier de l'escalier.

Construction établie sur rigoles remplies en béton, murs dans la hauteur du sous-sol en caillasse hourdée en mortier de chaux hydraulique et sable maigre, élévation en briques, parties repressées pour rester apparentes, parties ordinaires pour être recouvertes ; mur de refend aussi en briques ordinaires. Conduits de fumée en boisseaux Gourlier de 0.16×0.25 chemisés en plâtre pour former coffres et prolongés sur comble par des souches en briques repressées, couronnées en tuiles, avec créneaux pour passage de fumée.

Ravalements extérieurs : soubassement enduit en Portland avec joints d'appareil tirés au fer, perrons en béton aggloméré, partie haute parementée et jointoyée en chaux sur brique avec joint tiré au fer, chaînes et motifs de baies enduits en chaux teintée, attiques et appuis moulurés en Portland, souches en briques jointoyées idem. Cabochons, frises et panneaux de céramique, consoles en staff.

Fosse d'aisances en béton armé, dite syphoïde, de moyen modèle.

A l'intérieur, le plancher de cave à solives en fer à T, de 0.14 hourdées en briques de pays par voutains, les autres planchers et le comble en madriers, demi-madriers et chevrons en sapin raboté à chanfreins. Escalier en sapin rouge à la française à lucarne, queues de vaches, voligeage, consoles et tous bois apparents, balustres, limons superposés, moulurés, potille à têtes et culs-de-lampe tournés ou chantournés, main-courante profilée, dessus de marches en chêne et celles de descente de cave en chêne de 0.054, abattus de rive sur la face.

Couverture en tuiles à emboîtement grand moule, faîtage et arêtiers unis, embarrures, solins et ruellées en Portland, épis en terre cuite, derrières de cheminées, noues, lucarneau, gouttières et tuyaux en zinc n° 12.

Chaînages en fer, tuyaux de chute et dauphins en fonte, linteaux en fer, clous, boulons rappointis,

Croisées et porte d'entrée en chêne, persiennes brisées en fer et tôle, balcons saillants en sapin, menuiseries intérieures, huisseries, portes, armoire sous évier, moulures, chambranles, faux lambris, baguettes, plinthes, socles de marches et stylobates en sapin.

Garde-robes à effet d'eau avec abattant en chêne ciré, canalisation des eaux pluviales et ménagères allant à la syphoïde, dont les eaux usées sont recueillies dans un puisard les perdant dans les sables.

Dans le cas où il existerait les eaux de concession, canalisation en plomb partant du compteur, desservant l'évier et les effets d'eau des garde-robes ainsi que le lavabo du cabinet de toilette du 1er étage, et un robinet pour l'arrosage du jardin.

Parquet en chêne deuxième choix sur lambourdes au rez-de-chaussée, sur solives au premier étage avec trappe et échelle pour y accéder. Carrelage en carreaux de Beauvais carrés dans cuisine et water-closets, en céramique de ciment dans le vestibule, le tout posé sur ciment de Portland avec forme de sable.

Dans la cuisine, évier en grès vernissé, fourneau en fonte et tôle, ventilateur en tôle remplaçant la hotte, paillasse, revêtement en carreaux de faïence, paillasse, tablette, applique et porte-casseroles.

Dans la salle à manger, cheminée à modillons en marbre rouge, dans les autres pièces cheminées capucines à cadres, revêtements avec foyers et intérieurs, rétrécis en faïence à ventouses et accessoires.

Peinture des boiseries extérieures et intérieures, des persiennes, balcons, saillies, porche des murs et plafonds de cuisine et w.-c., lambris et autres à l'huile 3 couches, égrenés, rebouchés, plafonds à la colle, rampe d'escalier et extérieur de la porte d'entrée en bois naturel passés à l'huile et vernis, parquets replanis, encaustiqués et frottés.

Vitrerie en verre demi-double, 2e choix, pour les hors mesure, et simple, 3e choix, des croisées et en verre cathédrale du châssis de la porte d'entrée et de ceux du w.-c.

Tenture en papier avec bordures et collage.

1er Etage

Rez de Chaussee

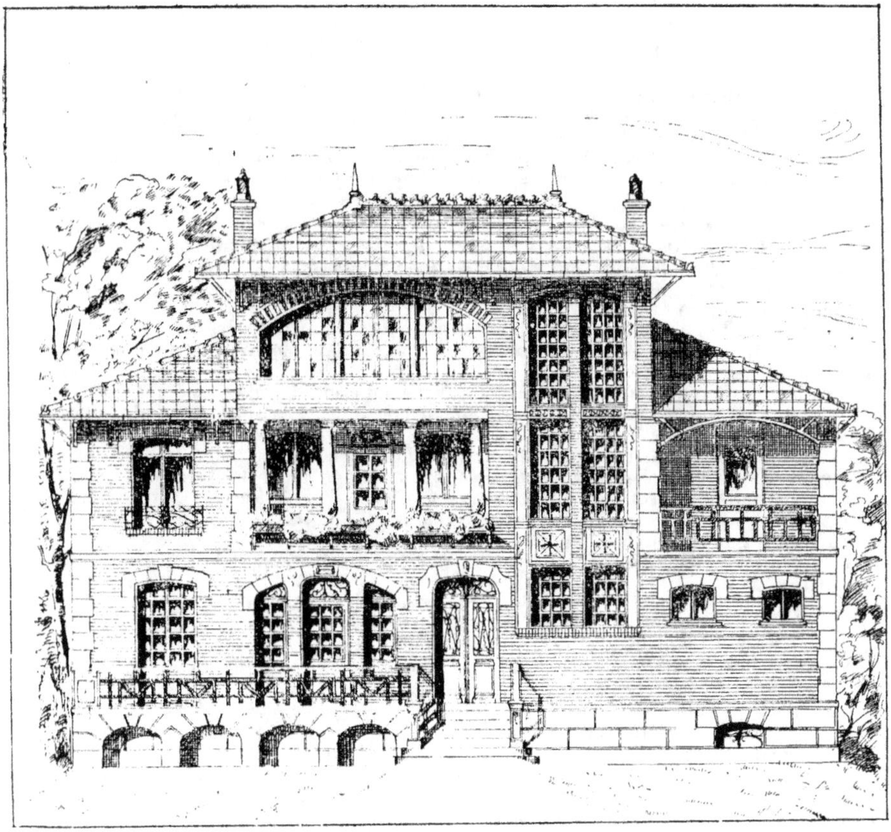

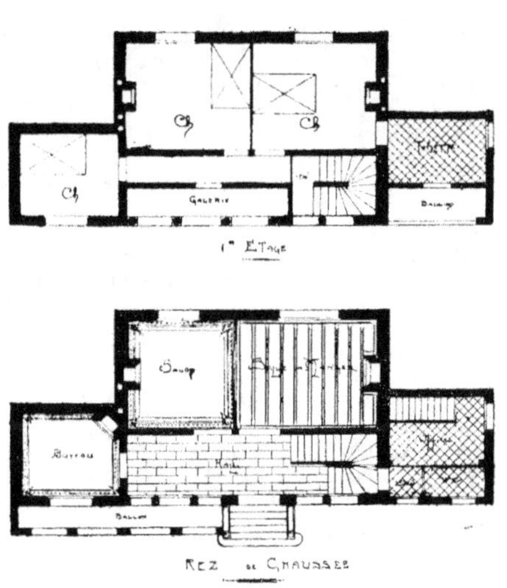

PLANCHE 44

Villa près de Lyon : 18.000 francs.

La construction comprend sous-sol composé de caves, buanderie, cuisine, fosse ; rez-de-chaussée avec hall de 8.00 × 2.00, bureau de 3.15 × 2.75, salle à manger de 4.50 × 3.60, salon 3.50 × 3.60 ; w.-c. et office, escaliers conduisant au 1er étage et au 2e ; 1er étage comprenant 2 chambres de chacune 4.00 × 3.50, une autre chambre de 3.15 × 2.75, vestibule, galerie, toilette, balcon ; 2e étage comprenant une salle de billard de 8.00 × 3.50.

Terrasse. — Fouille en déblai et en rigoles, transports, régalage dans la propriété.

Maçonnerie. — Rigoles remplies en béton de cailloux et mortier de chaux.

Murs de toute hauteur en briques et chaux 0.35 d'épaisseur.

Fosse d'aisance réglementaire étanche, puisard à pierres sèches.

Murs de refend en briques.

Perron en béton aggloméré, plancher de cave en fer hourdé en brique.

Cloisons du rez-de-chaussée et des étages en carreaux de plâtre de 0.06 enduites en plâtre aux deux faces.

Ravalement des façades en briques jointoyées, en creux les chaînes d'angles, bandeaux et arcs enduits en métalline. Le bandeau couronnant la retraite en ciment de Portland ainsi que le soubassement.

Planchers et le plafond rampant d'escalier lattés et enduits en plâtre.

Tuyaux de fumée en boisseaux de 0.20 × 0.20 ; prolongement des souches et ventilations sur comble, mitrons en terre cuite : canalisation en grès vernissé, avec siphons et regards ; trous et scellements ; lardis de clous et rapointis. Scellement de lambourdes au rez-de-chaussée.

Hall carrelé en carreaux céramiques, office, cuisine et w.-c. en rouges et blancs posés sur ciment.

Charpente. — Planchers du rez-de-chaussée et du 1er étage en bastaings, celui du 2e étage en 1/2 bastaings, charpente de la toiture en sapin, l'escalier conduisant aux étages à poteaux, main-courante et balustres en chêne.

Sur les façades queues de vaches, consoles, balcons en sapin raboté.

Serrurerie. — Plancher des caves et linteaux des baies en fer à T. Chaînages en fer méplat. Plates-bandes pour limons, boulons d'écartement. Soupiraux munis de barreaux en fer rond de 0.018 scellés. Rapointis, clous, pitons de suspension.

Porte de descente des vins ferrée de pentures et serrure.

Les autres portes de cave et buanderie de paumelles et serrure. La porte d'entrée à deux vantaux de pattes, équerres fortes, paumelles doubles, serrure de sûreté, poignée en cuivre, boulon de tirage avec chaînette, panneaux en fonte, vasistas en fer rainé deux verrous. Les portes intérieures de paumelles, serrure pêne dormant demi-tour à bouton double blanc, imitation ivoire. Bec de cane et targettes aux portes des w.-c. et toilette.

Croisées de pattes équerres, paumelles de 0.11 et crémone. Persiennes en fer compris tous accessoires et peinture au minium. Toutes les serrures seront marquées.

Couverture et Plomberie. — Couverture en tuiles, gouttières et descentes en zinc.

Dans le w.-c. appareil à effet d'eau.

Dans la cuisine, évier en grès émaillé.

Canalisation de l'eau en tuyau de plomb dans la toilette et w.-c., buanderie et au jardin pour arrosage

Menuiserie et Parquets. — Portes de cave, buanderie et cuisine en sapin.

Châssis vitrés en chêne. La porte d'entrée à 2 vantaux en chêne à grands cadres.

Agencement dans la cuisine, tablettes, barres à casseroles et dosserets.

Portes intérieures et leurs chambranles en sapin avec socles. Croisées tout chêne. Tapées en chêne et chambranles en sapin.

Panneaux avec plinthe et cimaise dans la salle à manger. Stylobates sapin dans les autres pièces. Huisseries en sapin.

Parquet en chêne posé sur les lambourdes au rez-de-chaussée et en sapin rouge aux étages sur solives.

Fumisterie. — Dans la cuisine, un fourneau-cuisinière avec accessoires, ventilateur. Revêtements en carreaux de faïence dans la salle à manger, cheminée à modillons marbre rouge de Flandre, modillons blancs pour le salon, capucines noires pour les autres pièces.

Intérieurs, rétrécis en faïence, rideaux âtres, contre-cœurs en briques.

Peinture, Vitrerie. Tenture. — Plafonds à la colle 2 couches.

Ceux de cuisine et w.-c. à l'huile 3 couches, les murs de cuisine, vestibule, escalier et w.-c. enduits huile 2 couches, galon dans l'escalier et hall. Toutes les menuiseries à l'huile 3 couches compris impression et 2 tons dans les principales pièces.

Peinture du hall et de la salle à manger à l'huile et façon décors vernis.

Fers à l'huile 2 couches et minium 1 couche. Vitrerie en verre simple 3e choix.

Façade Principale

Cuisine
Salon
W.C.
Vestibule
Salle à Manger
Porche
Rez de Chaussée

Chambre
Toilette
Palier
Toilette
Chambre
1er Étage

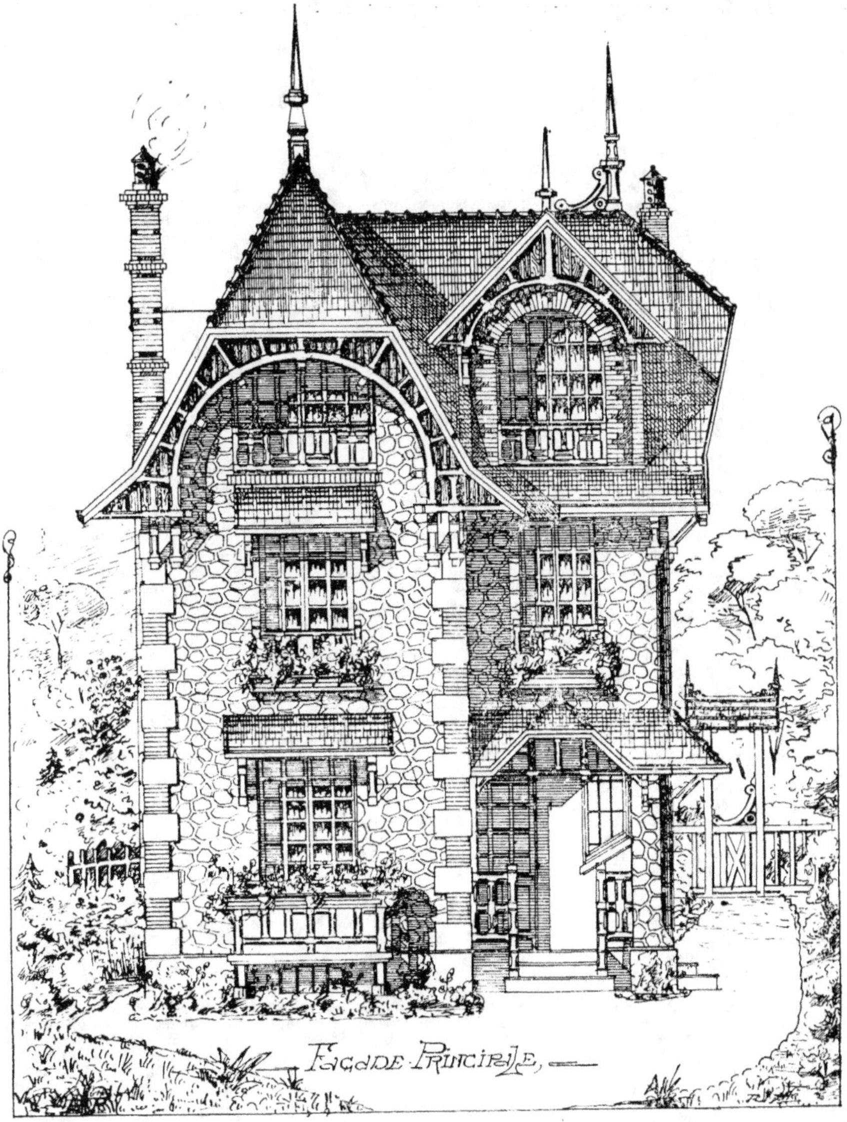

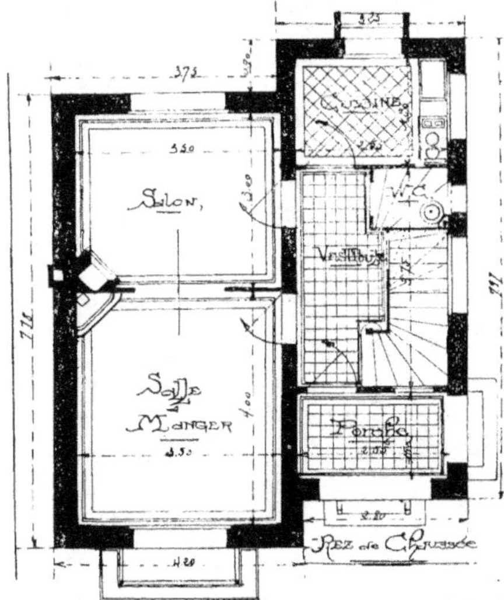

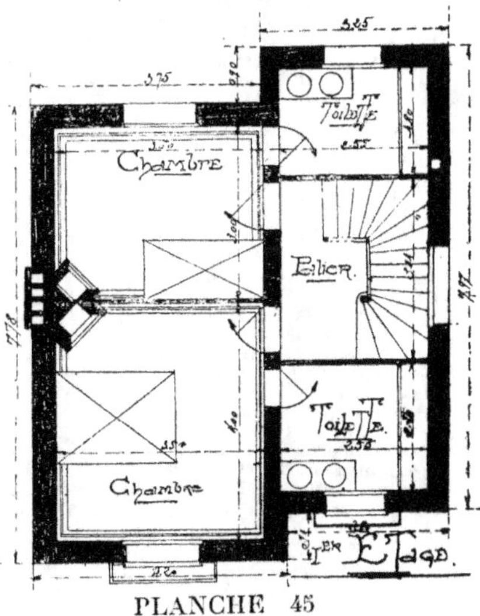

PLANCHE 45

Cottage en Normandie : 18.000 francs.

Il comprend : au sous-sol, 4 caves et dégagement, au rez-de-chaussée, salle à manger de 3.50 × 4.00, salon de 3.50 × 3.00, porche, vestibule, escalier montant au premier étage, w.-c. et cuisine de 2.55 × 1.80. 1er étage : chambre de 4.00 × 3.50, autre chambre de 3.50 × 3.00, une toilette de 2.55 × 1.80 et une autre toilette de 2.55 × 2.20, combles, 2 chambres et toilette, balcon de dégagement.

Terrasse. — Terrassements pour l'établissement des caves, fosse, puisard et canalisation, fouille en déblais ou en rigoles, jets, reprises, roulages, nivellement, remblais et régalage dans la propriété.

Maçonnerie. — Rigoles et massifs remplis en béton de cailloux et chaux hydraulique et sable maigre. Gros murs, jusqu'au sol du rez-de-chaussée, en moellon hourdé en mortier de chaux hydraulique; les murs de refend en brique de pays hourdée en mortier de chaux hydraulique. Les cloisons semblables, tous ces murs et cloisons jointoyés en plein. Fosse en ciment armé, canalisation en tuyau de grès de 0.16, siphon, tampon hermétique et prenant les eaux pluviales, ménagères et les water-closets et allant au puisard; le puisard en pierre sèche avec tampon en pierre et d'une profondeur suffisante pour l'épuisement des eaux. Murs extérieurs, jointoyés en creux, en ciment, les tableaux enduits en ciment. Sol des caves et sous-sol nivelé et sablé. Plancher hourdé en briques creuses de 0.06 jointoyées. Conduit de fumée de 0 20 × 0.20 pour le calorifère. Murs en élévation, moellon et chaux hydraulique avec partie des chaines d'angle en briques calibrées ainsi que les lucarnes. Les cloisons en carreaux de plâtre. Enduit mortier coloré métalline des tables de chaines d'angles et jointoiement en chaux en creux des moellons et de la brique, les appuis en béton aggloméré. Planchers des étages, lattés et enduits en plâtre; ainsi que tous murs et cloisons. Conduits de fumée et ventilation réglementaires. Souches de cheminées hors comble, tout en briques avec mitrons-lanternes et jointoiement. Entre le fourneau et l'évier, tablette hourdée en béton et carrelée en carreaux de faïence ainsi que 4 rangs de carreaux semblables au pourtour de l'évier, tablette et fourneau. Carrelage du vestibule et du porche en carreaux de ciment d'une valeur de 6 francs d'achat. Le water-closet et la cuisine en carreaux de ciment rouges et blancs posés sur ciment. Au pourtour de ces pièces, un rang de carreaux formant plinthe aussi posé sur ciment. Scellement des lambourdes dans salle à manger et salon. Perron en béton aggloméré posé sur massif en béton de cailloux.

Charpente et Serrurerie. — Charpente du comble en sapin de commerce, faux plancher en demi-bastaing de 0.03 × 0.17. Planchers en bastaings, solives espacées de 0.35 d'axe en axe et doublées pour les enchevêtrages. Charpente extérieure et visible sapin corroyé, chanfreiné, comprenant les motifs, balcons, consoles, auvents et ferme apparente. Escalier en sapin à limon, quartier tournant, balustres et pilastres, les marches en chêne; descente de cave en chêne.

Serrurerie. — Plancher haut du sous-sol en fer à T, linteaux en fer avec agrafes ou boulons; cours de chaînage en fer avec ancres. Fers nécessaires pour tirants, coffres de cheminées, etc. Barreaux pour châssis et soupiraux, harpons, plates-bandes, équerres, clous et rapointis. Fermeture : persiennes en fer pour toutes les ouvertures, rez-de-chaussée et premier étage, sauf les portes d'entrée et le châssis du w.-c. Caves : portes ferrées de 3 pentures avec gonds à scellement ou à patte et serrure noire de 0.14 avec gâche. Châssis ferrés de 2 paumelles par vantail et une targette. Rez-de-chaussée : portes d'entrée, une serrure 6 gorges avec chaînette, bouton de tirage en métal à chaque vantail, paumelles de 0.14, pattes à scellement, crémone de 0.018 et équerres. Portes intérieures, paumelles de 0.11, serrure 2 pênes et bouton double imitation ivoire; celle à deux vantaux, verrous haut et bas avec gâche; portes de water-closet, cuisine, cabinets de toilette, bec de cane avec verrou, bouton semblable. Châssis ferrés comme ceux des caves, en plus pattes pour dormant. Armoires ferrées de fiches. Chanteau, serrure à canon, ressort en acier à mentonnet. Croisées et portes-croisées ferrées de 6 paumelles de 0. 11, pattes à scellement, crémone de 0.018 et 8 équerres de 0.19. Pour les huisseries, bâtis, contre-bâtis, patte de façon. Sous les cloisons tirage en fil de fer. Toute la quincaillerie, marquée première qualité, tuyaux de chute en fonte de 0.16, ceux des eaux de toilette de 0.10.

Couverture, Plomberie. — Couverture en tuiles plates, faitages, poinçons et tous accessoires, auvents dito. Gouttières pendantes de 0.25, descentes de 0.08, petites gouttières et descentes pour auvents, derrières de cheminées, le tout en zinc n° 12. Raccords et canalisations pour l'évacuation des eaux pluviales et ménagères, toutes ces descentes et canalisations siphonées. Appareil de water-closet à effet d'eau, un châssis de comble; dans la cuisine un évier en grès émaillé de 0.55 × 0.80. Distribution d'eau pour les toilettes et water-closet.

Menuiserie. — Portes de caves en sapin 0.027, 2 parements rainés, avec barres en chêne chanfreinées. Huisseries, poteaux chêne pour les cloisons. Châssis en chêne de 0.034 sans dormant. Rez-de-chaussée : porte d'entrée tout chêne, dormant 0.054, à grands cadres par le bas et vitrée par le haut, petit bois en fer. Porte de cuisine à table saillante et petits cadres, vitrée par le haut, imposte ouvrant petit bois en fer. Croisées et portes-croisées tout chêne, dormant 0.054, châssis 0.034, table saillante pour les portes-croisées, jet d'eau, pièce d'appui, celles des portes-croisées en fer, tapées pour volets en fer. Les portes intérieures en sapin, bâti 0.034, panneaux 0.018 à petits cadres et chanfreins plates-bandes, deux faces, 3 panneaux. Les armoires sapin idem mais imparement à glace. Dans la cuisine, les armoires et water-closets et caves, tablettes en sapin avec potences et tasseaux, agencement de la cuisine en porte-casseroles et applique. Huisseries, bâti et contre-bâtis en sapin pour les portes. Dans le vestibule et salle à manger, faux lambris composés de champs sapin moulurés, avec plinthes et cymaises sur un mètre de hauteur; dans toutes les autres pièces stylobates sapin 0.013 × 0.22 excepté dans les chambres sous combles. Moulures chambranles sapin de 0.013 × 0.05 avec socles aux portes et croisées, baguettes d'angles et demi-baguettes à toutes les arêtes. Socles rampants de marches d'escalier en sapin.

Parquets. — Rez-de-chaussée : parquet en chêne à l'anglaise sur lambourdes dans les pièces non carrelées. Premier étage, parquet à l'anglaise en sapin 2e choix. Combles, parquets en sapin 2e choix. Rabotage des parquets, rez-de-chaussée, premier étage et marches d'escalier.

Fumisterie. — Cuisine, fourneau en tôle à retour de flamme avec charbonnier. Intérieurs de cheminées en briques avec rétrécissement en faïence, rideau en tôle à contrepoids, cadre en cuivre, prises d'air et plaques en briques réfractaires. Chauffage à vapeur à basse pression avec chaudière, générateur, tuyauterie, radiateurs pour salle à manger, salon, escalier, chambres et toilettes. Cheminées en marbre blanc Louis XV pour le salon, Henriette et Napoléon à modillons pour les chambres, porte-cheminée pour la salle à manger.

Staff. — Salle à manger et salon : corniches avec angles et rosace, torchis vestibule et deux chambres corniches et rosaces.

Peinture, Vitrerie, Tentures. — Plafonds, sauf cuisine et water-closet et porche à la colle et rebouchés. Bois intérieurs, faux lambris, corniches, imprimés, rebouchés et huile 2 couches. Bois apparents extérieurs à l'huile bouillante et 2 couches de vernis ainsi que l'escalier. Vestibule et escalier, murs peints à l'huile, pochés avec galons étrusques. Cuisine, water-closets et porche, peinture ripolin sur couches de fond à l'huile. Les fers et fontes extérieurs minium et 2 couches huile. Salle à manger, vestibule et escalier, boiseries et corniches en décors cirés. Intérieurs d'armoires, 2 couches huile. La vitrerie sera en verre bien clair 2e choix. Papier de tenture d'un prix moyen d'achat de 0 fr. 60, apprêts nécessaires et bordures assorties. Nettoyage et encaustiquage de l'escalier et des parquets.

Salon
Salle à Manger
Cuisine
Bureau
Rez de Chaussée
Chambre
Toilette
Palier
Salle de Bains
Chambre
Chambre
Balcon
1er Etage

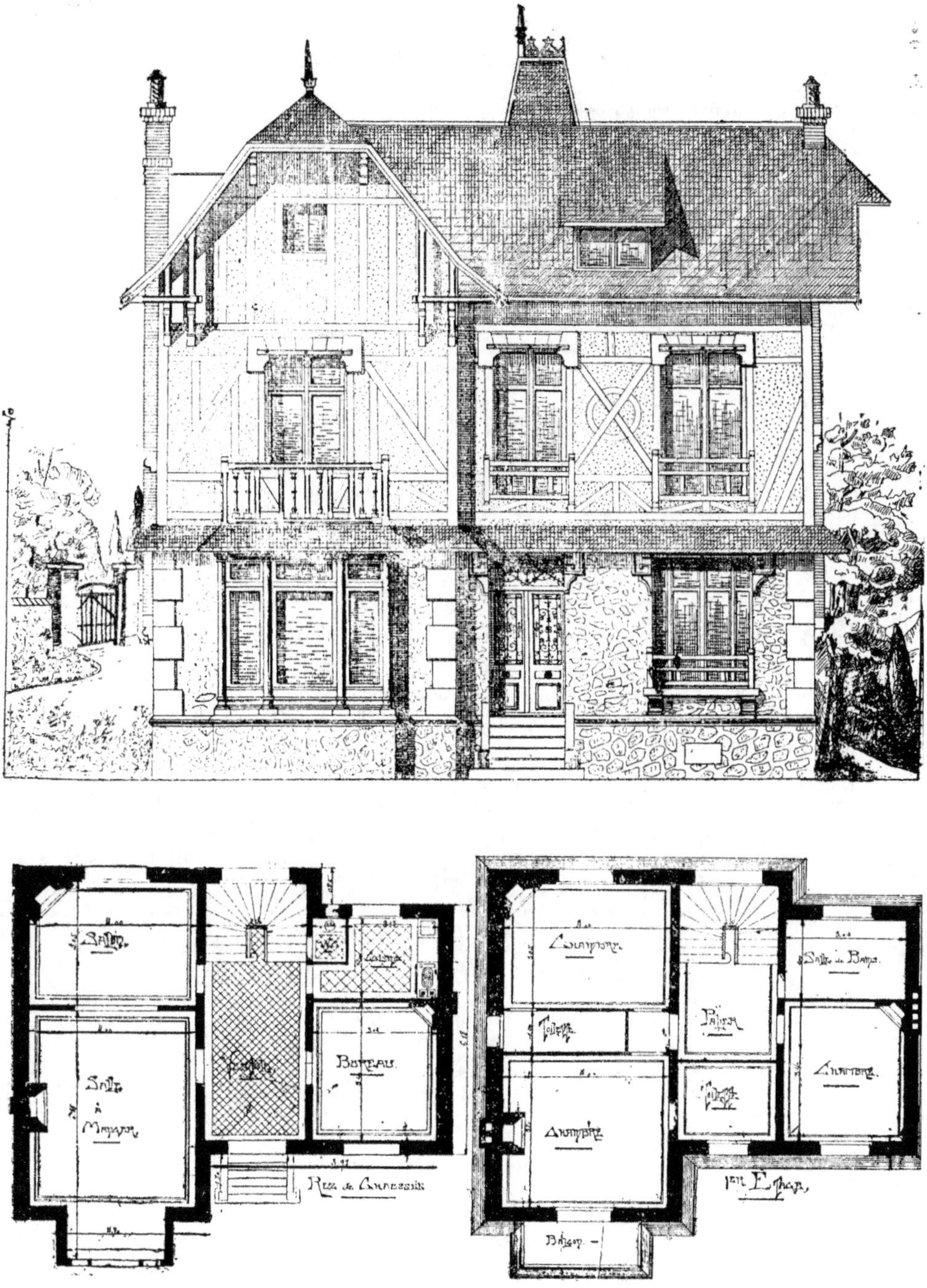

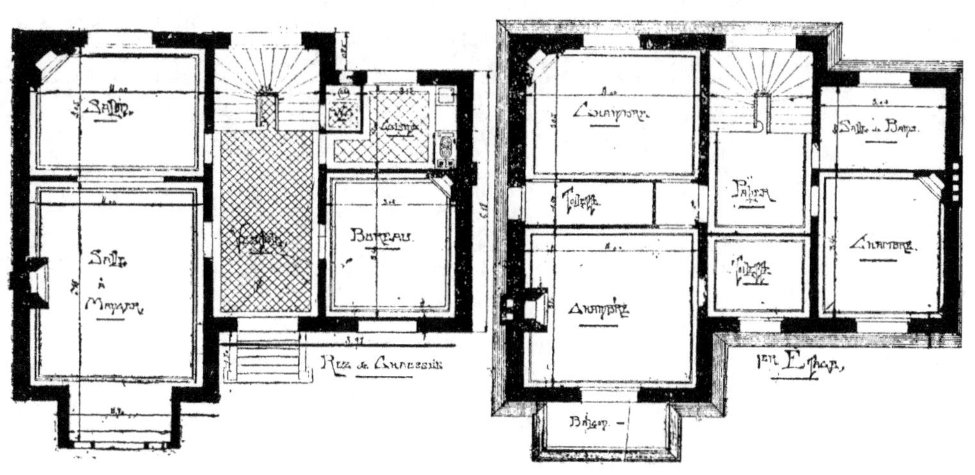

PLANCHE 46

Villa Normande : 19.000 francs.

Cette habitation composée d'un rez-de-chaussée élevé sur caves, d'un 1ᵉʳ étage et d'un 2ᵉ étage. Sous-sol comprenant : Caves au vin et au charbon, buanderie, grand dégagement et escalier montant au rez-de-chaussée. Rez-de-chaussée comprenant : Vestibule d'entrée, salle à manger, salon, bureau, cuisine, water-closets, window. Escalier conduisant aux étages. 1ᵉʳ étage comprenant : Grande antichambre sur laquelle ouvrent les portes donnant entrée aux chambres, toilette, salle de bains. 2ᵉ étage, deux chambres à coucher.

1º Maçonnerie. — Les murs en meulière, le parement intérieur jointoyé en montant, le parement extérieur, jointoiement en ciment. Les cloisons en briques de 0.06 d'épaisseur, jointoyées aux 2 faces. Dans la buanderie sol dallé en ciment, murs enduits dito jusqu'à 1 mètre de hauteur, angles des murs en gorge, le surplus enduit en mortier blanchi à la chaux. Fosse septique. Des soupiraux seront parfaitement érigés avec jouées et glacis en ciment. Les marches escalier de caves seront en pierres. Le hourdis de plancher entre fers à T sera en briques creuses hourdées en ciment. Les murs au-dessus rez-de-chaussée composés d'un mur en briques de 0.22 d'épaisseur, d'un vide de 0.05 et d'une cloison en briques creuses de 0.06 d'épaisseur liaisonnées avec le parement extérieur, faux pans de bois en ciment. Décoration suivant détails des façades briques rouges et blanches avec faux pans de bois en ciment. Les cloisons de 0.06 d'épaisseur en briques pour recevoir un enduit en mortier. Les conduits de fumée en briques dans l'épaisseur des murs de 0.20/0.25 de section enduits en mortier à l'intérieur. Les souches hors comble suivant indication des plans. Dans la cuisine, hotte au-dessus du fourneau. Les murs de la cuisine, du cabinet de toilette, des w.-c. seront en revêtement zinc auric. Le sol desdits en carreaux hexagones de même provenance sur forme en sable hourdés en ciment. Dans la cuisine, w.-c., ventilateur en poterie dans l'épaisseur des murs. Le carrelage du vestibule en carreaux de ciment à dessin avec bordure assortie et plinthes au pourtour. Toute la charpente du comble sera en sapin de sciage. Toute la charpente extérieure sapin corroyé et chanfreiné suivant indications des plans. L'escalier tout chêne à la française, limon de 0.08 d'épaisseur, chanfreiné sur les arêtes, marches profilées de face, balustres en bois dito et main-courante profil olive, pilastre de départ dito avec boule ivoire. Balustrade pour balcons, etc., suivant dessins des façades. Le plancher des caves en fer à T ailes ordinaires de 0.14 de hauteur pour portée au-dessus de 3.50, et de 0.12 de hauteur au-dessous de cette dimension. Les planchers des étages en fer dito à la demande.

Nota. — Les fers à planchers recevront une couche de peinture au minium avant leur mise en place. Un cours de chaînage à chaque plancher en fer de 0.07 × 0.04 avec ancres aux angles des murs de face et de refend. Les linteaux des baies des croisées et portes intérieures seront en fer à T assemblés avec boulons et entretoises. Les soupiraux seront munis de barreaux en fer rond de 0.018 et scellés des deux bouts. Panneaux fonte à la porte d'entrée avec châssis ouvrant et toutes ferrures cuivre. Les portes de caves ferrées de penture, gonds et serrure pêne 1/2 tour. Les portes extérieures ferrées sur dormant avec paumelle à équerre et à T de façon, serrure de sûreté 6 gorges et bouton fonte avec tirage. Les portes intérieures à 1 vantail ferrées de 3 paumelles de 0.11, bague cuivre, pêne dormant 1/2 tour, bouton double façon ivoire. Les portes à 2 vantaux ferrées de 6 paumelles dito, serrure et crémone de 0.018. Les croisées ferrées de 8 équerres, 6 paumelles, crémones de 0.018. Ferrures identiques pour toutes baies de croisées, châssis, etc. L'entrepreneur fournira toutes les pattes coudées et entrecoudées à la demande pour croisées, portes, etc. Toutes les serrures et crémones seront marquées. La couverture sera en ardoises posées sur liteaux sapin. Les rampants et motifs pour poinçons des pignons en tuile dito. Les auvents seront de même en ardoises dito. Gouttières en zinc nº 12 de 0.25 de développement avec talons à la demande et crochets à chaque chevron. Les descentes en zinc nº 12 se raccordant à la canalisation. Appareils w.-c. en porcelaine à valve et effet d'eau. L'entrepreneur fera l'installation de l'eau dans la cuisine, w.-c., buanderie et salle de bains. Dans le comble, réservoir en tôle et cornière avec rivets d'une contenance de 300 litres. Tuyau plomb pour distribution et vidange, tous raccords, etc. Toutes les portes de caves en sapin brut de 0.027, barres chêne chanfreinées. Les châssis chêne de 0.034 avec bâtis. La porte d'entrée sera toute en chêne à grands cadres, vitrée par le haut. Les portes intérieures à 1 et 2 vantaux à petits cadres à frise aux 2 parements, tout sapin. Les croisées extérieures en chêne, dormant de 0.054, bâtis de 0.041 avec jet d'eau et pièce d'appui. Les croisées intérieures tout sapin, en 0.034 d'épaisseur, volets en bois. Chambranles sapin aux baies de portes et croisées. Huisseries sapin à la demande. Plinthes et stylobates dans les chambres. Parquets chêne, à l'anglaise sur lambourdes en chêne au rez-de-chaussée. Sapin rouge aux étages, posés sur solives.

A la cuisine. — Fourneau-cuisinière en tôle avec four, bain-marie, à charbon de bois et de terre de 1.00 à retour de flamme, évier en grès émaillé de 0.80 × 0.60, avec égouttoir. Revêtement sur mur en carreaux de faïence. Cheminées marbre blanc à modillons pour le rez-de-chaussée, à la demande marbre rouge et noir dans les chambres, rétrécis en faïence blanche, châssis à rideau, cadre cuivre, intérieur en briques et carrelage des âtres. L'entrepreneur préparera les ventilations pour cheminées, etc. Tous les bois, tant à l'extérieur qu'à l'intérieur, seront peints à l'huile, 3 couches, compris rebouchage au préalable. A l'intérieur, peinture à 2 tons et face bois à la demande. Les portes et persiennes en fer recevront 2 couches d'huile en plus de la couche de minium. Toutes les parties qui recevront des tentures seront égrenées au préalable. Tentures en étoffe ou autres au choix du propriétaire. Toute la vitrerie sera en verre simple 3ᵉ choix pour les mesures du commerce, les verres hors mesure seront en verre 1/2 double. Vitraux à la demande et au choix du propriétaire.

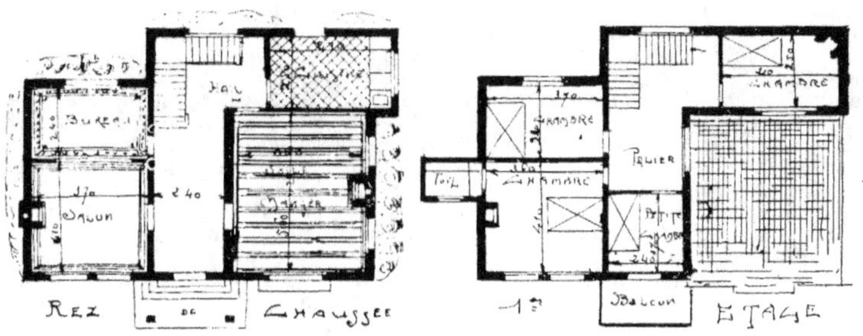

PLANCHE 47

Cottage dans le Jura : 20.000 francs.

Ce pavillon comprend : 1° Sous-sol comprenant : caves au vin et au charbon, buanderie, grand dégagement et escalier montant au rez-de-chaussée; 2° rez-de-chaussée comprenant : hall, grande salle à manger, salon, bureau, cuisine, w.-c., escalier montant au 1er étage; 3° 1er étage comprenant : grande antichambre sur laquelle ouvrent les portes donnant entrée aux 4 chambres et un cabinet de toilette; 4° 2e étage : deux chambres à coucher et lingerie.

Fouilles en déblai et en rigoles et transport des terres dans la propriété à 30 mètres.

1° Maçonnerie. — Les murs de cave en moellons durs du pays des épaisseurs indiquées au plan, le parement intérieur jointoyé en montant, le parement extérieur jusqu'au niveau du rez-de-chaussée en moellons et jointoiement en ciment. Les cloisons en briques de 0.06 d'épaisseur jointoyées aux 2 faces. Dans la buanderie sol dallé en ciment, murs enduits dito jusqu'à 1 m. de hauteur, angles des murs en gorge, le surplus enduit en mortier blanchi à la chaux. Fosse syphoïde. Des soupiraux seront parfaitement érigés avec jouées et glacis en ciment. Les marches escalier de caves seront en pierres. Le sol des caves pilonné, nivelé et sablé. Le hourdis de plancher entre fers à T sera en briques creuses hourdées en ciment.

2° Elévation. — Les murs des façades en élévation et refends seront en briques des épaisseurs indiquées au plan, hourdés en mortier hydraulique. Décoration suivant détails des façades, mouchetis tyroliens, briques rouges et blanches, faux pans de bois en ciment au cabinet de toilette. Les cloisons de 0.06 d'épaisseur en briques pour recevoir un enduit en mortier ou un revêtement en carreau choisi par le propriétaire. Les conduits de fumée en brique dans l'épaisseur des murs de 0.20/0.25 de section enduits en mortier à l'intérieur. Les souches hors comble suivant indication des plans. Les murs du hall, de la cuisine, du cabinet de toilette, des w.-c. seront revêtus de carreaux rouges de Marseille. Le sol desdits en carreaux hexagones de même provenance sur forme en sable hourdés en ciment. Les hourdis des planchers en briques creuses. Dans la cuisine, w.-c., ventilateur en poterie dans l'épaisseur des murs. Le carrelage du hall en carreaux de ciment à dessin avec bordure assortie et plinthes au pourtour.

3° Charpente. — Toute la charpente du comble sera en sapin de sciage. Toute la charpente extérieure sapin corroyé et chanfreiné suivant indication des plans. L'escalier tout chêne à la française, limon de 0.08 d'épaisseur, chanfreiné sur les arêtes, marches profilées de face, balustre en bois dito et main-courante profil olive, pilastre de départ dito avec boule ivoire. Balustrade pour balcons, caisse à fleurs, console, suivant dessins des façades. Les linteaux des baies seront en chêne.

4° Serrurerie. — Les planchers en fer à T ailes ordinaires de 0.14 de hauteur pour portée au-dessus de 3.50 et de 0.12 de hauteur au-dessous de cette dimension. Les soupiraux seront munis de barreaux en fer rond de 0.018 et scellés des deux bouts. Panneau fonte à la porte d'entrée avec châssis ouvrant et toutes ferrures cuivre. Les portes de caves ferrées de penture, gonds et serrure pêne demi-tour. Les portes extérieures ferrées sur dormant avec paumelle à équerre et à T de façon, serrure de sûreté 6 gorges et bouton fonte avec tirage. Les portes intérieures à 1 vantail ferrées de 3 paumelles de 0.11, bague cuivre, pêne dormant demi-tour, bouton double façon ivoire. Les portes à deux vantaux ferrées de 6 paumelles dito, serrure et crémone de 0.018 Les croisées ferrées de 8 équerres, 6 paumelles, crémones de 0.018. Ferrures identiques pour toutes baies de croisées, châssis, etc. L'entrepreneur fournira toutes les pattes coudées et contrecoudées à la demande pour croisées, portes, etc. Toutes les serrures et crémones seront marquées. Persiennes en fer à toutes les baies.

5° Couverture, Plomberie. — La couverture sera en tuile plate à recouvrement posée sur liteaux sapin. Les rampants et motifs des pignons en tuile dito. Les auvents seront de même en tuile dito. Gouttières en zinc n° 12 de 0.25 de développement avec talons à la demande et crochets à chaque chevron. Les descentes en zinc n° 12 se raccordant à la canalisation. Appareils de w.-c. en porcelaine à valve et effet d'eau. L'entrepreneur fera l'installation de l'eau dans la cuisine, w.-c., buanderie et toilette. Tuyau plomb pour distribution et vidange, tous raccords, etc.

6° Menuiserie, Parquets. — Toutes les portes de caves en sapin brut de 0.027, barres chêne chanfreinées. Les châssis chêne de 0.034 avec bâtis. La porte d'entrée sera toute en chêne à grands cadres, vitrée par le haut. Les portes intérieures à 1 et 2 vantaux à petits cadres à frise aux 2 parements, tout sapin. Les croisées extérieures en chêne, dormant de 0.054, bâtis de 0.041 avec jet d'eau et pièce d'appui. Armoires sapin à la demande. Chambranles sapin aux baies des portes et croisées. Huisseries sapin à la demande, Plinthes et stylobates. Parquets chêne, à l'anglaise sur lambourdes en chêne au rez-de-chaussée. Sapin rouge aux étages, posés sur lambourdes sapin. Tablettes dans la cuisine, toilette à la demande.

7° Fumisterie. — *A la cuisine.* Fourneau-cuisinière en tôle avec four bain-marie, à charbon de bois et de terre de 1.20 à retour de flamme, évier en grès émaillé de 0.80×0.60 avec égouttoir. Revêtement sur mur en carreaux de faïence. Cheminées marbre blanc à modillons pour le rez-de-chaussée, à la demande, marbre rouge et noir dans les chambres, rétrécis en faïence blanche, châssis à rideau, cadre cuivre, intérieur en briques et carrelage des âtres.

8° Peinture, Vitrerie, Tenture. — Tous les plafonds à la colle, 2 couches. Ceux de la cuisine à l' « Inaltérable. » Toutes les menuiseries à 2 couches et à 2 tons pour les intérieures. Celles extérieures de la porte d'entrée du vestibule, 2 couches et verni. Tous les bois extérieurs seront peints à l'huile, 3 couches, compris rebouchage au préalable. Les portes extérieures et persiennes en fer recevront 2 couches d'huile en plus de la couche de minium. Vitraux à la demande et au choix du propriétaire. Les lambris de la salle à manger à hauteur de 1.10 seront idem façon décor. Les panneaux de fonte, barreaux de soupiraux, linteaux en bois apparents 2 couches, et minium 1 couche au préalable. Pose de fourniture de papier de tenture à 0 fr. 70 le rouleau. Vitrerie en verre simple 3e choix pour les portes vitrées et croisées.

Façade Principale
Cuisine
Salle à Manger
Bureau
Salon
Rez de Chaussée
Salle de Bain
Chambre
Petite Chambre
Chambre
Palier
Premier Etage

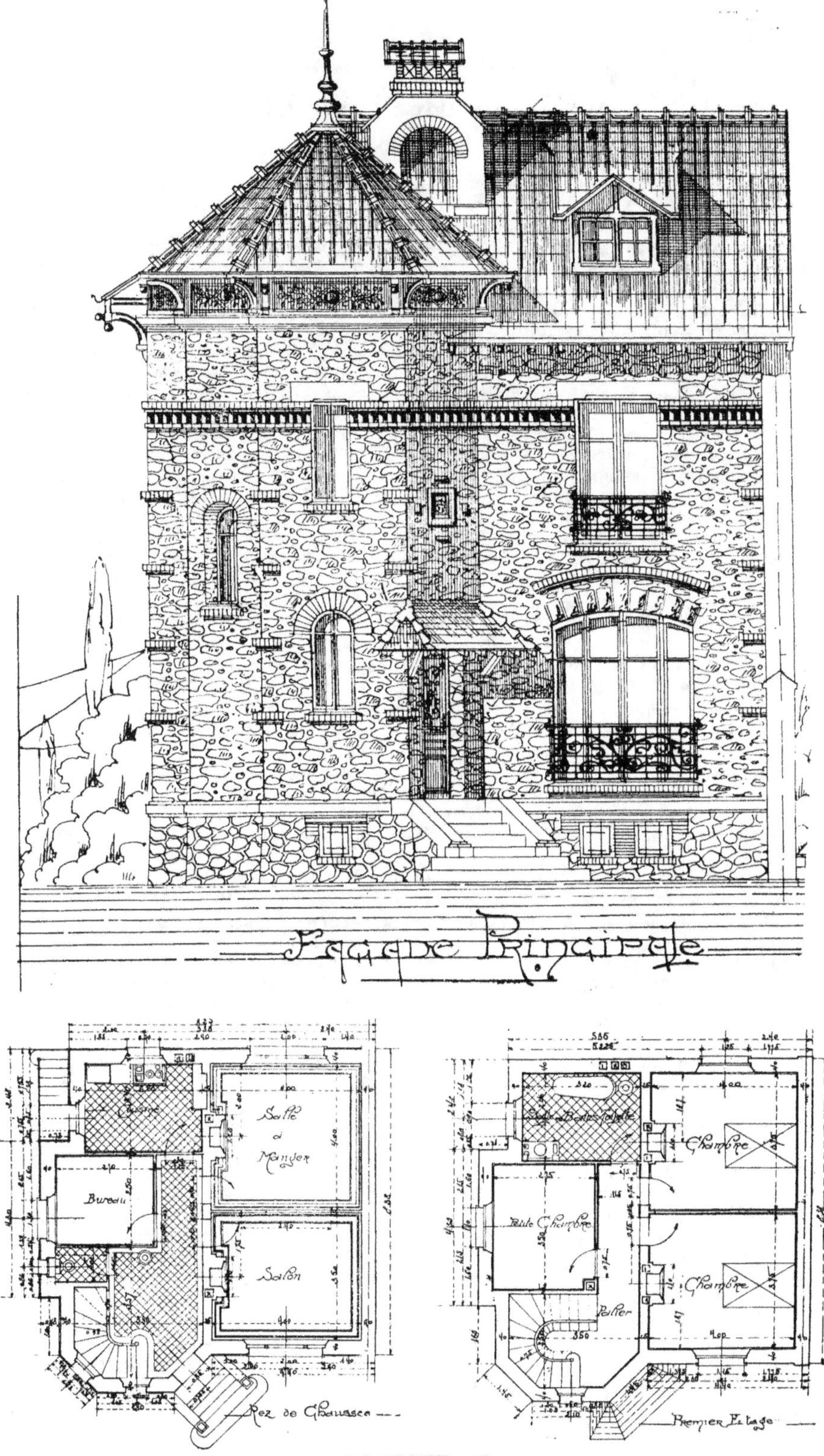

PLANCHE 48

Villa à Viroflay : 20.000 francs.

Cette villa se compose de :

Sous-sol de 2.25 de hauteur, comprenant cave à vins, cave à bois, cave à charbons, descente, dégagement et fosse syphoïde.

Rez-de-chaussée de 3.00 de hauteur, divisé en : vestibule et escalier desservant le premier étage, salle à manger 4.00×4.00, salon de 4.00×3.50, cuisine de 2.40×3.20, bureau de 2.70×2.50, w.-c.

1er étage ayant comme composition : une chambre à coucher de 3.50×2.75 et salle de bains 2.40×3.20, deux autres chambres de 4.00×3.75. Escalier montant au 2e étage, chambre de 4.00×4.00 et grenier.

Construction établie sur rigoles remplies en béton, sous-sol en meulière-caillasse hourdée en mortier de chaux hydraulique et sable de rivière, élévation en mêmes matériaux mais avec chaînes d'angles, bandeau et arcs de baies en meulière et briques, refend en briques brutes de pays, conduits de fumée en boisseaux Gourlier de 0.20×0.20, souches sur comble en briques apparentes, parementées et jointoyées, couronnement en briques, idem, mitrons.

Ravalements extérieurs jointoyés en creux, en chaux hydraulique, les parties de briques parementées et jointoyées en chaux, joints tirés au fer, linteaux enduits en ciment badigeonné. Soubassement jointoyé en mortier bâtard de chaux et ciment, avec retraite enduite et bandeau uni en ciment de Portland. Perrons en béton aggloméré et limons. Les ciments badigeonnés en chaux vive, ton pierre, appuis en briques.

A l'intérieur, plancher de cave en solives acier P. N. avec entretoises et fentons, et hourdés en plâtras et plâtre ragréé en dessous, les murs de caves non enduits, sauf ceux de la descente, la cloison du sous-sol en brique de 0.06 à joints réappuyés en montant ; aux étages supérieurs, plafonds et murs enduits en plâtre.

Planchers hauts rez-de-chaussée et du 1er étage, faux planchers, comble et chevronnage en sapin de sciage du commerce, madriers, bastaings et chevrons.

Couverture en tuiles à emboîtement, faîtage, arêtiers et poinçons en terre cuite, gouttières, derrières de cheminées et descentes en zinc, dauphins en fonte, auvent couvert en tuiles au-dessus de l'entrée.

Balcons en fonte, chaînages en fer ; croisées, portes-croisées et porte d'entrée en chêne, persiennes en fer et tôle ; menuiseries intérieures en sapin ; garde-robe à effet d'eau au water-closet, modèle du Progrès de l'Hygiène, canalisation des eaux pluviales et ménagères en grès vernissé avec tranchées et drainages perdant les eaux dans le terrain.

Etablissement de compteur et canalisations en plomb amenant les eaux aux w.-c., à la salle de bains, à la cuisine et à un robinet pour l'arrosage du jardin.

Bureau, salon et salle à manger, parquetés en chêne à l'anglaise sur lambourdes et avec replanissage, corniches et rosaces en staff, stylobates dans ces trois pièces et le vestibule, cheminées à modillons en marbre à intérieurs rétrécis en faïence, vestibule carrelé en céramique, cuisine, w.-c., en carreaux de terre cuite avec plinthes aussi en carreaux. Escalier à la française en chêne à balustres, chanfreinés, du rez-de-chaussée au premier et du premier au second étage.

Cuisine : évier en grès vernissé, paillasse en ciment armé, fourneau en fonte et tôle à charbonnier, revêtement en faïence et agencement composé de tablettes, appliques et porte-casseroles, armoire, sous-évier et paillasse ; ventilateur en tôle remplaçant la hotte.

Au 1er étage, plafonds unis, parquets en chêne 2e choix cloués sur solives et replanis, cheminées capucines en marbre à revêtements intérieurs, rétrécis en faïence et prises d'air, stylobates dans toutes les pièces.

Au 2e étage : chambre de bonne, parquet en sapin de 2e choix cloué sur solives.

Peinture des boiseries extérieures et intérieures et des persiennes et balcons, murs et plafonds de cuisine et water-closet à l'huile 3 couches, égrenés, rebouchés ; salle à manger, portes et croisées et vestibule, escalier et bureau en décors faux bois vernis, salon en ripolin, ainsi que toilette et salle de bains ; rampe d'escalier et porte d'entrée en bois naturel passé à l'huile et vernis.

Vitrerie en demi-double 2e choix pour les verres hors mesure ; simple 3e choix pour les autres et cathédrale pour water-closet et portes extérieures.

Tenture en papier dans les pièces, et en étoffe imprimée dans le vestibule et l'escalier

Façade Principale

Cuisine
Bureau
Hall
Salle à Manger
Salon
Rez-de-Chaussée

Chambre
Chambre
Palier
Chambre
Toilette
Chambre
1er Etage

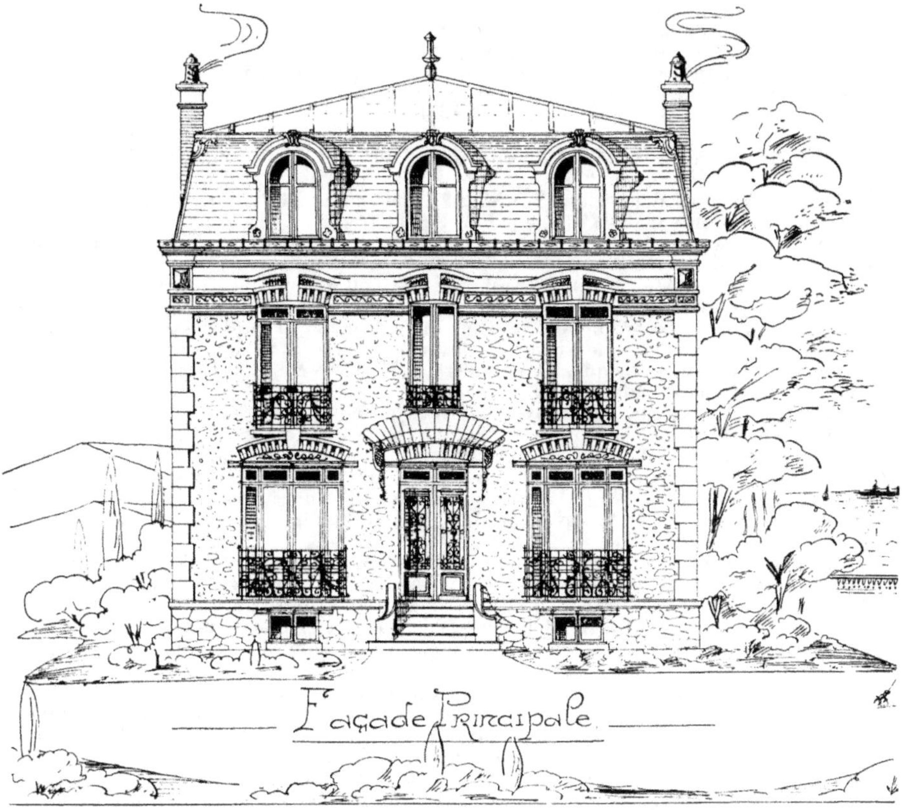

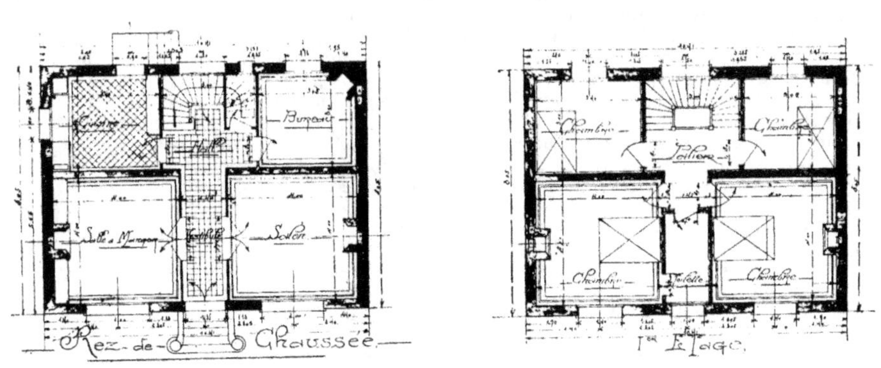

PLANCHE 49

Villa à Saint-Servan : 20.000 francs.

Ce pavillon se compose de :

Sous-sol de 2.00 de hauteur, comprenant cave à vins, cave à bois, cave à vins fins, buanderie, descente de cave, emplacement de fosse syphoïde.

Rez-de-chaussée de 3.00 de hauteur divisé en : hall dans lequel se trouve l'escalier desservant le premier étage, salle à manger et salon ayant chacun 4.00×4.00, cuisine 3.40×3.00, water-closet, bureau de 3.00×3.05.

Premier étage ayant comme composition : deux chambres à coucher principales de 4.00×4.00, toilette de 1.45×3.00, chambre 3.40×3.00, autre chambre 3.05×3.00, palier, escalier montant au 2ᵉ étage.

Deuxième étage dans lequel existent : atelier de 9.61×4.00, autre atelier de 3.00×3.40, chambre de 3.05×3.00, palier d'escalier.

La destination de ces pièces et leur distribution peuvent être changées au gré du propriétaire constructeur.

Construction établie sur rigoles remplies en béton, sous-sol en meulière-caillasse hourdée en mortier de chaux hydraulique et sable de rivière, élévation en mêmes matériaux mais avec cordons et arcs de baies en briques repressées rouges et blanches, refend en briques brutes, conduits de fumée en boisseaux Gourlier de 0.20×0.20, souches sur comble en briques apparentes parementées et jointoyées, couronnements en ciment et mitrons-lanternes en terre cuite.

Ravalements extérieurs jointoyés en creux en chaux hydraulique, les parties de briques parementées et jointoyées en chaux; joints tirés au fer, les chaînes, entablement, bandeaux, appuis, tableaux et autres en ciment de Portland teinté. Soubassement jointoyé en mortier bâtard de chaux et ciment, avec bandeau mouluré en ciment de Portland. Perron de face en aggloméré de ciment à marches astragalées et limons; celui derrière à marches unies. Les ciments sont badigeonnés en chaux vive ton pierre.

A l'intérieur, plancher de sous-sol en solives acier P. N. et hourdis en briques du pays ragréées en dessous, les murs de cave enduits en chaux dans la buanderie et la descente; aux étages supérieurs, plafonds et murs enduits en plâtre.

Plancher haut du 1ᵉʳ étage, plancher haut du rez-de-chaussée, faux plancher, mansarde, comble et chevronnage en sapin de sciage du commerce, madriers, bastaings et chevrons.

Couverture du mansard en ardoises à crochet sur volige sapin, épis en zinc estampés, solins ciment, haut comble, derrière de cheminée, membrons, arêtiers, noquets, gouttières et descentes en zinc, dauphins en fonte.

Balcons en fonte ornée à mains-courantes, et pitons en fer, chaînages en fer; croisées, portes-croisées et porte d'entrée en chêne, persiennes en fer et tôle; menuiseries intérieures en sapin; garde-robe à effet d'eau au water-closet, canalisation des eaux pluviales et ménagères en grès vernissé avec tranchées et drainages perdant les eaux dans le terrain, fosse syphoïde.

Canalisation en plomb amenant les eaux aux w.-c., cabinet de toilette, cuisine, buanderie et à un robinet pour l'arrosage du jardin.

Au sous-sol, buanderie d'allée en ciment, bac en Portland.

Aux rez-de-chaussée : bureau, salon et salle à manger parquetés en chêne à l'anglaise sur lambourdes et avec replanissage, corniches en staff, plinthes et stylobates dans ces trois pièces, et cheminées à modillons en marbre à intérieurs rétrécis en faïence; hall et vestibule carrelés en céramique, cuisine, w.-c., en carreaux de terre cuite avec plinthes aussi en carreaux. Escaliers à la française en chêne à balustres tournés, escalier idem en chêne brut sans contremarches pour le sous-sol.

Cuisine : évier en grès vernissé, paillasse en ciment armé, fourneau en fonte et tôle à charbonnier, revêtement en faïence et agencement composé de tablettes, appliques et porte-casseroles, armoire, sous-évier et paillasse et ventilateur en tôle remplaçant la hotte, autre armoire à deux corps.

Au 1ᵉʳ étage, plafonds unis à corniches en staff et rosace dans les deux chambres principales, parquets en chêne cloués sur solives et replanis, cheminées capucines en marbre à revêtement, intérieurs rétrécis en faïence et prises d'air, stylobates dans toutes les pièces, chambranles, moulures.

Au 2ᵉ étage, parquet en sapin cloué sur solives, conduit d'attente, plinthes.

Peinture des boiseries extérieures et intérieures et des persiennes et balcons, murs et plafonds de cuisine, water-closet, laverie et bains, à l'huile 3 couches, égrenés, rebouchés; salle à manger, portes et croisées de hall, escalier et bureau en décors faux bois vernis, salon et toilette, bains en ripolin; rampe d'escalier et porte d'entrée en bois naturel passé à l'huile et vernis.

Vitrerie en demi-double 2ᵉ choix pour les verres hors mesure; simples 3ᵉ choix pour les autres et cathédrale pour water-closet et portes extérieures.

Tenture en papier dans les pièces et en étoffe imprimée dans le vestibule et l'escalier.

FAÇADE sur RUE
Chambre
Salle d Manger
Hall
Salon
Bains
Cuisine
Entrée
Rez de Chaussée
Bureau
Chambre
Chambre
Pluer
Atelier
Chambre
Chambre
1er Etage

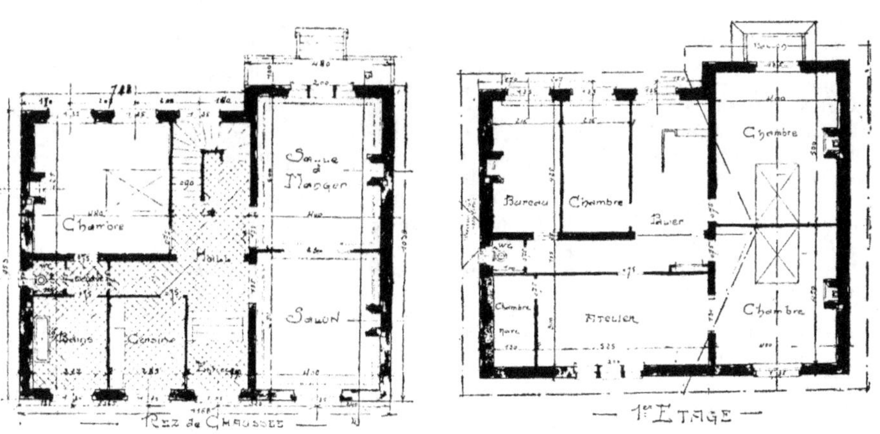

PLANCHE 50

Villa à Neuilly : 20.000 francs.

Elle se compose de :

Sous-sol de 2.00 de hauteur auquel on accède par la descente placée sous l'escalier et de plain-pied par le garage, et comprenant deux caves, un garage, une buanderie, un débarras et le dégagement de l'escalier et fosse syphoïde extérieure.

Rez-de-chaussée de 3.10 de hauteur divisé en : hall et escalier desservant le premier étage, salle à manger de 4.00 × 5.00, avec terrasse, salon de 4.00 × 4.50, cuisine de 2.35 × 3.00, salle de bains de 2.22 × 3.00, water-closet, dégagement.

Premier étage de 2.90 de hauteur ayant comme distribution : palier d'escalier, chambre à coucher de 4.00 × 4.50, autre chambre de 5.00 × 4.00, atelier de 3.00 × 5.25, chambre noire 1.30 × 3.00, chambre, bureau, w.-c., dégagement.

Grenier au-dessus avec trappe d'accès sur le palier de l'escalier.

Construction établie sur rigoles remplies en béton, murs dans la hauteur du sous-sol en caillasse hourdée en mortier de chaux hydraulique et sable maigre, élévation en caillasse avec partie en briques repressées pour rester apparentes, pour arcs, chaînes et appuis; murs de refend en briques ordinaires de 0.22 et chaux. Conduits de fumée en boisseaux Gourlier de 0.16 × 0.25 dans l'épaisseur des murs et prolongés sur comble par des souches en briques repressées, couronnées en ciment avec mitrons.

Ravalements extérieurs : soubassement jointoyé en Portland en creux, perrons en béton aggloméré, partie haute en faux pans de bois composés de bandeaux en ciment et entrevoux en moucheti tyrolien avec parties de briques parementées et jointoyées en chaux, joints tirés au fer, clefs et sommiers de baies enduits en ciment teinté.

Bandeau, moulure Portland.

A l'intérieur, plancher de cave à solive en fer à T de 0.12 et 0.14, hourdé en briques de pays par voutains, les autres planchers et le comble en madriers, 1/2 madriers, chevrons en sapin de commerce, queues de vaches, voligeage, consoles et pans de bois apparents en sapin raboté. Escalier en sapin rouge à la française à balustres, quartier tournant et mouluré, potille à tête et culs-de-lampe tournés, main-courante profilée, dessus de marches en chêne, celles de descente de cave en chêne de 0.054 abattues de rive sur la face.

Couverture en tuiles à emboîtement grand moule, faîtage et arêtiers unis, embarrures, solins et ruellées en Portland, derrières de cheminées, noues, gouttières et tuyaux en zinc n° 12.

Chaînages en fer, tuyaux de chute et dauphins en fonte, linteaux en fer, clous, boulons, rapointis, barreaux.

Croisées et portes d'entrée à 2 vantaux en chêne, persiennes brisées en fer et tôle, balcons saillants en sapin, menuiseries intérieures, huisseries, portes, armoire, sous-évier, moulures, chambranles, faux lambris, baguettes, plinthes, socles de marches et stylobates en sapin.

Garde-robes à effet d'eau avec abattant en chêne ciré, canalisation des eaux pluviales et ménagères allant à la syphoïde en dehors du bâtiment, dont les eaux usées sont recueillies dans un puisard les perdant dans les sables.

Dans le cas où il existerait les eaux de concession, canalisation en plomb partant du compteur desservant l'évier et l'effet d'eau des garde-robes, ainsi qu'à la salle de bains et un robinet pour l'arrosage du jardin.

Parquets en chêne sur lambourdes au rez-de-chaussée, sur solives au premier étage. Carrelage en carreaux de Beauvais carrés dans cuisine et water-closets, en céramique de ciment dans le vestibule, le tout posé sur ciment de Portland avec forme de sable.

Dans la cuisine, évier en grès vernissé, fourneau en fonte et tôle, ventilateur en tôle remplaçant la hotte, paillasse, revêtement en carreaux de faïence, tablette, applique et porte-casseroles.

Dans la salle à manger, cheminée à modillons en marbre rouge, dans le salon cheminée en marbre blanc, dans les autres pièces, cheminées capucines à cadres, revêtements avec foyers et intérieurs rétrécis en faïence à ventouses et accessoires.

Peinture des boiseries extérieures et intérieures, des persiennes, balcons, saillies, porches des murs, et plafonds de cuisine et w.-c., lambris et autres à l'huile 3 couches, égrenés, rebouchés, plafonds à la colle, rampe d'escalier et extérieur de la porte d'entrée en bois naturel passé à l'huile et vernis, parquets replanis, encaustiqués et frottés.

Vitrerie en verre demi-double, 2e choix pour les hors mesure et simple, 3e choix, pour les croisées, et en verre cathédrale du châssis de la porte d'entrée et de ceux du w.-c. et de l'escalier.

Tenture en papier avec bordures et collage.

Façade sur la Rue

Salle à Manger
Bureau
Rez de Chaussée

Chambre
Bains
Chambre
Chambre
Toilette
Chambre
1er Étage

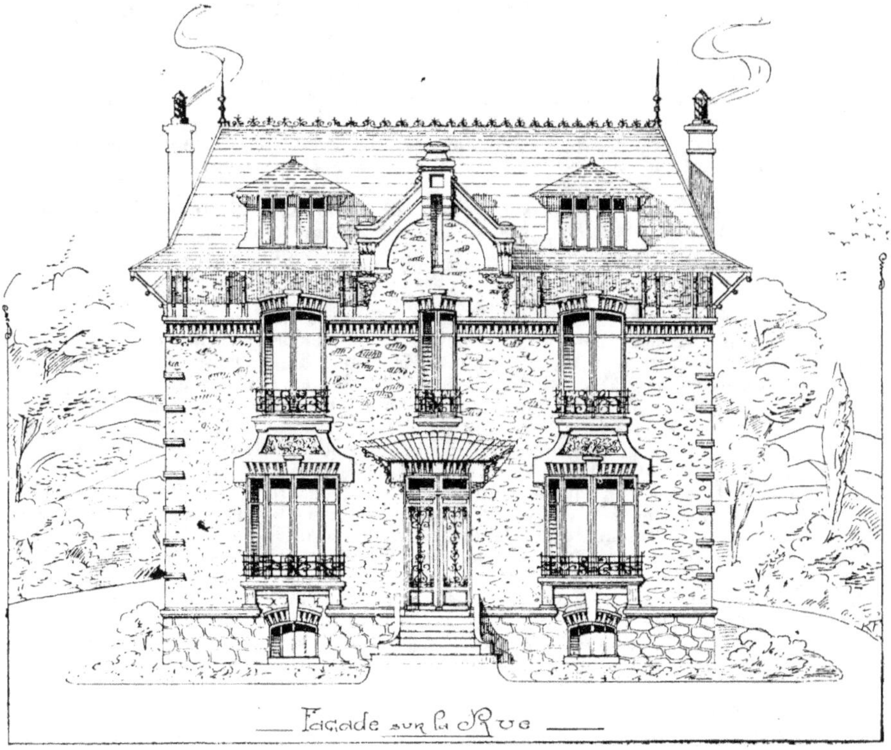

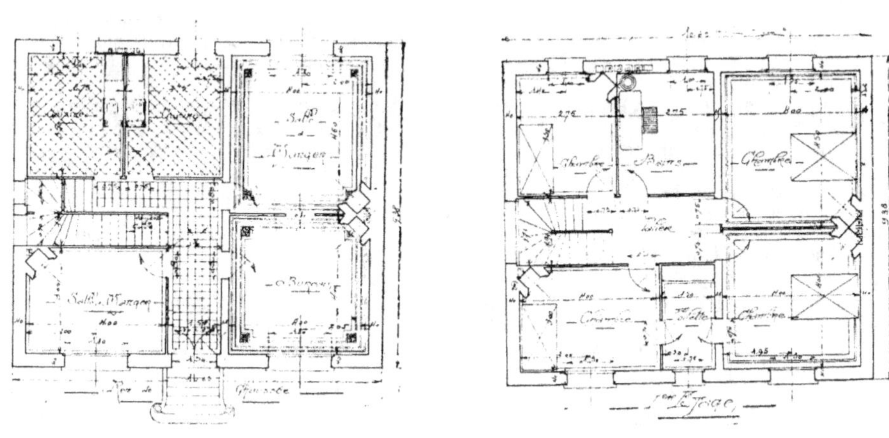

PLANCHE 51

Villa à Condé-en-Brie : 20.000 francs.

Cette villa se compose de :

Sous-sol de deux mètres vingt centimètres de hauteur, comprenant 2 caves à vins, garage d'autos, cave à charbons, descente de cave et dégagement, buanderie, emplacement de fosse syphoïde.

Rez-de-chaussée de 3.00 de hauteur, divisé en vestibule et escalier desservant le premier étage, salle à manger de 4.00×4.50, autre salle à manger de 3.00×4.00, deux cuisines de 2.75×3.50, water-closet et bureau de 4.00×4.00.

Premier étage ayant comme composition : deux chambres à coucher principales, une de 4.50×4.00, une de 4.00×4.00, deux autres chambres, une de 2.75×3.50, une de 3.00×4.00, salle de bains de 2.75×3.50, toilette, palier, dégagement, escalier. Grenier au-dessus dans lequel il pourrait être établi des chambres de domestiques.

Construction établie sur rigoles remplies en béton, sous-sol en meulière-caillasse hourdée en mortier de chaux hydraulique et sable de rivière. élévation en mêmes matériaux mais avec chaînes d'angles, bandeau, arcs de baies en briques repressées ; refend en briques brutes de pays, conduits de fumée dans l'épaisseur des murs en boisseaux Gourlier de 0.20×0.20, souches sur comble en briques apparentes, partie paramentée et jointoyée, couronnement enduit dessus en Portland et mitrons-lanternes en terre cuite.

Ravalements extérieurs jointoyés en creux en chaux hydraulique, les parties de briques paramentées et jointoyées en chaux ; joints tirés au fer, motifs de baies, sommiers, couronnement de la façade principale enduit en ciment de Portland teinté à 2 couches. Soubassement jointoyé en mortier bâtard de chaux et ciment, avec bandeau mouluré en ciment de Portland. Perron en béton aggloméré à marches astragalées et limons. Les ciments sont badigeonnés en chaux vive ton pierre, deux couches.

A l'intérieur plancher de cave en solives acier P. N. avec entretoises et fentons, et hourdés en plâtras et plâtre ragréé en dessous, les murs de cave non enduits, sauf ceux de la descente de la buanderie et du garage, les cloisons de sous-sol en brique de 0.06 à joints réappuyés en montant ; aux étages supérieurs, plafonds et murs enduits en plâtre.

Plancher haut du 1er étage, plancher haut du rez-de-chaussée, comble et chevronnage en sapin de sciage du commerce, madriers, bastaings et chevrons.

Couverture en ardoises d'Angers, grandes carrées, 2e modèle à crochets, faîtage zinc estampé, solins, ruellées, embarrures ciment, derrières de cheminées, noues, gouttières et descente en zinc, dauphins en fonte.

Balcons en fonte ornée à mains-courantes et pitons en fer, chaînages en fer ; croisées, portes-croisées et porte d'entrée en chêne, persiennes en fer et tôle ; menuiseries intérieures en sapin ; garde-robe à effet d'eau au water-closet, canalisation des eaux pluviales et ménagères en grès vernissé avec tranchées et drainages perdant les eaux dans le terrain.

Canalisation des eaux de concession et compteur amenant les eaux aux cuisines, salle de bains, w.-c., cabinet de toilette et à un robinet pour l'arrosage du jardin.

Bureau et salle à manger parquetés en chêne à l'anglaise sur lambourdes et avec replanissage, corniches en staff, plinthes et stylobates dans ces trois pièces et cheminées à modillons en marbre à intérieurs rétrécis en faïence, vestibule carrelé en céramique, cuisines et w.-c. en carreaux de terre cuite avec plinthes aussi en carreaux. — Escalier à la française en chêne à balustres, tournés, du rez-de-chaussée au premier, escalier idem en sapin pour le grenier.

Chauffage à eau chaude.

Cuisines : Eviers en grès vernissé, paillasses en ciment armé, fourneaux en fonte et tôle à charbonnier, revêtements en faïence et agencements composés de tablettes, appliques et porte-casseroles, armoires, sous-éviers et paillasses et ventilateurs en tôle remplaçant la hotte.

Au 1er étage, plafonds unis, parquets en sapin cloués sur solives et replanis, cheminées capucines en marbre à revêtements, intérieurs rétrécis en faïence et prises d'air, stylobates dans toutes les pièces.

Au grenier : Murs crépis en plâtre, parquet en sapin de 3e choix cloué sur solives.

Peinture des boiseries extérieures et intérieures et des persiennes et balcons, murs et plafonds de cuisines, water-closet, à l'huile 3 couches, égrenés, rebouchés ; salles à manger, portes et croisées de vestibule, escalier et bureau en décors faux bois vernis, rampe d'escalier et porte d'entrée en bois naturel passé à l'huile et vernis.

Vitrerie en demi-double deuxième choix pour les verres hors mesure ; simples 3e choix pour les autres, et cathédrale pour water-closet et portes extérieures.

Tenture en papier dans les pièces, et en étoffe imprimée dans le vestibule et l'escalier.

Façade Rue
Rez de Chaussée
Bureau
Salle à Manger
Salon
Terrasse
Terrasse
1er Etage
Toilette
Bains
Palier
Toilette
Chambre
Chambre
Chambre
PLANCHE 52

Villa à Melun : 20.000 francs.

Cette villa se compose de :

Sous-sol de 2.80 de hauteur, comprenant caves à vins, cave à bois, resserre, cave à charbons, descente, dégagement et fosse syphoïde.

Rez-de-chaussée de 3.00 de hauteur, divisé en : hall dans lequel se trouve l'escalier desservant le premier étage, salle à manger 3.80×5.00, salon de 3.20×4.00, cuisine de 2.20×3.20, water-closet, bureau de 3.20×4.00.

1er étage ayant comme composition : une chambre à coucher principale de 3.80×5.00 et toilette, deux autres chambres de 3.20×4.00. Palier et dégagement, toilette-bains de 2.20×3.20, greniers au-dessus dans lesquels est établie une chambre de 3.80×5.00.

Construction établie sur rigoles remplies en béton, sous-sol en meulière-caillasse hourdée en mortier de chaux hydraulique et sable de rivière, élévation en mêmes matériaux mais avec chaînes d'angles, bandeau et arcs de baies en briques repressées, retend en briques brutes de pays, conduits de fumée dans l'épaisseur des murs en boisseaux Gourlier de 0.20×0.20, souches sur comble en briques apparentes, parementées et jointoyées, couronnement couvert en tuiles.

Ravalements extérieurs jointoyés en creux, en chaux hydraulique, les parties de briques parementées et jointoyées en chaux. Joints tirés au fer, clefs et sommiers, enduits en sable mortier métalline. Soubassement jointoyé en mortier bâtard de chaux et ciment, avec retraite enduite et bandeau mouluré en ciment de Portland. Seuils en béton aggloméré et limon. Les ciments badigeonnés en chaux vive ton pierre.

A l'intérieur, plancher de cave en solives acier P. N. avec entretoises et fentons, et hourdés en plâtras et plâtre ragréé en dessous, les murs de caves non enduits sauf ceux de la descente, les cloisons de sous-sol en brique de 0.06 à joints réappuyés en montant; aux étages supérieurs, plafonds et murs enduits en plâtre.

Faux-planchers, planchers hauts rez-de-chaussée et du 1er étage, comble et chevronnage en sapin de sciage du commerce, madriers, bastaings et chevrons.

Couverture en ardoises à crochets, faîtage orné de poinçons en zinc estampé, arêtiers, rives, derrières et descente en zinc, dauphins en fonte.

Balcons en fonte ornée à mains-courantes, et pitons en fer, balustrades en bois, chaînages en fer; croisées, portes-croisées et porte d'entrée en chêne, persiennes en fer et tôle; menuiseries intérieures en sapin; garde-robe à effet d'eau au water-closet, canalisation des eaux pluviales et ménagères en grès vernissé avec tranchées et drainages perdant les eaux dans le terrain.

Etablissement de compteur et canalisations en plomb amenant les eaux aux w.-c., au cabinet de toilette, à la salle de bains et à un robinet pour l'arrosage du jardin.

Bureau, salon et salle à manger parquetés en chêne à l'anglaise sur lambourdes et avec replanissage, corniches et rosaces en staff, stylobates dans ces trois pièces et le vestibule, cheminées à modillons en marbre à intérieurs rétrécis en faïence; vestibule carrelé en céramique, cuisine, w.-c., en carreaux de terre cuite avec plinthes aussi en carreaux. Escalier à la française en chêne à balustres, chanfreinés, du rez-de-chaussée au premier, escalier idem en sapin pour le grenier et la chambre.

Cuisine : évier en grès vernissé, paillasse en ciment armé, fourneau en fonte et tôle à charbonnier, revêtements en faïence et agencement composé de tablettes, appliques et porte-casseroles, armoire, sous-évier et paillasse; ventilateur en tôle remplaçant la hotte.

Au 1er étage, plafonds unis, à corniches et rosaces, staff, parquets en chêne 2e choix cloués sur solives et replanis, cheminées capucines en marbre à revêtements, intérieurs rétrécis en faïence et prises d'air, stylobates dans toutes les pièces.

Au grenier : murs crépis en plâtre, parquet en sapin de 3e choix cloué sur solives. Murs et plafonds enduits dans la chambre et parquet 1er choix.

Peinture des boiseries extérieures et intérieures et des persiennes et balcons, murs et plafonds de cuisine, water-closet et office, à l'huile 3 couches, égrené, rebouché; salle à manger, portes et croisées de vestibule, escalier et bureau en dehors faux bois vernis, salon en ripolin, ainsi que toilettes; rampe d'escalier et porte d'entrée en bois naturel passé à l'huile et vernis.

Vitrerie en demi-double 2e choix pour les verres hors mesure; simple 3e choix pour les autres, et cathédrale pour water-closet et portes extérieures.

Tenture en papier dans les pièces, et en étoffe imprimée dans le vestibule et l'escalier.

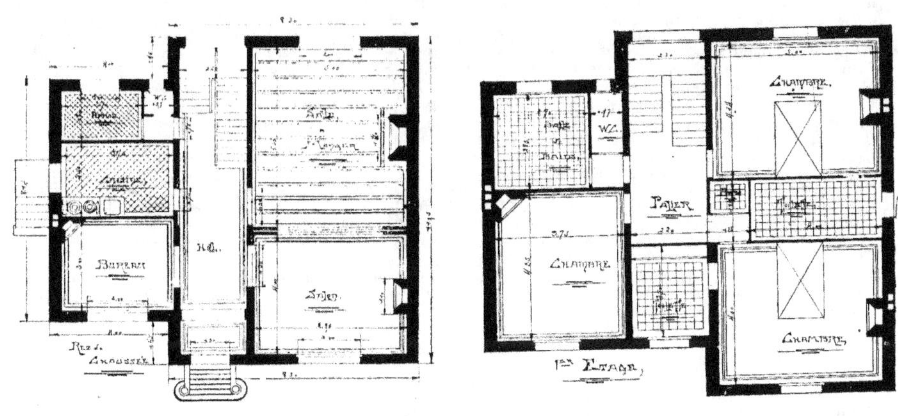

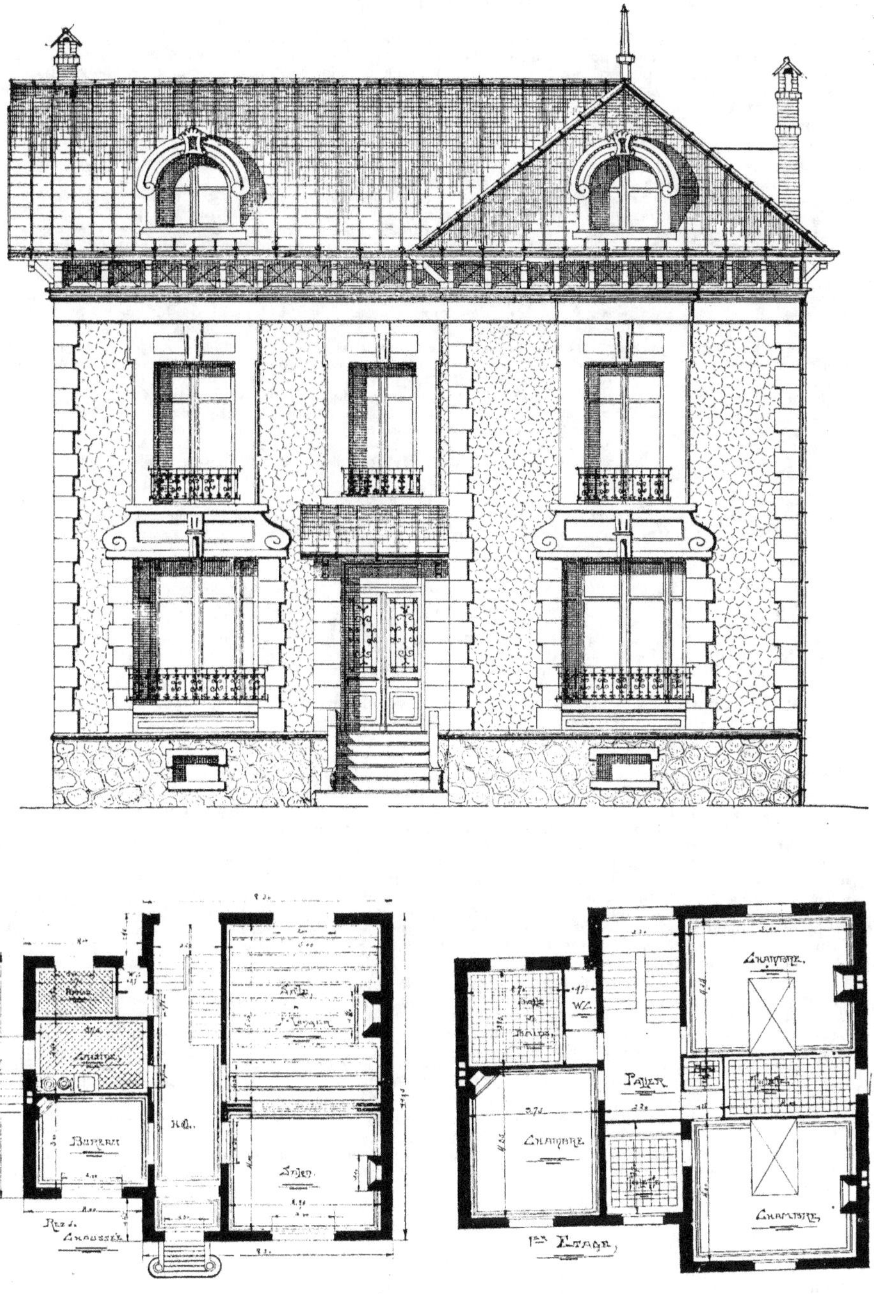

PLANCHE 53

Villa d'un agent d'assurances près de Provins : 20.000 francs.

Sous-sol composé de : une cave à vin, buanderie, calorifère. Rez-de-chaussée composé de : un grand porche avec perron d'accès, hall, grand escalier desservant les étages, salon, salle à manger, office, cuisine, bureau et w.-cl., perron pour sortir de la cuisine pour aller dans le jardin. 1er étage : palier et dégagement, 3 chambres à coucher, salle de bains, 2 toilettes, penderie, w.-cl. 2e étage : grenier sur toute la maison où l'on peut faire des chambres de domestiques.

TERRASSE. — Fouille en déblai et en rigoles, fosse, puisards compris tous jets, reprises, chargements et transports, régalages et nivellement des terres.

MAÇONNERIE. — Les rigoles sous les murs de face, refends, terrasse seront remplis en béton de cailloux hourdés en mortier hydraulique. Murs en fondation jusqu'au niveau du rez-de-chaussée en meulières du pays, et mortier de chaux hydraulique. Les murs à l'intérieur des caves, jointoyés en mortier. Maçonnerie pour mur en élévation en meulières du pays et mortier de chaux hydraulique. Les murs de 0.22 d'épaisseur en briques du pays hourdées en ciment, jointoyées aux deux faces. Ceux de 0.06 d'épaisseur en briques pleines hourdées en ciment et jointoyées aux deux faces. Le mur déchiffré de la descente de cave sera en briques de 0.11. Plancher des caves en briques creuses de 0.06 d'épaisseur, formant voutain. Planchers du rez-de-chaussée et du 1er hourdés en plâtras. Plafond rampant d'escalier avec fourrures. Les plafonds en augets sur lattis sapin. Dans la buanderie, jointoiement des murs et cloisons en ciment Portland. Les angles en gorge au pourtour des murs. Bac en ciment de 1.20 de longueur. Sur tous les murs en briquetages enduits en plâtre ainsi que les ébrasements et plafonds des voussures. Les conduits de fumée dans l'épaisseur des murs seront en boisseaux de 0.19 × 0.22. Les souches hors comble en briques Bourgogne jointoyées en ciment : 1 mitron par conduit. Hotte et manteau avec dessus de fourneau de cuisine. Le carrelage de la cuisine en carreaux blancs et rouges sur béton, ainsi qu'à la salle de bains. Dans le hall et porche, dallage mosaïque semi-marbre avec bordure. Ravalement des façades et soubassement, jointoiement des meulières en ciment Portland. Décoration des façades, harpes en métalline. Décoration, baies, appuis de fenêtre, bandeaux des combles, consoles, en métalline. Les marches du perron seront en pierre dure astragalées. L'escalier du sous-sol sera en pierre dure. Canalisation en grès vernissé, comprenant siphons, regards de visite avec tampons hermétiques, ladite canalisation conduisant les eaux pluviales et ménagères au puisard.

CHARPENTE. — Le faux plancher du 2e étage en bastaings. Toute la charpente des combles en sapin. L'escalier desservant les deux étages, tout en chêne à la française, limon de 0.06 d'épaisseur, marches de 0.041 d'épaisseur, profilées de face, contre-marches de 0.018, balustre et main-courante, crémaillère de 0.027.

COUVERTURE, PLOMBERIE. — Toute la couverture du bâtiment et de l'auvent en tuiles posées sur liteaux en sapin, faîtières, ruellées. Lucarnes en zinc dans les combles, ouvrant de 1 m. avec bavette en zinc. Zinc n° 12 pour faîtage, noues, derrières de cheminées, noquets doublés, etc. Les gouttières en zinc n° 14 de 0.40 de développement. Gouttières en zinc de 0.33 de développement pour l'auvent. Tuyaux de descente en zinc n° 12 de 0.08 de diamètre. Dauphins en fonte de 0.108 de diamètre au bas des descentes. Tuyaux de chute en fonte de 0.13 de diamètre. Appareils de water-closet, tout à l'égout, cuvette porcelaine et réservoir de chasse compris, abattant en chêne ciré. Tuyaux de plomb de 0.04 en 5, pour vidange de l'évier, poste d'eau, baignoire et toilettes, compris tous percements en murs et planchers, nœuds de soudures et jonctions. Toilette lavabo à une seule place, avec dessus et dossier en marbre. Baignoire en fonte émaillée, forme bateau à gorge avec pieds.

SERRURERIE. — Les planchers des caves, rez-de-chaussée, 1er étage seront en fer à T de 0.14 ou 0.16 de hauteur espacés de 0.65 d'axe en axe. Fers à I accouplés pour linteaux de baies. Fers pour chaînage à chaque planche, fer méplat de 0.04/0.07, ancre de 0.03. Persiennes en fer et tôle renforcée aux baies du rez-de-chaussée et 1er étage. Panneaux en fonte pour la porte d'entrée. Balcons en fonte.

QUINCAILLERIE. — Caves, châssis de soupiraux de caves ferrées de 8 équerres, 4 fiches, crémone, pattes à scellements. Petits châssis ferrés de 4 équerres, 2 fiches, 1 loqueteau, 4 pattes à scellement. Portes de caves ferrées de 2 pentures et de gonds, boulonnées, serrure bénarde avec gâche. Rez-de-chaussée et étage : croisées à 2 et 4 vantaux ferrées de 7 pattes à scellement, 8 équerres entaillées, crémone R. G. de 0.018. Châssis ferrés de chacun 4 équerres, 8 paumelles de 0.11 ; 7 pattes à scellement, 1 targette cuivre. Porte à un vantail sur le perron, ferrée de : 7 pattes à scellement, 4 équerres, 3 paumelles de 0.14, bague cuivre, 1 serrure, 2 pênes de sûreté. A la porte d'entrée, panneaux fonte et châssis ouvrant. Portes intérieures à 1 ou plusieurs vantaux, ferrées de 2 paumelles de 0.14, serrure demi-tour, bouton double façon ivoire. Portes d'armoires ferrées de 6 paumelles, serrure, crochet et ressort.

MENUISERIE, PARQUET. — Sous-sol : huisseries, sapin. Portes, sapin brut. Porte d'entrée à deux vanteaux. Porte sur rue en chêne 2 vantaux à grands cadres, panneaux de fonte et châssis vitré dans le haut. Portes intérieures à 1 ou plusieurs vantaux, tout sapin, à petit cadre et frise aux 2 parements. Cuisine : la porte extérieure à 1 vantail, tout chêne, à petit cadre aux deux parements avec frise et table saillante. Croisées chêne. Pour les étages, huisseries sapin. Chambranles sapin ravalé de 0.013 et 0.05, pour chambranles de portes et croisées. Stylobates sapin de 0.013 × 0.23 de hauteur dans le salon, le bureau, vestibule et chambres. Plinthes de 0.013 × 0.11 dans les toilettes, water-closets. Dans la cuisine, barres à casseroles avec dosseret. Porte sous évier et paillasse. Socle de marches rampant de l'escalier, sapin de 0.013. Parquet chêne, à point de Hongrie, dans le salon et salle à manger. Rez-de-chaussée : le parquet posé sur lambourdes. Parquet à l'anglaise au surplus des pièces rez-de-chaussée et 1er étage, en sapin au 2e étage.

FUMISTERIE. — Fourneau de cuisine avec distribution d'eau au lavabo-toilette et à la salle de bains. Revêtement au-dessus du fourneau, paillasse et pierre d'évier avec bordure en lave. Le dessus de la paillasse en lave émaillée. Pierre d'évier en grès de 0.50 × 0.80 avec bonde siphoïde. Cheminée de style marbre blanc avec foyer, garniture faïence, châssis à rideau, cadre cuivre, intérieur en briques, glacis et goussets, pour le salon et bureau. La cheminée de la salle à manger en staff. Modillon avec foyer, garniture châssis et intérieur comme ci-dessus pour les chambres. Dans la buanderie fourneau fonte et lessiveuse avec tuyaux et accessoires.

PEINTURE, VITRERIE. — Peinture à l'huile 3 couches, égrenage, rebouchage au mastic sur toutes les menuiseries intérieures et extérieures, persiennes en fer, fonte, fers, etc. Dans le vestibule, salon et salle à manger, peintures en décors marbre ou bois, sur fond à l'huile 3 couches, égrenées, rebouchées, poncées avec soin, le tout enduit ivorin à la céruse et vernis gras une couche. Le rechampissage de toutes les pièces de ferrures. Dans les chambres du premier étage, peinture deux tons. Les murs de la cuisine, water-closet, salle de bains, ainsi que les plafonds, seront peints émaille oméga. Les corniches en staff et rosaces seront peintes à l'huile, 3 couches. Tous les plafonds, autres que ceux désignés ci-dessus, seront peints à l'inaltérable deux couches, égrenés, rebouchés. La tenture, papier prix moyen 0 fr. 75 d'achat.

VITRERIE. — Toute la vitrerie pour portes, croisées et châssis, sera en verre demi-double, deuxième choix. Les portes de cuisine, en verre dit « cathédrale. »

Façade Principale

Cuisine
W.C.
Bureau
Hall
Salle à Manger
Salon
Rez de Chaussée

Chambre
Chambre
Toilette Bains
Chambre
Chambre
Toilette
1er Etage

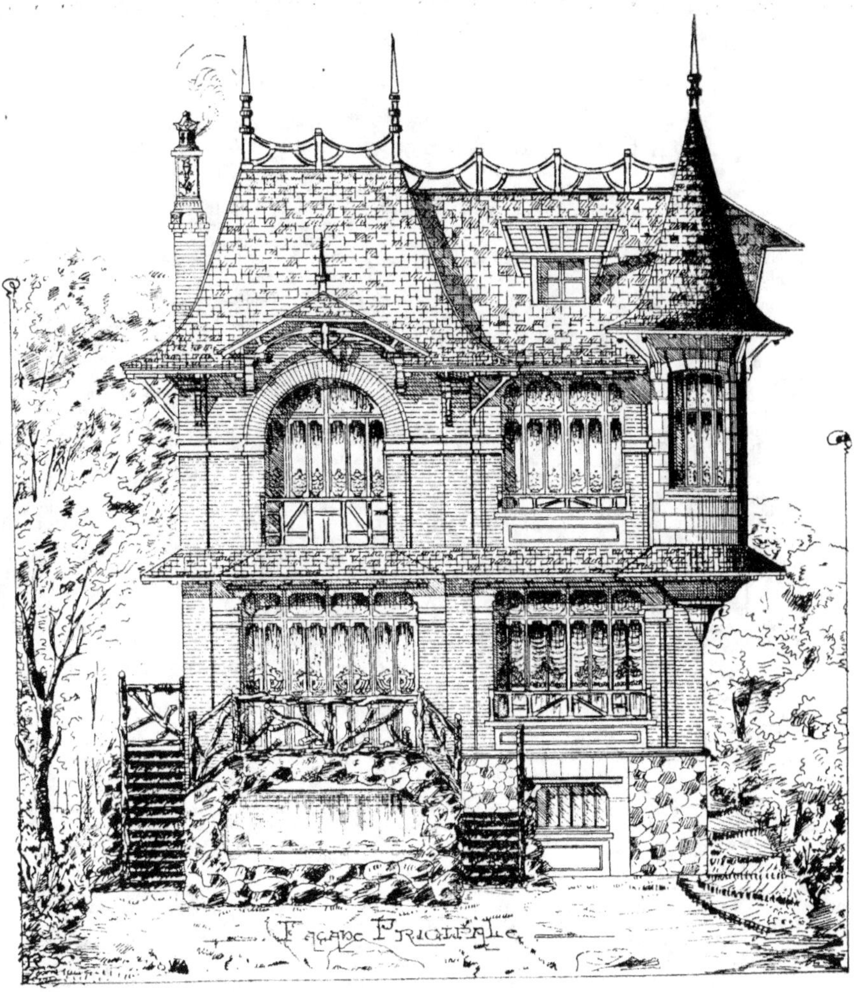

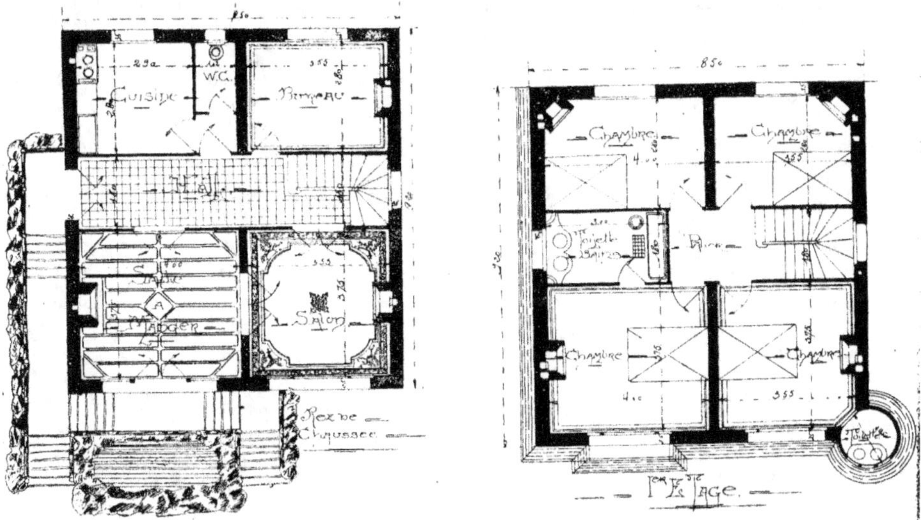

PLANCHE 54

Villa dans la Champagne : 22.000 francs.

La construction comprend : un sous-sol composé de trois caves, buanderie, une fosse, escalier avec marches en béton aggloméré et dégagement conduisant aux caves et buanderie ; un rez-de-chaussée avec perron en béton aggloméré, comprenant un hall, une salle à manger, un salon, cuisine, bureau, w.-c., vérandah, un escalier en charpente conduisant au 1er et au 2e étage, un 1er étage comprenant 4 chambres et 1 toilette servant de salle de bains, au 2e étage, 2 chambres et grenier.

Terrasse. — Fouille en déblai ou en rigole, fosse, tous jets, reprises, chargements et transports, régalage et nivellement des terres dans la propriété. Un puisard en pierres sèches pour recevoir la canalisation en grès vernissé des eaux pluviales et ménagères.

Maçonnerie. — Les rigoles sous les murs remplies en béton de cailloux et mortier de chaux hydraulique et sable de rivière avec 0.05 d'empattement. Les murs du sous-sol, hourdés en mortier de chaux hydraulique de 0.45 d'épaisseur, ceux en élévation en brique calibrée, premier choix, parementée et jointoyée. Une fosse « septique » moyen modèle. Mur de refend de cave en briques de plaine de 0.22 d'épaisseur, jointoyées en mortier idem aux 2 faces. Celui d'escalier de cave en briques de 0.11 et mortier idem et jointoyées en mortier idem. Cloison de la buanderie en briques de 0.06, jointoyées aux 2 faces. Murs et cloisons de la buanderie enduits en ciment de Portland jusqu'à 1.00 de hauteur du sol, le surplus jointoyé en mortier de chaux idem ; le sol dallé en ciment de Portland avec angles arrondis au pourtour et pentes nécessaires pour l'écoulement des eaux, par un siphon Andepard. Un tuyau de fumée et un tuyau de ventilation pour cette buanderie. Le plancher du sous-sol en fer à T hourdé en brique de 0.06 jointoyée en ciment dessous. Les cloisons du rez-de-chaussée et des étages en carreaux de plâtre de 0.06 enduits en plâtre aux deux faces, tous les plafonds enduits en plâtre et lattés. Le ravalement des façades jusqu'à la toiture en brique apparente jointoyée. La tourelle enduite en métalline. Les bandeaux du rez-de-chaussée, des façades, en ciment, les appuis de croisées en pierre. Le plafond rampant d'escalier latté et enduit de plâtre. Tuyaux de fumée en boisseaux de 0.20×0.20 avec chemisages, enduits, faux coffres et hourdis de trémies. Prolongement des souches et ventilation en dehors du comble avec enduit, bandeau et dos d'âne en ciment et couronnement lanternes en terre cuite ornée. Dans la cuisine hotte en plâtre avec manteau au-dessus du fourneau et de la paillasse.

Carrelage. — Le hall, la cuisine, le w.-c. et la toilette carrelés en carreaux céramiques posés sur forme en sable et ciment, plinthe en carreaux dans le vestibule, w.-c. et cuisine.

Charpente. — Les planchers bas 1er et 2e étages en madriers, celui du faux plancher du 2e étage en bastaings. L'escalier conduisant aux étages, tout chêne avec limons de 0.041 et contre-marches de 0.027, poteaux, mains-courantes et balustres en chêne de choix devant rester apparent. La charpente de la toiture en sapin. Le chevronnage en sapin de 8×8. Sur le ravalement ferme ornementale, consoles et balcons en sapin avec chantournement et chanfreins. Le plancher des caves sera en fer à T espacé de 0.65 à 0.70 d'axe en axe. Les linteaux des baies en fer à T. Cours de chaînage en fer méplat de 0.007 à 0.035. La porte de descente des vins ferrée de pentures avec gonds à scellement, une serrure 2 pênes et un verrou intérieur. Les autres portes idem avec serrure pêne dormant de 0.14. La porte d'entrée à 2 vantaux ferrée de pattes coudées, 6 paumelles doubles à boules et à équerres, d'une serrure de sûreté, une poignée en cuivre, à l'intérieur, et bouton de tirage avec chaînette, panneaux en fonte ornée, vasistas ouvrants en fer rainé, 2 verrous, boîte fonte 0.032, gâches et conduits. Les portes intérieures ferrées chacune de 3 paumelles de 0.11, bagues en cuivre, serrure pêne dormant 1/2 tour et bouton double blanc, imitation ivoire. Bec de cane et targettes aux portes des w.-c. et toilettes. Les armoires ferrées de charnières et serrure à canon de 0.08. Les croisées ferrées chacune de 7 pattes, 8 équerres simples, 6 paumelles de 0.11 et une crémone fer 1/2 rond de 0.018 et accessoires. Persiennes en fer, chutes et descentes en fonte, barreaux de soupiraux et autres.

Couverture, Plomberie. — La couverture en ardoises à crochets. Dans le w.-c. appareil tout à l'égout, avec abattant en chêne, cuvette 1/2 porcelaine et réservoir de chasse. Appareils avec cuvette en porcelaine à valve et robinets dans les toilettes. Dans la cuisine évier en grès émaillé de 0.55×0.65 avec bonde, vidange et siphon. Robinets en cuivre alimentant les lavabos et la baignoire. Canalisation de l'eau en tuyau de plomb et arrivée au-dessus de l'évier dans les toilettes, w.-c., salle de bains, buanderie et prise d'eau à vis dans le jardin pour arrosage, le tout avec robinets.

Menuiserie et Parquets. — Les portes des caves et buanderie en sapin brut de 0.027, barres en chêne 0.034×0.08 chanfreinées. La porte de descente des vins par frises avec baguettes sur joints et jet d'eau en chêne, bâtis chêne 0.034, panneaux sapins 0.027. Châssis vitrés en chêne pour soupiraux avec jet d'eau dans le bas. La porte d'entrée à 2 vantaux en chêne avec bâtis et imposte. Les portes intérieures à petits cadres et plates-bandes simples aux 2 parements, 3 panneaux par vantail dans la hauteur, bâtis 0.034, panneaux de 0.018, chambranles sapin avec socles aux 2 faces. Les croisées tout chêne, châssis 0.034, dormant 0.054 avec petit bois, fermant à noix et à gueule de loup avec jet d'eau et pièce d'appui. A l'intérieur des croisées chambranles au pourtour. Stylobates sapin dans le hall, salon et chambres, plinthe dans le reste. Socles de marches rampants en sapin. Parquet chêne 1er choix posé à point de Hongrie sur les lambourdes au rez-de-chaussée et en chêne de 1er choix à l'anglaise, au 1er étage sur solives. Idem en sapin posé sur solives au 2e étage.

Fumisterie. — Dans la cuisine, un fourneau-cuisinière de 1.00 à charbon de terre et réchaud à charbon de bois avec bain-marie. Une paillasse entre le fourneau et l'évier, revêtements en carreaux de faïence sur la paillasse, au pourtour de la cuisinière et de l'évier de 0 m. 45 de hauteur compris bordure. Dans la salle à manger, cheminée en bois avec foyer marbre rouge de Flandre, Louis XVI blanc pour le salon, modillon noir ou caroline pour les autres pièces. Arrangements intérieurs, rétrécis en faïence, cadre cuivre, rideau crémaillère avec coquille en cuivre dans le bas, âtre en carreaux, contre-cœurs et plaques en briques réfractaires.

Peinture, Vitrerie, Tenture. — Plafond à la colle, 2 couches. Ceux de la cuisine et w.-c. à l'huile 2 couches et enduit, les murs de cuisine, hall et w.-c. enduits, huile 2 couches, galon dans l'escalier et vestibule. Toutes les menuiseries à l'huile, 3 couches compris impression et 2 tons pour les intérieures. Celles intérieures de la porte d'entrée du hall, l'intérieur du hall, l'escalier et la salle à manger à l'huile idem, façon et décors vernis. Les persiennes à l'huile 2 couches. La rampe d'escalier huile pure 1 couche et vernis. Papier de tenture du prix d'achat de 1 franc le rouleau. Verres cathédrales à la porte d'entrée à l'escalier et aux w.-c. Vitrerie et verre simple 3e choix.

PLAN DES CAVES
Buanderie
Poty q
REZ DE CHAUSSÉE
Petit Salon
S. à M.
Vestibule
W.C.
Perron

PLANCHE 55

Cottage anglais : 22.000 francs.

Sous-sol comprenant : caves, au vin, au charbon, buanderie, grand dégagement et escalier montant au rez-de-chaussée.

Rez-de-chaussée divisé en vestibule, porche, salle à manger, salon, cuisine, galerie, water-closets, lavabo.

Escalier conduisant aux étages.

1er étage se composant de :

Antichambre sur laquelle ouvrent les portes donnant entrée aux chambres, toilette, salle de bains. 2e étage : quatre chambres à coucher.

Terrasse. — Fouille, roulage et étendage.

Maçonnerie. — Murs de cave en moellons durs du pays, parement intérieur jointoyé en montant, parements extérieurs jusqu'au niveau du rez-de-chaussée en moellons formant appareil de pierre, et jointoiement en ciment. Cloisons en briques de 0.06 jointoyées aux 2 faces. Buanderie, sol dallé en ciment, murs enduits dito jusqu'à 1 mètre de hauteur, surplus enduit en mortier blanchi à la chaux. Bac en ciment à deux compartiments, cheminée et ventilation en poterie pour la buée. Fosse réglementaire étanche. Marches d'escalier de caves en pierre. Sol des caves pilonné, nivelé et sablé. Hourdis de plancher entre fers à T en briques creuses hourdées en ciment.

Elévation. — Murs des façades du rez-de-chaussée, piles et refends en briques, hourdés en mortier hydraulique. Parement extérieur apparent jointoyé en creux au mortier. Parement intérieur enduit en plâtre. Murs au-dessus du rez-de-chaussée en briques de 0.22, vide de 0.05 et cloison en briques creuses de 0.06 d'épaisseur liaisonnées avec le parement extérieur. Décoration briques rouges et blanches avec faux pans de bois en ciment et carreaux de faïence. Conduits de fumée en brique dans l'épaisseur des murs de 0.20 × 0.20 de section enduits en mortier à l'intérieur. Souches hors comble en briques rejointoyées. Dans la cuisine flotte au-dessus du fourneau. Murs du hall, de la cuisine, des cabinets de toilette, des w.-c. revêtus de carreaux rouges de Marseille. Sol desdits en carreaux hexagones de même provenance sur forme en sable et hourdés en ciment. Hourdis des planchers en briques creuses spéciales de la largeur totale des travées de solives. Plinthes en ciment au pourtour. Dans cuisine et w.-c., ventilateurs en poteries dans l'épaisseur des murs. Carrelage du vestibule en carreaux de ciment à dessin avec bordure assortie et plinthes au pourtour.

Charpente. — Charpente du comble en sapin de sciage. Charpente extérieure sapin corroyé et chanfreiné. Escalier tout chêne à la française, limon de 0.08 chanfreiné sur les arêtes, marches profilées de face, balustres, main-courante et pilastres. Le plancher des caves et des étages en fer à T, ailes ordinaires, peints au minium. Cours de chaînage à chaque plancher avec ancres. Linteaux des baies en fer à T assemblés avec boulons et entretoises. Soupiraux munis de barreaux en fer rond de 0.018 scellés des deux bouts. Panneau fonte à la porte d'entrée avec châssis ouvrant et toutes ferrures. Portes de caves ferrées de pentures, gonds et serrure pêne dormant noir. Portes extérieures ferrées sur dormant de paumelle à équerre et à T de façon, serrure de sûreté 6 gorges et bouton fonte avec tirage. Portes intérieures à un vantail ferrées de 3 paumelles de 0.11. Serrure pêne dormant 1/2 tour, bouton double façon ivoire. Portes à 2 vantaux de 6 paumelles dito, serrure, crémone de 0.018 et 6 pattes. Pattes coudées et contrecoudées pour croisées, portes, etc. Serrures et crémones marquées.

Couverture. — Couverture en tuile plate à recouvrement posée sur liteaux sapin. Les rampants et motifs pour poinçons des pignons en terre cuite. Gouttières et descentes en zinc n° 12 de 0.25 de développement avec talons à la demande et crochets à chaque chevron. Appareils de w.-cl. en porcelaine à valve et effet d'eau. Installation de l'eau dans cuisine, w.-cl., buanderie et salle de bains. Dans le comble réservoir en tôle d'une contenance de 1.000 litres, avec tuyaux plomb pour distribution, vidange et tous raccords.

Menuiserie. — Portes de caves en sapin brut de 0.027, barres chêne chanfreinées. Les châssis chêne de 0.034 avec bâtis. Porte d'entrée en chêne à grands cadres à frise aux 2 parements, tout sapin. Croisées extérieures en chêne, dormant de 0.054, bâtis de portes et croisées. Croisées intérieures sapin, volets sapin. Huisseries sapin à la demande. Plinthes et stylobates dans les chambres. Parquets chêne, à l'anglaise sur lambourdes en chêne au rez-de-chaussée, sapin rouge, posés sur solives aux autres étages.

Fumisterie. — Cuisine. — Fourneau-cuisinière de 1.20 en tôle avec four, bain-marie, à retour de flamme. Evier en grès émaillé de 80 × 0.60 avec égouttoir. Revêtement sur mur en carreaux de faïence. Pièces : cheminées marbre blanc à modillons pour le rez-de-chaussée, marbre rouge et noir dans les chambres, rétrécis en faïence blanche, châssis à rideau, cadre cuivre, intérieur en briques et carrelage des âtres.

Peinture, Vitrerie, Tenture. — Bois intérieurs et extérieurs peints à l'huile, 3 couches, rebouchés. A l'intérieur, peinture à deux tons et faux bois à la demande. Les parties sur fer recevront 2 couches d'huile et une couche de minium. Tentures en étoffe ou autres au choix du propriétaire. Vitrerie en verre simple 3e choix pour les mesures du commerce, verre 1/2 double, 2e choix, pour les hors mesure. Vitraux à la demande et au choix du propriétaire.

Légende
1 Vestibule
2 Salle à Manger
3 Salon
4 Bureau
5 Cuisine
6 Office
7 Débarras
8 Water-Closet
Caves
9 Fosse
10 Buanderie
11 Cave à vins
12 2ème Cave
REZ-de-CHAUSSÉE
CAVES

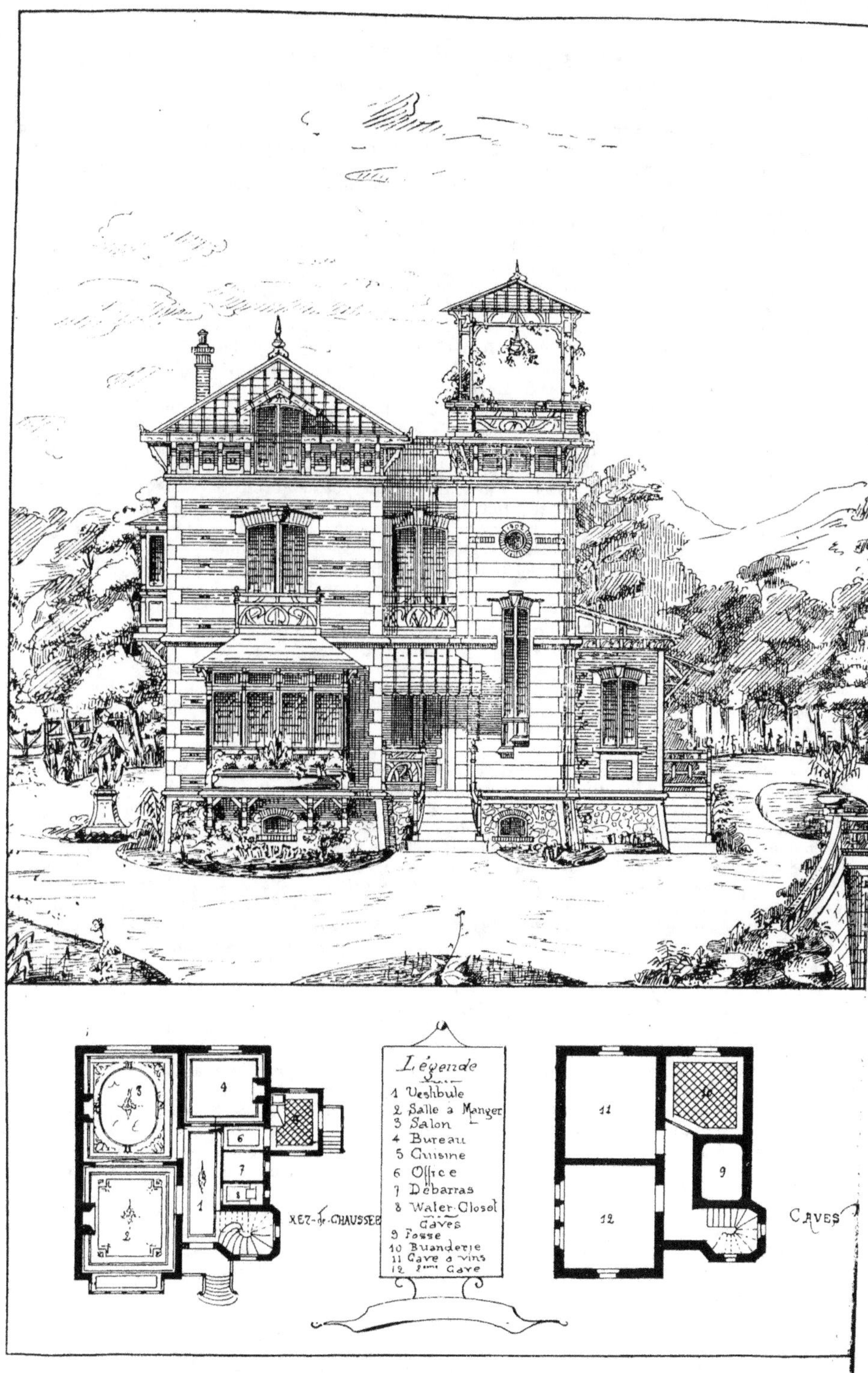

PLANCHE 56

Villa à Annet : 22.000 francs.

(Planches 56 et 56 bis).

La construction comprend : un sous-sol composé de deux caves, buanderie, d'une fosse « à l'égout, » d'un escalier avec marches en béton aggloméré et dégagement conduisant aux caves et buanderie ; rez-de-chaussée avec perron en béton aggloméré, comprenant un vestibule, une salle à manger, un salon, un bureau, cuisine, office et w.-c. ; un escalier en charpente en bois conduisant au 1er étage et au 2e ; un 1er étage comprenant 3 chambres, deux toilettes, une salle de bain ; un 2e étage formant grenier, éclairé par un châssis de toit.

Terrasse. — L'entrepreneur devra tous les terrassements nécessaires pour l'établissement du sous-sol, fouille en déblai ou en rigole, fosse, puisard pour la construction projetée, compris tous jets, reprises, chargements et transports, régalage et nivellement des terres aux endroits de la propriété désigné par l'architecte. Il sera établi à un endroit désigné par l'architecte un puisard en pierres sèches pour recevoir la canalisation en grès vernissé des eaux pluviales et ménagères et de profondeur suffisante pour absorber lesdites eaux.

Maçonnerie. — Les rigoles sous les murs, refend et mur bahut avec clôture seront remplies en béton de cailloux et mortier de chaux hydrauliques et sable de rivière avec 0.05 d'empâtement de l'épaisseur des murs. Les murs de cave seront en pierre hourdée en mortier de chaux hydraulique de 0.45 d'épaisseur, rocaillés à l'intérieur à mortier d° et jointoyés à l'extérieur en mortier d°. Une fosse « à l'égout. » Les murs de refend de cave seront en briques de plaine de 0.22 d'épaisseur et jointoyées en mortier idem aux 2 faces. Les murs extérieurs seront en briques de 0.22, hourdées, jointoyées en creux à l'extérieur. Celui d'escalier de cave en briques de 0.11 et mortier idem et jointoyées en mortier idem. Cloison de la buanderie en briques de 0.06 hourdées, jointoyées aux 2 faces. Les murs et cloisons de la buanderie seront enduits en ciment de Portland jusqu'à 1.00 de hauteur du sol, le surplus sera jointoyé en mortier de chaux idem ; le sol dallé en ciment de Portland avec angles arrondis au pourtour du sol du dallage et pentes nécessaires pour l'écoulement des eaux. Un tuyau de fumée dans la buanderie et un tuyau de ventilation. Les marches de la descente des vins à la buanderie seront en béton aggloméré ainsi que le perron de la face principale. Massif en béton sous ce perron. Le plancher du sous-sol en fer à T hourdé en brique. Les cloisons du rez-de-chaussée et du 1er étage seront en carreaux de plâtre de 0.06, enduits en plâtre aux deux faces, tous les plafonds seront enduits en plâtre. Le ravalement des façades sera en brique, les chaînes d'angles jusqu'à la toiture seront enduites en mortier coloré métallines et briques apparentes ainsi que les souches, les tableaux des baies et briques apparentes idem suivant dessins. Les bandeaux du rez-de-chaussée des façades en ciment, les appuis de croisées en brique apparente, les joints en creux tirés au fer, le tout suivant dessins indiqués aux plans. Les planchers seront lattés et enduits. Rosaces à corniches à part. Le plafond rampant d'escalier latté et enduit en plâtre. Tuyau de fumée en boisseau de 0.20 × 0.20 avec chemisages, enduit, faux-coffres et hourdis de trémis à la demande. Prolongement des souches et ventilation en dehors du comble avec enduit, bandeau en dos d'âne en métalline. Un mitron orné par conduit. Canalisation en grès vernissé pour toute la construction et décharges à la buanderie et au puisard avec siphons. Cours de chaînage avec tirants et ancres à chaque plancher. L'entrepreneur devra faire tous les trous, scellements de poteaux et huisseries, entailles, raccords de toute nature à la demande. Lardis de clous et rapointis. Scellement de lambourdes au rez-de-chaussée ; au 1er étage et au 2e étage, les parquets seront posés sur les solives. Dans la cuisine hotte en plâtre avec manteau au-dessus du fourneau et de la paillasse.

Carrelage. — Le vestibule, la cuisine, w.-c. et salle de bain et toilette seront carrelés en carreaux d'Auneuil, posés sur forme en sable et ciment, plinthe en carreaux dans le vestibule, w.-c., toilette, cuisine et salle de bain.

Canalisation. — Canalisation en grès vernissé conduisant les eaux pluviales et ménagères au puisard.

Charpente. — Le plancher du 1er étage sera en madriers et bastaing, celui du faux plancher du 2e étage sera en bastaing de 0.065 × 0.17, espacé de 0.33 d'axe en axe et de 0.20 de portée dans l'épaisseur des murs. L'escalier conduisant à l'étage tout chêne avec limon, marches de 0.041 et contre-marches de 0.027, poteaux et main-courante et balustres en chêne. La charpente de la toiture en sapin. Plate-forme ; poteaux pour faîtages ; poinçon en sapin ; faîtage et pannes en sapin, en madrier sapin. Chevronnage en sapin ainsi que le window, les balcons et appentis. Le tout suivant dessins indiqués au plan. Les solives seront bien dressées pour recevoir le parquet. La campanile tout en bois, liens, auvents, tout sapin.

Serrurerie. — Le plancher des caves sera en fer à T espacé de 0.65 à 0.71 d'axe en axe. Les linteaux des baies en fer à T. Cours de chaînage en fer méplat de 0.004 à 0.007 de 0.03. Plates-bandes pour limons, boulons d'écartement. La rampe d'escalier est en menuiserie suivant indication aux plans. Les soupiraux munis de barreaux en fer rond de 0.018 scellés. La porte de descente des vins sera ferrée de pentures avec gonds à scellement, une serrure, 2 pênes et un verrou intérieur. Les autres portes idem avec serrure pêne dormant de 0.14.

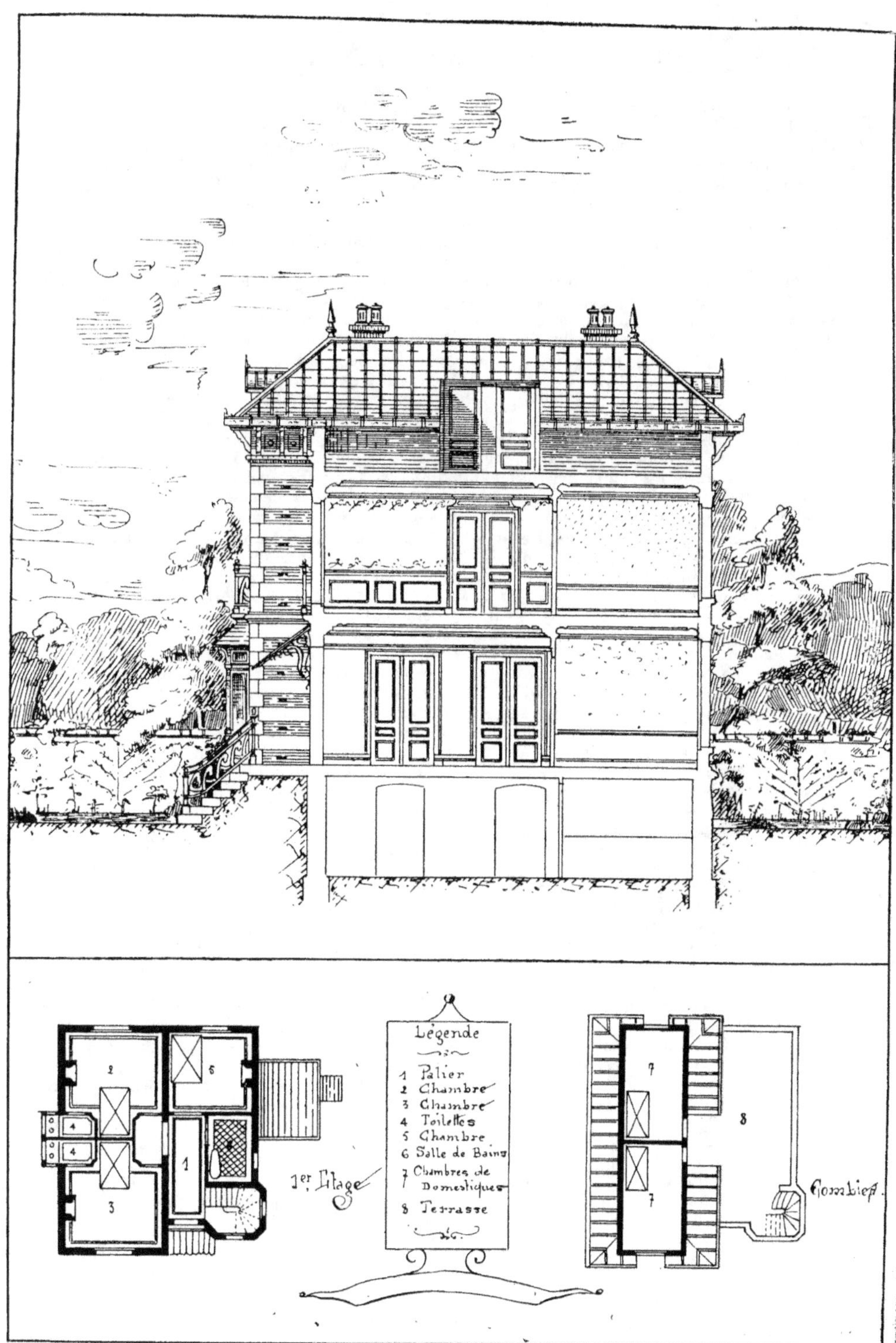

PLANCHE 56 *bis*

Villa à Annet : 22.000 francs (*suite*).

La porte d'entrée à 2 vantaux ferrée de pattes, coudées et équerres fortes, de 6 paumelles doubles à boules et à équerre, une serrure de sûreté, une poignée en cuivre à l'intérieur et bouton de tirage avec chaînette, panneaux en fonte ornée et vasistas en fer rainé, 2 verrous, boîte fonte 0.032, gâches et conduits. Les portes intérieures seront ferrées chacune de 3 paumelles de 0.11, bagues en cuivre, serrure pêne dormant 1/2 tour et bouton double blanc, imitation ivoire. Bec de cane et targettes aux portes des w.-c. et toilette. Les armoires à la demande ferrées de charnières, serrure à canon de 0.08. Les croisées ferrées chacune de 7 pattes, 8 équerres simples, 6 paumelles de 0.11 et d'une crémone fer 1/2 rond de 0.018 et accessoires. Persiennes en fer compris tous accessoires et peinture au minium. Toutes les serrures seront marquées. L'entrepreneur devra toutes les pattes droites, coudées, contre-coudées et à scellements pour bâtis, contre-bâtis, dormants, etc. Les fers nécessaires pour la hotte du fourneau, chute et descente en fonte, panneaux en fonte ornée, rapointis, clous à bateaux, pitons de suspensions, entrée, salon et salle à manger. Ferrure du window.

Couverture et Plomberie. — La couverture en tuiles sur liteaux avec faîtières, ruellées et solins en plâtre aux souches de cheminées. Le tout suivant dessin indiqué au plan. La terrasse en papier volcanique. Chaîneau. Gouttières en zinc n° 12. Descente en zinc et raccords avec la canalisation, conduisant les eaux au puisard. Dans le w.-c., appareil tout à l'égout, avec abattant en chêne, cuvette 1/2 porcelaine et réservoir de chasse. Appareil avec cuvette en porcelaine à valve et robinet. Dans la cuisine, évier en grès émaillé de 0.55 × 0.65 avec bonde, vidange et siphon. Robinet en cuivre alimentant un lavabo en fonte émaillée et décharge dans le cabinet de toilette. Canalisation de l'eau en tuyau de plomb et arrivée au-dessus de l'évier, dans la toilette et w.-c. Buanderie et prise d'eau à vis dans le jardin pour arrosage.

Menuiserie et Parquets. — Les portes de caves et buanderie en sapin brut de 0.027, barres en chêne 0.034 × 0.08 chanfreinées. La porte de descente des vins par frises avec baguettes sur joints et jet d'eau en chêne, bâtis chêne 0.034, panneaux sapin 1.027. Châssis vitrés en chêne pour soupiraux avec jet d'eau dans le bas. La porte d'entrée à 2 vantaux sera en chêne avec bâtis et imposte, panneaux à grands cadres, avec plates-bandes aux 2 faces et socle dans le bas, panneaux de fonte ornée dans la partie haute suivant dessin indiqué au plan, chambranles avec socles à la face intérieure de la porte d'entrée. La porte de la cuisine sur le perron sera en chêne, bâtis 0.034, panneaux 0.027. Agencement dans la cuisine, tablettes, barres à casseroles et dosserets. Toutes les portes intérieures seront à petits cadres et plates-bandes simples aux 2 parements, 3 panneaux par vantail dans la hauteur, bâtis 0.034, panneaux de 0.18, chambranles sapin aux socles aux 2 faces. Les croisées tout chêne, châssis 0.034, dormant 0.054 avec petits bois fermant à noix et gueule de loup avec jet d'eau. Tapées en chêne pour les persiennes en fer. A l'intérieur des croisées chambranles d° au pourtour. Petits cadres figurant panneaux avec plinthe et cimaise dans la salle à manger. Stylobates sapin dans le vestibule, salon, bureau et chambre, plinthes dans le reste, 4 armoires en lambris à glace, en sapin à la demande. Les huisseries en sapin. Socles de marches rampants en sapin. Parquet chêne 2ᵉ choix posé à points de Hongrie sur les lambourdes au rez-de-chaussée. Sapin rouge au 1ᵉʳ étage sur solives. Sapin de rebut posé sur solives au 2ᵉ étage. Baguettes d'angles et 1/2 baguettes aux angles des murs.

Fumisterie. — Dans la cuisine, un fourneau-cuisinière de 0.80 à charbon de terre et réchaud à charbon de bois avec bain-marie, four, boîte à charbon et accessoires avec une bouche de chaleur dans la salle à manger. Trappe en tôle et crémaillère à la hotte. Une paillasse entre le fourneau et l'évier, revêtements en carreaux de faïence sur la paillasse, au pourtour de la cuisinière et l'évier de 0 m. 45 de hauteur compris bordure. Dans la salle à manger, cheminée à modillon marbre rouge de Flandre, modillon blanc pour le salon, modillon noir ou caroline pour les autres pièces. Arrangements intérieurs, rétrécis en faïence, cadre cuivre, rideau crémaillère avec coquille en cuivre dans le bas, âtre en carreaux, contre-cœur en brique, etc. Un calorifère de 5 bouches à air chaud, compris tous accessoires.

Peinture, Vitrerie, Tenture. — Tous les plafonds à la colle 2 couches. Ceux de la cuisine et w.-c. à l'huile 2 couches et enduit, les murs de cuisine, vestibule, escalier et w.-c. enduits, huile 2 couches, galon dans l'escalier et vestibule. Toutes les menuiseries à l'huile 3 couches compris impression et 2 tons pour les intérieurs. Celles extérieures de la porte d'entrée du vestibule à l'huile 3 couches dont 1 d'impression façon décors et vernis. Les lambris de la salle à manger à hauteur de 1.10 seront à l'huile idem et façon de décors. Tous les balcons, rampes d'escalier, panneaux de fonte, barreaux de soupiraux, linteaux apparents à l'huile 2 couches et minium 1 couche au préalable. Carrelages lavés, parquets en chêne encaustiqués. Tous les nettoyages. Papier de tenture du prix d'achat de 0 fr. 60 le rouleau, prix moyen. Bordure assortie suivant les pièces. Verre cathédrale dans endroit à désigner. Vitrerie en verre simple 3ᵉ choix. Verre double 4ᵉ choix pour châssis de toit. Calicots et bandes de zinc à T pour armoires et placards.

Staff. — Dans les chambres, salon, salle à manger.

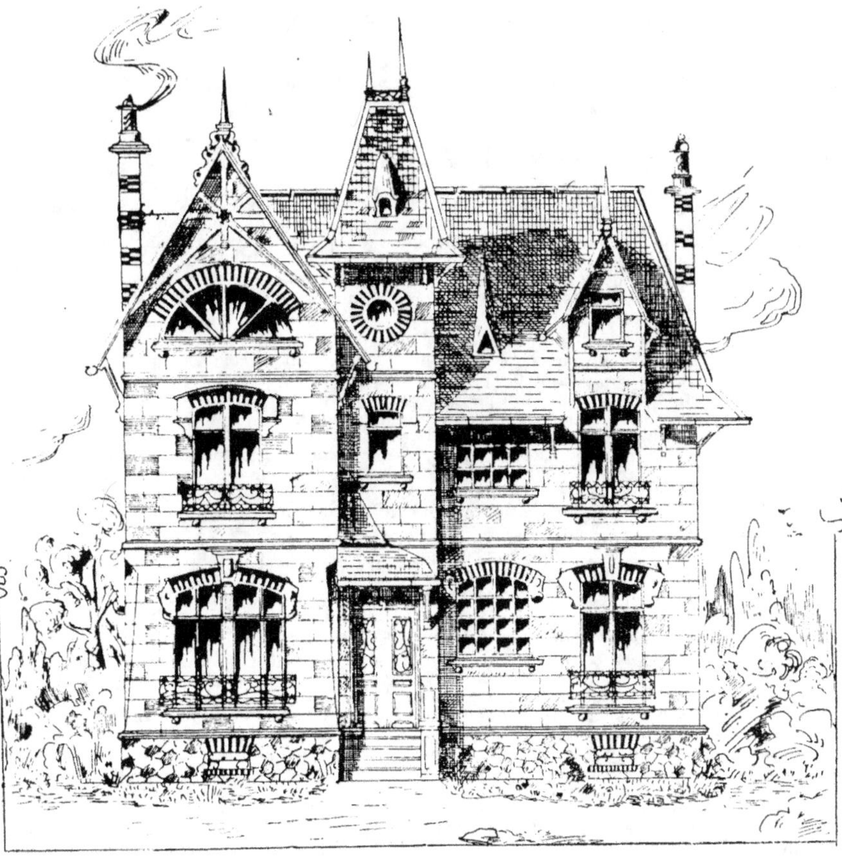

VESTIBULE
SALLE A MANGER
SALON
HALL
REZ DE CHAUSSEE

TOILET
CHAMBRE
PALIER
CHAMBRE
CHAMBRE
TOILETTE
1er ETAGE

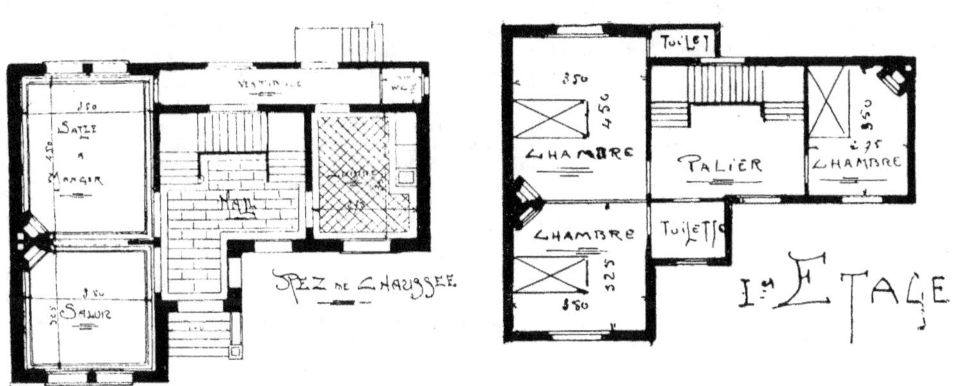

PLANCHE 57

Villa à Enghien : 24.000 francs.

Cette villa se compose : au sous-sol d'une cave à charbon, d'une cave aux vins et buanderie; au rez-de-chaussée : d'un hall, dégagement, salon, salle à manger, cuisine, water-closets; au premier étage : de 3 grandes chambres, 2 toilettes et palier, au 2e étage : 3 chambres et grenier.

TERRASSE. — Fouille en déblai ou en rigoles, jets, reprises, chargements et transports, régalage et nivellement des terres dans la propriété. Puisard en pierres sèches pour recevoir la canalisation.

MAÇONNERIE. — Rigoles remplies en béton de cailloux et mortier de chaux hydraulique et sable de rivière. Le sol de la cave sera battu et pilonné, dessus une couche de sable de 0.05 épaisseur. Les murs de fondation en moellons du pays hourdés en mortier de chaux hydraulique. Le mur de refend de cave en moellons jointoyés à l'intérieur en mortier. Celui de l'escalier de cave en briques de 0.11 et mortier et jointoyés en mortier dito Les marches de descente de cave seront en béton aggloméré ainsi que les perrons. Le plancher du sous-sol hourdé en plâtras et plâtre.

ELÉVATION. — Les murs des façades en élévation et refends en briques des épaisseurs indiquées au plan, hourdés en mortier hydraulique. Cloisons en carreaux de plâtre et enduits de plâtre sur murs et cloisons. Mur de l'escalier en briques de 0.07 dito enduites en plâtre. Le ravalement des façades en imitation pierre, les briques apparentes jointoyées en ciment, lissés, arêtes et champs. Les bandeaux du rez-de-chaussée, 1er et 2e étages et les appuis de croisées en ciment. Les planchers lattés et enduits. Rosaces en staff, salon et salle à manger, corniches en plâtre traînées au calibre dans le salon et la salle à manger. Le plafond rampant d'escalier latté et enduit en plâtre. Tuyaux de fumée réglementaire en boisseaux de 0.19 sur 0.22 avec chemisages, enduits, faux coffres et hourdés de trémies. Prolongement des souches et ventilation en dehors du comble, un mitron ornementé par conduit. Fosse syphoïde.

CARRELAGE. — Hall et dégagement carrelés en carreaux de céramique et la cuisine en carreaux de Beauvais.

CHARPENTE. — Les planchers bas du 1er et 2e étages, faux planchers seront en bastaings et demi-bastaings. L'escalier pitchpin avec limons, marches, contre-marches, poteaux, mains-courantes et balustres. La charpente de la toiture et tourelle en sapin.

SERRURERIE. — Le plancher des caves en fer avec entretoises et fentons. Cours de chainage en fer. Les soupiraux et châssis du sous-sol munis de barreaux en fer rond de 0.018 scellés. La porte de descente des vins sera ferrée de pentures avec gonds et scellements, serrure, deux pênes. Les autres portes dito avec une serrure pêne dormant de 0.014. La porte d'entrée à 2 vantaux, ferrée de pattes coudées et équerres fortes, une poignée en cuivre à l'intérieur et bouton de tirage chaînette, panneau en fonte ornée et vasistas en fer rainé. Imposte au-dessus avec châssis ferré de paumelles, loqueteau, anneau, conduit et tirage. Les portes intérieures ferrées de 3 paumelles, serrure pêne dormant 1/2 tour de bouton double. Bec de cane et targettes aux portes des w.-c. et toilettes. Les croisées ferrées de 7 pattes, 8 équerres simples, 6 fiches chanteau et 1 crémone fer 1/2 rond et accessoires. Persiennes en fer. Balcons en fonte. Pattes droites, coudées, contre-coudées et à scellement pour bâtis, contre-bâtis, dormants, etc.

COUVERTURE, PLOMBERIE. — Couverture en ardoise sur voliges sapin, solins aux souches de cheminées, noquets en zinc n° 12, poinçon en zinc estampé. Gouttière en zinc n° 12. Descentes en zinc de 0.08 et raccords avec la canalisation. Dans la cuisine évier en grès émaillé de 0.60 sur 0.60 avec bonde vidange et siphon; fourniture d'un appareil water-closet.

MENUISERIE. — La porte de descente des vins par frises avec baguettes sur joints et jet d'eau en chêne bâtis 0.034, panneau sapin 0.027. Portes de caves en sapin brut de 0.027, barres chêne. Châssis vitrés en chêne pour soupiraux, jet d'eau dans le bas. La porte d'entrée à deux vantaux en chêne avec bâtis, imposte panneaux à grands cadres, plates-bandes aux deux faces et socle dans le bas, panneaux de fonte ornée dans la partie haute, chambranles avec socles. Toutes les portes intérieures en sapin à petits cadres et plates-bandes simples aux 2 parements, 3 panneaux, chambranles sapin avec socles aux deux faces. Les croisées chêne, châssis 0.034, dormant 0.054 à noix et à gueule de loup et jet d'eau. Stylobates sapin dans le vestibule et le salon, plinthes dans le reste des pièces. Socles de marches rampants en sapin. Les huisseries en sapin. Parquet chêne deuxième choix à l'anglaise sur les lambourdes au rez-de-chaussée. Premier et deuxième étage sapin rouge posé sur solives.

FUMISTERIE. — Un fourneau-cuisinière de 0.95. Une paillasse entre le fourneau et l'évier, revêtements sur la paillasse au pourtour de la cuisinière et de l'évier en lave émaillée. Dans la salle à manger, salon et les chambres, cheminées en marbre. Arrangements intérieurs, rétrécis en lave, cadre cuivre, rideau, âtre en carreaux, contre-cœurs en briques. Lessiveuse avec fourneau en fonte et conduit en tôle pour la fumée, dans la buanderie.

PEINTURE, VITRERIE, TENTURE. — Plafonds à la colle, 2 couches. Ceux de la cuisine à « l'Inaltérable. » Les menuiseries à 3 couches et à deux tons pour les intérieures. Celles extérieures de la porte d'entrée du vestibule, 3 couches et vernis. Tous les bois extérieurs, peints à l'huile, 3 couches, égrenés et rebouchés. Les portes extérieures et persiennes en fer à 2 couches d'huile en plus de la couche de minium. Lambris de la salle à manger et hall à hauteur de 1.10 idem, façon décor et vernis. Les panneaux de fonte, barreaux de soupiraux, linteaux en bois apparents 2 couches, et minium 1 couche. Carrelages lavés, parquets encaustiqués. Nettoyages. Pose de fourniture de papier de tenture à 0 fr. 70 le rouleau avec bordure assortie. Vitrerie en verre simple 3e choix pour les portes vitrées et croisées.

PLANCHE 58

Ivry-la-Bataille : 24.000 francs.

Elle se compose de :

Sous-sol de 2.00 de hauteur auquel on accède par la descente placée sous l'escalier et par une descente extérieure pour les vins, et comprenant cave à vins, cave à bois, salle de bains, légumier, buanderie.

Rez-de-chaussée de 3.00 de hauteur divisé en : vestibule et escalier desservant le premier étage, salle à manger de 4.80×4.50, salon 3.12×4.50, bureau de 3.02×1.80, cuisine de 3.00×3.04, petite salle à manger 2.80×3.00.

Premier étage de 3 00 de hauteur ayant comme distribution : palier d'escalier, chambre à coucher de 4.50×3.96, autre chambre de 4.50×3.96, toilette de 2.80×1.30, chambre de 2.80×3.50, autre chambre 3.00×3.04, toilette 1.80×3.04.

2e étage avec palier d'escalier, deux chambres de 4.50×3.75 et deux greniers.

Construction établie sur rigoles remplies en béton, murs dans la hauteur du sous-sol en caillasse hourdée en mortier de chaux hydraulique et sable maigre, élévation en caillasse avec chaînes et arcs en briques, parties repressées pour rester apparentes, parties ordinaires pour être recouvertes; mur de refend aussi en briques ordinaires. Conduits de fumée en boisseaux Gourlier de 0.16×0.25 chemisés en plâtre pour former coffres et prolongés sur comble par des souches en briques repressées, couronnement en Portland et mitrons en terre cuite.

Ravalements extérieurs, soubassement jointoyé en Portland avec bandeau mouluré, perron en béton aggloméré, partie haute parementée et jointoyée en chaux sur brique avec joints tirés au fer, pour chaînes et motifs de baies, enduits en chaux teintée pour tables de chaînes, consoles et motifs de baies, appuis moulurés en Portland, souches en briques jointoyées idem.

Fosse d'aisances en béton armé, dite syphoïde, de moyen modèle et cabinet d'aisances indépendant à l'extérieur.

A l'intérieur, le plancher de cave à solives en fer à T, de 0.14, hourdées en briques de pays par voutains, les autres planchers et le comble en madriers, demi-madriers et chevrons en sapin, lucarnes, queues de vaches, voligeage, consoles et tous bois apparents en sapin rouge. Escalier en sapin rouge à la française. Balustres, limons superposés, moulurés, potille à têtes et culs-de-lampe tournés ou chantournés, main-courante profilée, dessus de marches en chêne et celles de descente de cave en chêne de 0.054, abattus de rive sur la face.

Couverture en tuiles à emboîtement grand moule, faîtage et arêtiers unis, embarrures, solins et ruellées en Portland, épis en terre cuite, derrières de cheminées, noues, gouttières et tuyaux en zinc n° 12.

Chaînages en fer, tuyaux de chute et dauphins en fonte, linteaux en fer, clous, boulons, rapointis. Croisées et porte d'entrée en chêne, persiennes brisées en fer et tôle, balcons saillants en fonte, menuiseries intérieures, huisseries, portes, armoire de toilette et armoire sous évier, moulures, chambranles, faux lambris, baguettes, plinthes, socles de marches et stylobates en sapin.

Marquise au-dessus du perron.

Garde-robe à effet d'eau avec abattant en chêne ciré pour w.-c. séparé, canalisation des eaux pluviales et ménagères allant à la syphoïde, dont les eaux usées sont recueillies dans un puisard les perdant dans les sables.

Dans les cas où il existerait les eaux de concession, canalisation en plomb partant du compteur desservant l'évier et les effets d'eau de la garde-robe ainsi que le lavabo du cabinet de toilette du 1er étage, et un robinet pour l'arrosage du jardin; dans le cas contraire, forage de puits, pompe aspirante et refoulante, réservoir à terrasson, trop-plein et canalisation comme la précédente.

Parquet en chêne deuxième choix sur lambourdes au rez-de-chaussée, sur solives au premier étage; parquet en sapin sur solives au 2e étage. Carrelage en carreaux de Beauvais carrés dans cuisine et water-closet, en céramique dans le vestibule, le tout posé sur ciment de Portland avec forme de sable.

Dans la cuisine, évier en grès vernissé, fourneau en fonte et tôle, ventilateur en tôle remplaçant la hotte, paillasse, revêtement en carreaux de faïence, tablette, applique et porte-casseroles.

Dans la salle à manger et le salon cheminées à modillons en marbre rouge, dans les autres pièces cheminées capucines à cadres, revêtements avec foyers et intérieurs rétrécis en faïences à ventouses et accessoires.

Peinture des boiseries extérieures et intérieures, des persiennes, balcons, saillies, des murs et plafonds de cuisine et w.-c., lambris et autres à l'huile 3 couches, égrené, rebouché, plafonds à la colle, rampe d'escalier et extérieur de la porte d'entrée en bois naturel passés à l'huile et vernis, parquets replanis, encaustiqués et frottés.

Vitrerie en verre demi-double, 2e choix pour les hors mesure et simple, 3e choix, des croisées, et en verre cathédrale du châssis de la porte d'entrée et de ceux du w.-c.

Tenture de papier avec bordures et collage.

1ᵉʳ Étage
Rez de Chaussée
Salon
Vestibule
Salle à Manger
Dégagemt
Caves
Cave
Cave

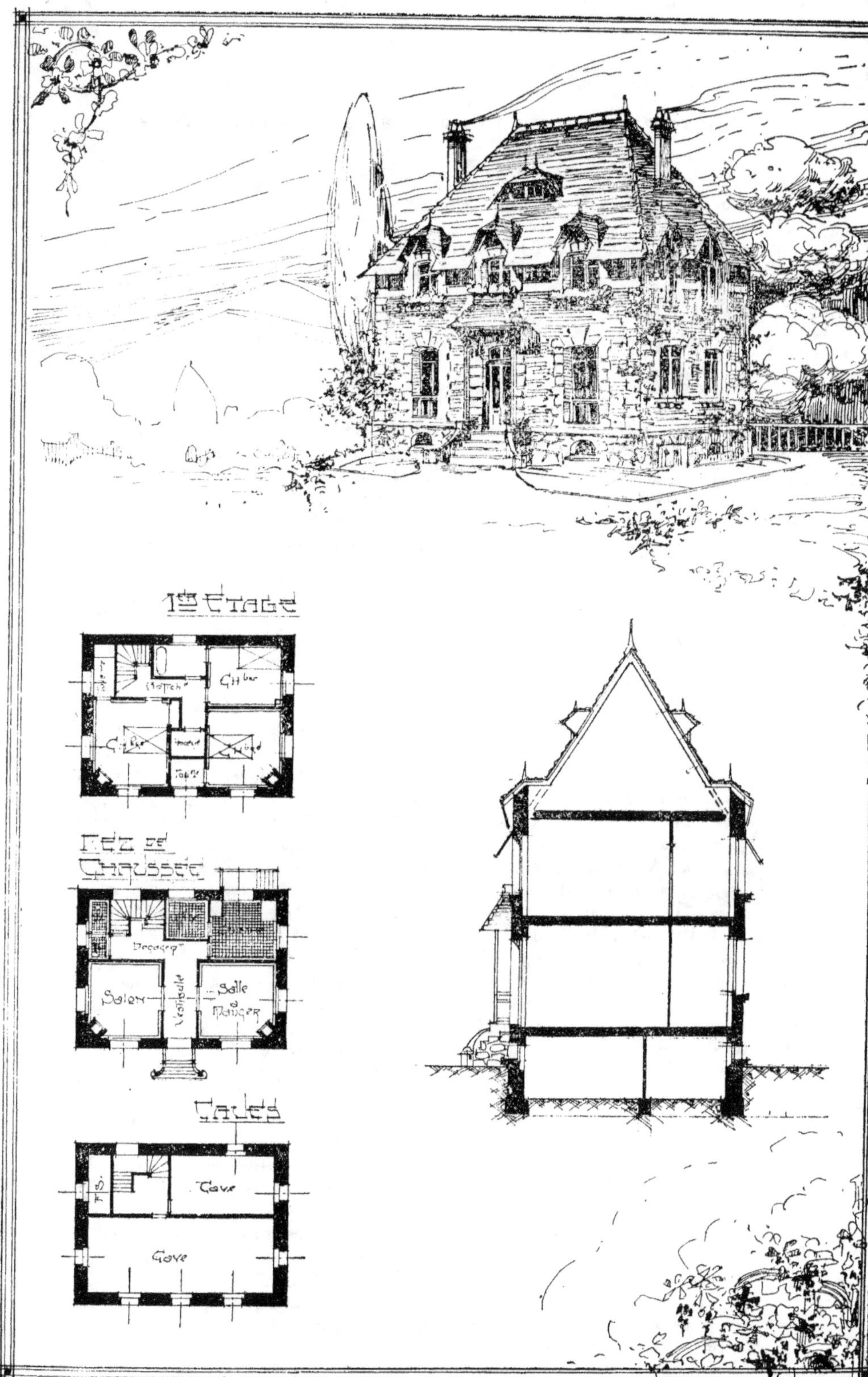

PLANCHE 59

Cottage aux environs de Paris : 25.000 francs.

Ce cottage se compose de :

Sous-sol de deux mètres de hauteur, comprenant deux caves, descente, dégagement et fosse septique.

Au rez-de-chaussée de 3.00 de hauteur, divisé en vestibule dans lequel se trouve l'escalier desservant le premier étage, salle à manger de 4.00 × 4.00, salon de 4.00 × 4.00, cuisine de 3.00 × 3.50, office 2.00 × 2.00, water-closet, lavabo, penderie.

Au premier étage de 2.80 de hauteur, ayant comme distribution 2 chambres de 4.00 × 4.00, 1 chambre de 3.00 × 4.00, salle de bains 2.00 × 2.50, 2 toilettes et penderies.

Construction établie sur rigoles remplies en béton, sous-sol en meulière-caillasse hourdée en mortier de chaux hydraulique et sable, élévation en briques et mortier idem, appuis et arcs de baies imitation pierre en chaux badigeonnée 2 couches, conduits de fumée en boisseaux Gourlier de 0.20 × 0.20, souches sur comble enduites en chaux, couronnements enduits dessus en Portland et mitrons en terre cuite, scellés au ciment.

Refend en brique de pays de 0.11, en lave au rez-de-chaussée et au 1er étage. Ravalements extérieurs jointoyés en creux en chaux hydraulique, les façades en briques jointoyées en chaux en creux ; joints tirés au fer. Soubassement jointoyé en mortier bâtard de chaux et ciment, avec retraite, et bandeau uni en ciment de Portland. Marches perron et seuil en béton aggloméré à marches astragalées et palier.

A l'intérieur, plancher de cave en solives fer à T de 0.12 avec entretoises et fentons, et hourdés en plâtras et plâtre ragréé en dessous, les murs de caves non enduits, sauf ceux de la descente.

Aux étages supérieurs, plafonds et murs enduits en plâtre.

Plancher haut du 1er étage, plancher haut du rez-de-chaussée, comble et chevronnage en sapin de sciage du commerce, madriers, bastaings et chevrons. Saillies rabotées. Lucarnes et consoles en sapin raboté.

Couverture en ardoises à crochets, derrières de cheminées, noues, faîtages, arêtiers, gouttières et descentes en zinc, dauphins en fonte.

Balcons en fonte, chaînages en fer ; croisées et porte d'entrée en chêne, persiennes en fer et tôle ; menuiseries intérieures en sapin ; garde-robe à effet d'eau au water-closet, canalisation des eaux pluviales et ménagères en grès vernissé avec tranchées et drainages perdant les eaux dans le terrain.

Canalisations en plomb amenant les eaux au w.-c., à l'évier, bains, toilette et à un robinet pour l'arrosage des jardins.

Rez-de-chaussée, salle à manger et salon parquetés en chêne à l'anglaise sur lambourdes et avec replanissage, plinthes et stylobates dans deux pièces, cheminées modillon et pompadour en marbre, intérieurs rétrécis en faïence. Vestibule en céramique, cuisine, w.-c., en carreaux de ciment avec plinthes aussi en carreaux. Escalier à la française en sapin à balustres, unis, du rez-de-chaussée au premier. Cuisine : évier en grès vernissé, paillasse en ciment armé, fourneau en fonte et tôle à charbonnier ; revêtement en faïence, cuisine, office, agencement composé de tablettes, appliques et porte-casseroles, armoire, sous-évier et paillasse, ventilateur en tôle remplaçant la hotte.

Au 1er étage, plafonds unis, parquets en chêne cloués sur solives et replanis, cheminées capucines en marbre, intérieurs rétrécis en faïence et prises d'air, stylobates dans toutes les pièces.

Peinture des plafonds à la colle, des boiseries extérieures et intérieures, persiennes, balcons, murs et plafonds de cuisine, office, water-closet, lavabo, escalier, à l'huile 3 couches, égrené, rebouché.

Vitrerie en demi-double, 3e choix pour les verres hors mesure ; simple, 3e choix, pour les autres, et cathédrale pour water-closets et portes extérieures.

Tenture en papier dans les pièces.

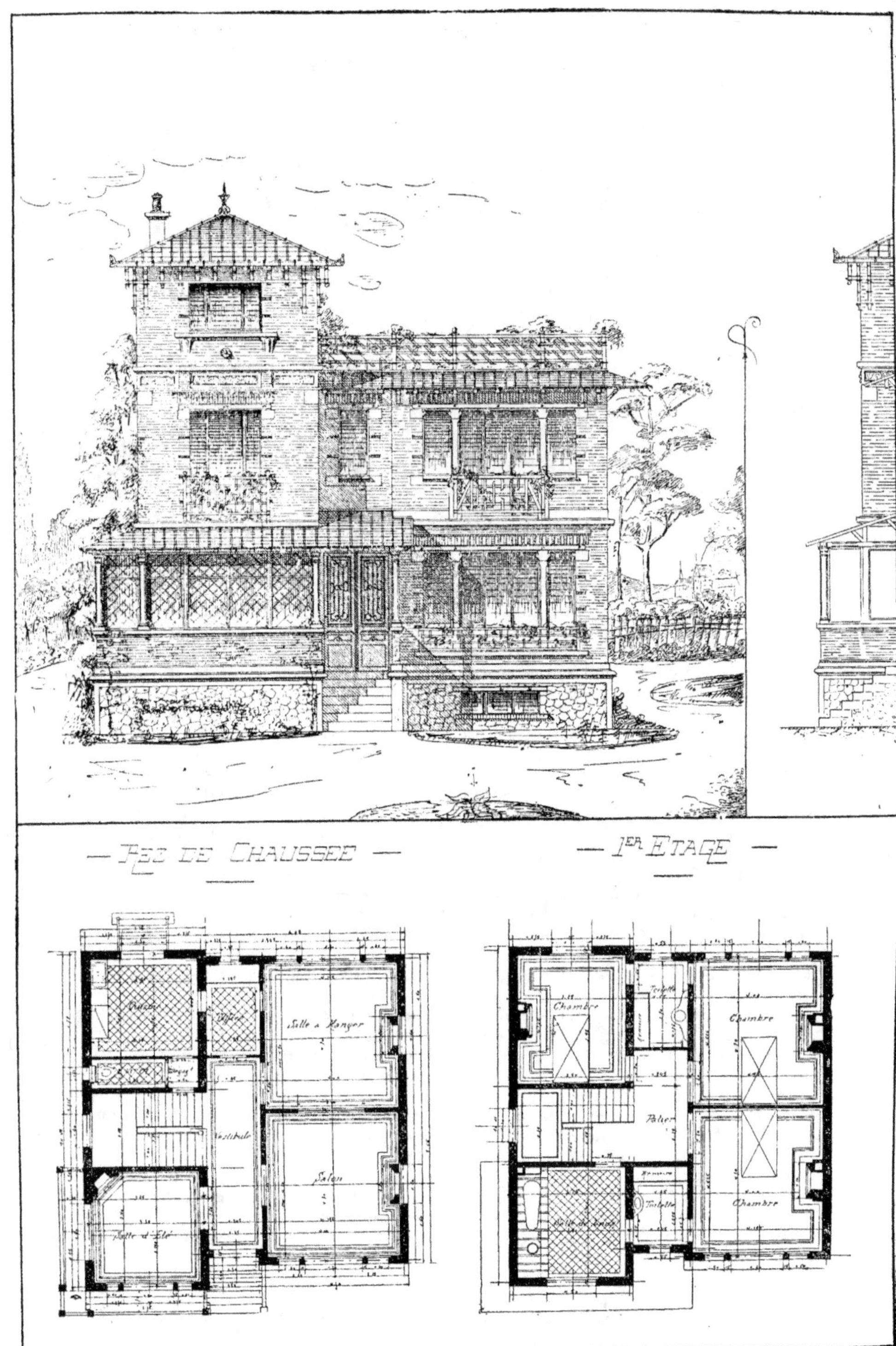

PLANCHE 60

Villa à Annet : 25.000 francs.

Cette villa se compose de :

Sous-sol de 2 mètres de hauteur, comprenant cave à vins, cave à charbons, buanderie, atelier, descente de cave et dégagement, citerne recevant les eaux pluviales et emplacement de fosse siphoïde dans la cave à bois.

Rez-de chaussée de 3.00 de hauteur, divisé en : vestibule, escalier desservant le premier étage, salle à manger, salle dite salon, cuisine, office, water-closet, lavabo.

Premier étage ayant comme composition : 3 chambres à coucher, salle de bains, 2 toilettes, palier et dégagement. Au 2ᵉ : 2 chambres.

Construction établie sur rigoles remplies en béton, sous-sol en meulière-caillasse hourdée en mortier de chaux hydraulique et sable de rivière, élévation en briques, motifs de baies en briques repressées, refend en briques brutes de pays, conduits de fumée dans l'épaisseur des murs en boisseaux Gourlier de 0.20×0.20, souches sur comble en briques apparentes, parementées et jointoyées, couronnements en métalline, enduits dessus en Portland et mitrons-lanternes en terre cuite.

Ravalements extérieurs jointoyés en creux en chaux hydraulique, les parties de briques parementées et jointoyées en chaux à joints tirés au fer. Soubassement jointoyé en mortier bâtard de chaux et ciment, avec retraite, bandeaux unis et bandeau mouluré en ciment de Portland. Perron en béton aggloméré à marches astragalées et limons. Les ciments sont badigeonnés en chaux vive ton pierre, appuis en béton aggloméré, tympan en staff.

A l'intérieur, plancher de cave et partie de terrain en solives à T de 0.14 et 0.12 avec entretoises et fentons, et hourdé en plâtras et plâtre ragréé en dessous, les murs de caves non enduits, sauf ceux de descente, buanderie et atelier, les cloisons de sous-sol en brique de 0.06 à joints réappuyés en montant.

Aux étages supérieurs, plafonds et murs enduits en plâtre, cloison de refend en brique creuse de 0.16, les autres en carreaux de plâtre.

Plancher haut du 1ᵉʳ étage, plancher haut du rez-de-chaussée, comble et chevronnage en sapin de sciage du commerce, madriers, bastaings et chevrons. Lucarnes, saillies, balcons et bois apparents rabotés.

Couverture et auvents en tuiles, à emboîtement grand moule, faîtage et arêtier, terre cuite, solins, ruellées, embarrures ciment, derrières de cheminées, noues, gouttières et descentes en zinc, chaînages en fer ; croisées, portes-croisées et porte d'entrée en chêne, persiennes en fer et tôle ; menuiseries intérieures en sapin ; gardes-robes à effet d'eau aux water-closets, canalisation des eaux pluviales et ménagères en grès vernissé avec tranchées et drainages perdant les eaux dans le terrain.

Canalisations en plomb amenant les eaux, buanderie, à l'évier, au lavabo, aux w.-c., au cabinet de toilette, salle de bain et à un robinet pour l'arrosage du jardin.

Salle dite salon et salle à manger parquetés en chêne à l'anglaise sur lambourdes et avec replanissage, corniche en staff, plinthes et stylobates dans ces trois pièces, cheminées à modillons en marbre à intérieurs rétrécis en faïence ; vestibule carrelé en céramique, cuisine, office, w.-c., et lavabo en carreaux de terre cuite avec plinthes aussi en carreaux. Atelier et buanderie, dalles en ciment. Escalier à la française en chêne à balustres, tournés, du rez-de-chaussée au premier, escalier pour le 2ᵉ, sapin. Verrière à la salle d'été.

Cuisine : évier en grès vernissé, paillasse en ciment armé, fourneau en fonte et tôle à charbonnier, revêtement en faïence et agencement composé de tablette, applique et porte-casseroles, armoire, sous-évier et paillasse, et ventilateur en tôle remplaçant la hotte.

Au 1ᵉʳ étage, plafonds unis, parquets en chêne 2ᵉ choix cloués sur solives et replanis, cheminées capucines et pompadour, principales pièces en marbre à revêtements, intérieurs rétrécis en faïence et prises d'air, stylobates dans toutes les pièces.

Au 2ᵉ : murs crépis en plâtre, parquet en sapin de 3ᵉ choix cloué sur solives.

Peinture des boiseries extérieures et intérieures et des persiennes et balcons, murs et plafonds de cuisine, water-closet et lavabo, à l'huile 3 couches, égrenés, rebouchés, salle à manger, salle d'été, lambris, vestibule, portes et croisées de vestibule, escalier en décors faux bois vernis ; rampe d'escalier et porte d'entrée en bois naturel, passé à l'huile et vernis.

Vitrerie en demi-double, 2ᵉ choix pour les verres hors mesure ; simple, 3ᵉ choix, pour les autres, et cathédrale pour water-closets et portes extérieures.

Tenture en papier dans les pièces, et en étoffe imprimée dans le vestibule et l'escalier.

Façade principale

Plan du 1er Etage
Atelier
Chambre
Escalier
Toilette
Chambre
Chambre
Chambre
Salle à Manger

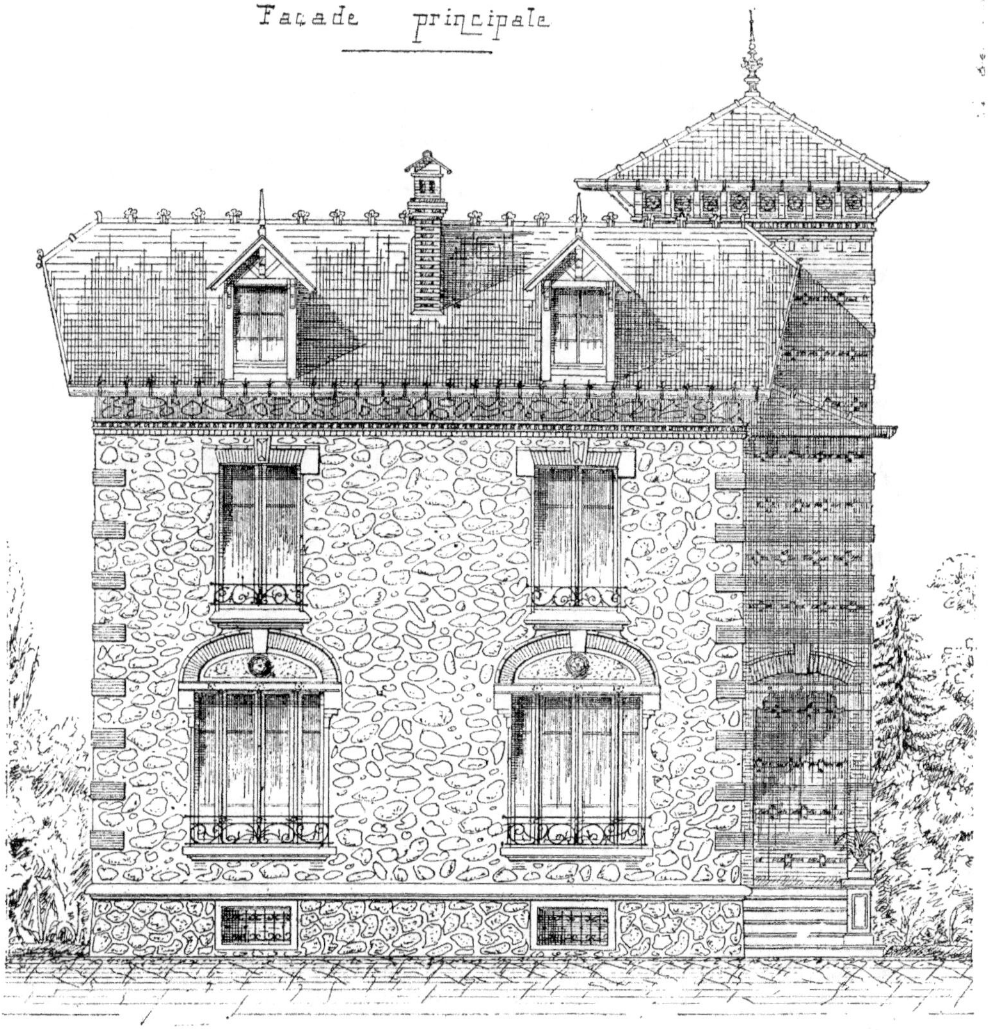

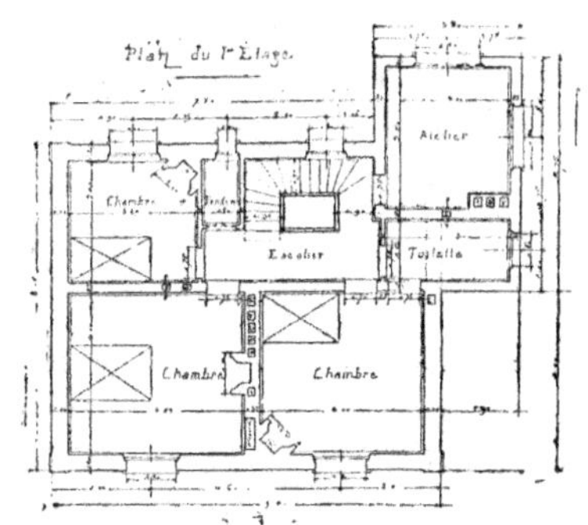

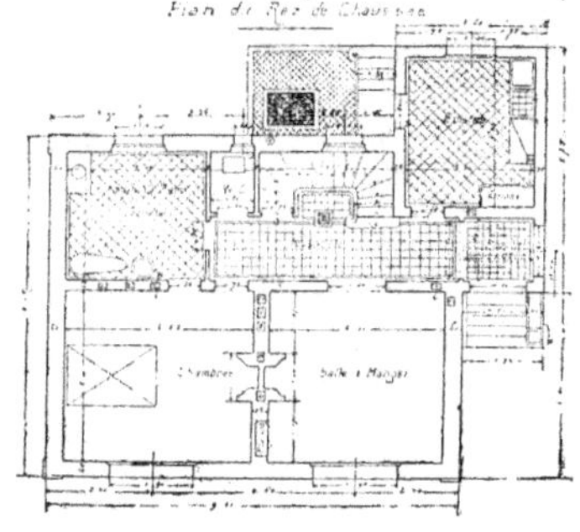

PLANCHE 61

Villa à Joinville : 25.000 francs.

La construction comprend : un sous-sol composé de caves, buanderie, garde-manger, fosse, d'un rez-de-chaussée avec 2 perrons en pierre, comprenant un vestibule, une salle à manger, une chambre toilette, salle de bains, cuisine et w.-c., un escalier en pierre conduisant au sous-sol, un escalier en charpente en bois conduisant au 1er étage et au 2e, un 1er étage comprenant, 3 chambres, toilette et atelier, un 2e étage formant grenier éclairé par un châssis de toit.

Terrasse. — L'entrepreneur devra tous les terrassements nécessaires pour l'établissement du sous-sol, fouille en déblai, fosse, puisard.

Maçonnerie. — Les rigoles sous les murs, refends et mur bahut avec clôture seront remplies en béton de cailloux et mortier de chaux hydraulique et sable de rivière avec 0.05 d'empattement de l'épaisseur des murs. Les murs de toute hauteur seront en pierre meulière hourdée en mortier de chaux hydraulique de 0.45 d'épaisseur, rocaillés à l'intérieur en mortier d° et jointoyés à l'extérieur en mortier d°. Une fosse d'aisance réglementaire. Les murs de refend de cave seront en brique de plaine de 0.22 d'épaisseur et jointoyée en mortier idem aux 2 faces. Cloison de la buanderie en brique de 0.06 hourdée, jointoyée aux 2 faces. Les murs et cloisons de la buanderie seront enduits en ciment de Portland jusqu'à 1 mètre de hauteur du sol, le surplus sera jointoyé en mortier de chaux idem ; le sol dallé en ciment de Portland avec angles arrondis au pourtour du sol du dallage et pentes nécessaires pour l'écoulement des eaux. Le plancher du sous-sol sera en fer à T hourdé en brique. Les cloisons du rez-de-chaussée et du 1er étage seront en carreaux de plâtre de 0.06, enduites en plâtre aux deux faces, tous les plafonds seront enduits en plâtre. Le ravalement des façades sera en meulière, les chaînes d'angles jusqu'à la toiture seront en briques apparentes ainsi que les souches, les tableaux des baies et briques apparentes idem. Les planchers seront lattés et enduits. Rosaces et corniches à part. Tuyau de fumée en boisseaux de 0.20 × 0.20 avec chemisages, enduits, faux coffres et hourdis de trémis à la demande. Celui de calorifère de 0.25 × 0.25. Prolongement des souches et ventilation en dehors du comble avec couverture en tuile. Canalisation en grès vernissé pour toute la construction et décharge à la buanderie et au puisard avec siphons. Les parquets seront posés sur les solives. Le vestibule, la cuisine, w.-c. et toilette seront en porphyrolite, posée sur forme en sable et ciment.

Charpente. — Le plancher du 1er étage sera en madrier et bastaing, celui du faux plancher du 2e étage sera en bastaing de 0.065 × 0.17, espacé de 0.35 d'axe en axe et de 0.20 de portée dans l'épaisseur des murs. L'escalier conduisant à l'étage, tout chêne avec limon, espacé de 0.33 d'axe en axe et de 0.20 de portée dans l'épaisseur des murs. L'escalier conduisant à l'étage, tout chêne avec limon, marches de 0.041 et contre-marches de 0.027, poteaux et main-courante et balustres en chêne. La charpente de la toiture en sapin. Plateforme ; poteaux pour faîtages : poinçon en sapin : faîtages et pannes en sapin, en madrier sapin. Chevronnage en sapin ainsi que le window, les balcons et appentis.

Serrurerie. — Le plancher des caves sera en fer à T espacé de 0.65 à 0.70 d'axe en axe. Les linteaux des baies en fer à T. Cours de chaînage en fer méplat de 0.004 à 0.007 de 0.03. Plates-bandes pour limons, boulons d'écartement. La rampe d'escalier est en menuiserie, suivant indication aux plans. Les soupiraux munis de barreaux en fer rond de 0.018 scellés. La porte de descente des vins sera ferrée de pentures avec gonds à scellement, une serrure deux pênes et un verrou intérieur. Les autres portes idem avec serrure pêne dormant de 0.14. La porte d'entrée à deux vantaux ferrés de pattes, coudées, et équerres fortes, de 6 paumelles doubles à boules et à équerres, une serrure de sûreté, une poignée en cuivre à l'intérieur et bouton de tirage avec chaînette, panneaux en fonte ornée et vasistas en fer rainé, deux verrous boîte fonte, 0.032, gâches et conduits. Les portes intérieures seront ferrées chacune de trois paumelles de 0.11, bagues en cuivre, serrure pêne dormant demi-tour et bouton double blanc, imitation ivoire. Bec de cane et targettes aux portes des w.-c. et toilette. Les armoires, à la demande, ferrées de charnières, serrure à canon de 0.08. Les croisées ferrées chacune de sept pattes, huit équerres simples, six paumelles de 0.11 et d'une crémone fer demi-rond de 0.018 et accessoires. Persiennes en fer. Chute et descente en fonte, panneaux en fonte ornée.

Couverture et plomberie. — La couverture en tuiles à emboîtement sur liteaux avec faîtières, ruellées et solins en plâtre aux souches de cheminées. Gouttières en zinc n° 12. Descente en zinc et raccords avec la canalisation conduisant les eaux au puisard. Dans le w.-c. appareil à effet d'eau avec abattant en chêne, cuvette en porcelaine à valve et robinet. Dans la cuisine, évier en grès émaillé de 0.55 × 0.85 avec bonde, vidange et siphon. Robinet en cuivre alimentant un lavabo en fonte émaillée et décharge dans le cabinet de toilette.

Menuiserie et parquets. — Les portes de caves et buanderie en sapin brut de 0.027, barres en chêne 0.034 × 0.08 chanfreinées. La porte de descente des vins par frises avec baguettes sur joints et jet d'eau en chêne, bâtis chêne 0.034, panneaux sapin 0.027. Châssis vitrés en chêne pour soupiraux avec jet d'eau dans le bas. La porte d'entrée à 2 vantaux sera en chêne avec bâtis et imposte, panneaux à grands cadres, avec plates-bandes aux deux faces et socle dans le bas, panneaux de fonte ornée dans la partie haute suivant dessin indiqué au plan, chambranles avec socles à la face intérieure de la porte d'entrée. La porte de la cuisine, sur perron, sera en chêne, bâtis 0.034, panneaux 0.027. Toutes les portes intérieures seront à petits cadres et plates-bandes simples aux 2 parements, 3 panneaux par vantail dans la hauteur, bâtis 0.034, panneaux de 0.018, chambranles sapin avec socles aux deux faces. Les croisées tout chêne, châssis 0.034, dormant 0.054 avec petits bois fermant à noix et gueule de loup avec jet d'eau. Petits cadres figurant panneaux avec plinthe et cimaise dans la salle à manger. Les huisseries en sapin. Socles de marches ; rampants en sapin. Parquet chêne 2e choix, posé à point de Hongrie sur les lambourdes au rez-de-chaussée. Sapin rouge au 1er étage sur solives.

Fumisterie. — Dans la cuisine, un fourneau-cuisinière de 0.90 à charbon de terre et réchaud à charbon de bois. Une paillasse entre le fourneau et l'évier, revêtements en carreaux de faïence sur la paillasse, au pourtour de la cuisinière et l'évier de 0.45 de hauteur compris bordure. Dans la salle à manger, cheminée à modillon marbre rouge de Flandre, modillon blanc pour le salon, modillon noir ou Caroline pour les autres pièces. Un calorifère de 8 bouches à air chaud.

Peinture, Vitrerie, Tenture. — Tous les plafonds à la colle 2 couches. Ceux de cuisine et w.-c. à l'huile 2 couches et enduit, les murs de cuisine, vestibule, escalier et w.-c., enduits, huile 2 couches, galon dans l'escalier et vestibule. Toutes les menuiseries à l'huile 3 couches, compris impression et deux tons pour les intérieures. Celles intérieures de la porte d'entrée du vestibule à l'huile 3 couches, dont l'impression façon, décors et vernis. Les lambris de la salle à manger à hauteur de 1.10 seront à l'huile idem et façon décors. Tous les balcons, rampes d'escalier, panneaux de fonte, barreaux de soupiraux, linteaux apparents à l'huile 2 couches et minium 1 couche au préalable. Papier de tenture du prix d'achat de 0 fr. 60 le rouleau. Verre cathédrale dans endroit à désigner. Vitrerie en verre simple 3e choix. Verre double 4e choix pour châssis de toit.

PLANCHE 62

Construction à Ivry-la-Bataille : 25.000 francs.

Elle se compose de :

Sous-sol de 2.00 de hauteur auquel on accède par la descente placée sous l'escalier et par une descente extérieure pour les vins, et comprenant cave à vins, cave à bois, salle de bains, légumier, buanderie.

Rez-de-chaussée de 3.00 de hauteur divisé en : vestibule et escalier desservant le premier étage, salle à manger de 4.80×4.50, salon 3.12×4.50, bureau de 3.02×4.80, cuisine de 3.00×3.04, petite salle à manger 2.80×3.00.

Premier étage de 3.00 de hauteur ayant comme distribution : palier d'escalier, chambre à coucher de 4.50×3.96, toilette de 2.80×4.30, chambre de 2.80×3.50, autre chambre 3.00×3.04, toilette 1.80×3.04.

2e étage avec palier d'escalier, deux chambres de 4.50×3.75 et deux greniers.

Construction établie sur rigoles remplies en béton, murs dans la hauteur du sous-sol en caillasse hourdée en mortier de chaux hydraulique et sable maigre, élévation en caillasse avec chaînes et arcs en briques, parties repressées pour rester apparentes, parties ordinaires pour être recouvertes : mur de refend en briques ordinaires. Conduits de fumée en boisseaux Gourlier de 0.16×0.25 chemisés en plâtre pour former coffres et prolongés sur comble par des souches en briques repressées, couronnement en Portland et mitrons en terre cuite.

Ravalements extérieurs : soubassement jointoyé en Portland avec bandeau mouluré, perron et béton aggloméré, partie haute parementée et jointoyée en chaux sur brique avec joints tirés au fer, pour chaînes et motifs de baies, enduits en chaux teintée pour tables de chaînes, consoles et motifs de baies, appuis moulurés en Portland, souches en briques jointoyées idem.

Fosse d'aisances en béton armé, dite siphoïde, de moyen modèle et cabinet d'aisances indépendant à l'extérieur.

A l'intérieur, le plancher de cave en solives en fer à T, de 0.14, hourdées en briques de pays par voutains, les autres planchers et le comble en madriers, demi-madriers et chevrons en sapin, lucarnes, queues de vaches, voligeage, consoles et tous bois apparents en sapin rouge. Escalier en sapin rouge à la française. Balustres, limons superposés, moulurés, potille à têtes et culs-de-lampe tournés ou chantournés, main-courante profilée, dessus de marches en chêne et celles de descente de cave en chêne de 0.054, abattus de rive sur la face.

Couverture en tuiles à emboîtement grand moule, faîtage et arêtiers unis, embarrures, solins et ruellées en Portland, épis en terre cuite, derrières de cheminées, noues, gouttières et tuyaux en zinc n° 12.

Chaînages en fer, tuyaux de chute et dauphins en fonte, linteaux en fer, clous, boulons, rapointis.

Croisées et porte d'entrée en chêne, persiennes brisées en fer et tôle, balcons saillants en fonte, menuiseries intérieures, huisseries, portes, armoire de toilette et armoire sous évier, moulures, chambranles, faux lambris, baguettes, plinthes, socles de marches et stylobates en sapin.

Marquise au-dessus du perron.

Garde-robe à effet d'eau avec abattant en chêne ciré pour w.-c. séparé, canalisation des eaux pluviales et ménagères allant à la siphoïde, dont les eaux usées sont recueillies dans un puisard les perdant dans les sables.

Dans le cas où il existerait les eaux de concession, canalisation en plomb partant du compteur desservant l'évier et les effets d'eau de la garde-robe ainsi que le lavabo du cabinet de toilette du 1er étage, et un robinet pour l'arrosage du jardin. Dans le cas contraire, forage de puits, pompe aspirante et refoulante, réservoir à terrasson, trop-plein et canalisation comme la précédente.

Parquet en chêne deuxième choix sur lambourdes au rez-de-chaussée, sur solives au premier étage ; parquet en sapin sur solives au 2e étage. Carrelage en carreaux de Beauvais carrés dans cuisine et water-closet, en céramique dans le vestibule, le tout posé sur ciment de Portland avec forme de sable.

Dans la cuisine, évier en grès vernissé, fourneau en fonte et tôle, ventilateur en tôle remplaçant la hotte paillasse, revêtement en carreaux de faïence, tablette, applique et porte-casseroles.

Dans la salle à manger et le salon, cheminées à modillons en marbre rouge, dans les autres pièces cheminées capucines à cadres, revêtements avec foyers et intérieurs rétrécis en faïence à ventouses et accessoires.

Peintures des boiseries extérieures et intérieures, des persiennes, balcons, saillies, des murs et plafonds de cuisine et w.-c., lambris et autres à l'huile 3 couches, égrené, rebouché, plafond à la colle, rampe d'escalier et extérieur de la porte d'entrée en bois naturel passés à l'huile et vernis, parquets replanis encaustiqués et frottés.

Vitrerie en verre demi-double, 2e choix pour les hors mesure et simple, 3e choix, des croisées, et en verre cathédrale du châssis de la porte d'entrée et de ceux du w.-c.

Tenture en papier avec bordures et collage.

— Facade Principale —

— Rez de Chaussée —

1er Etage —

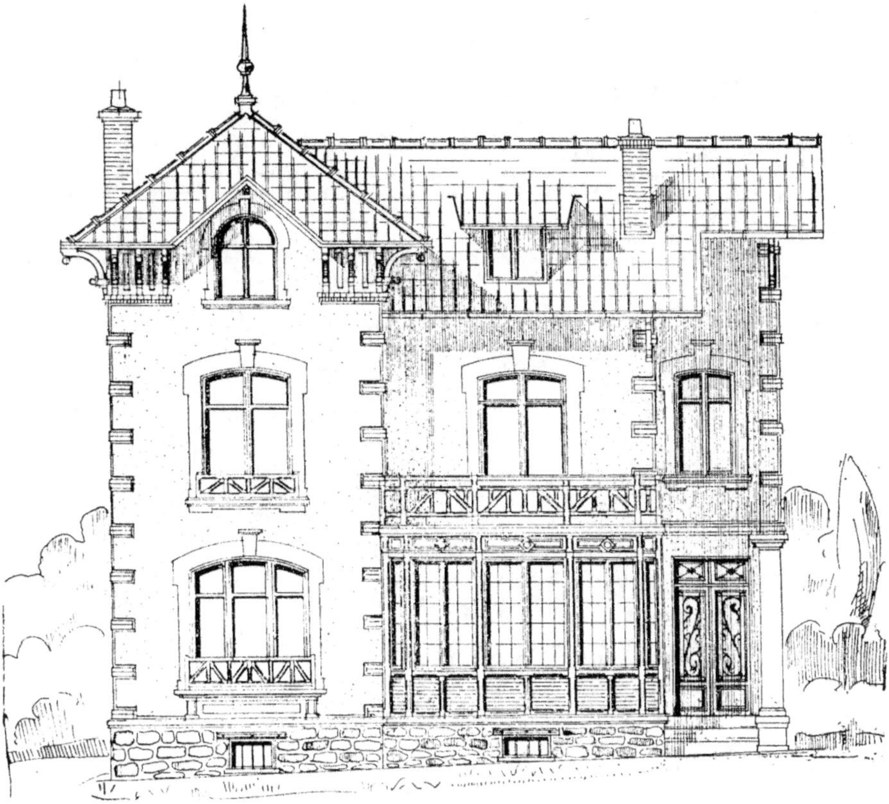

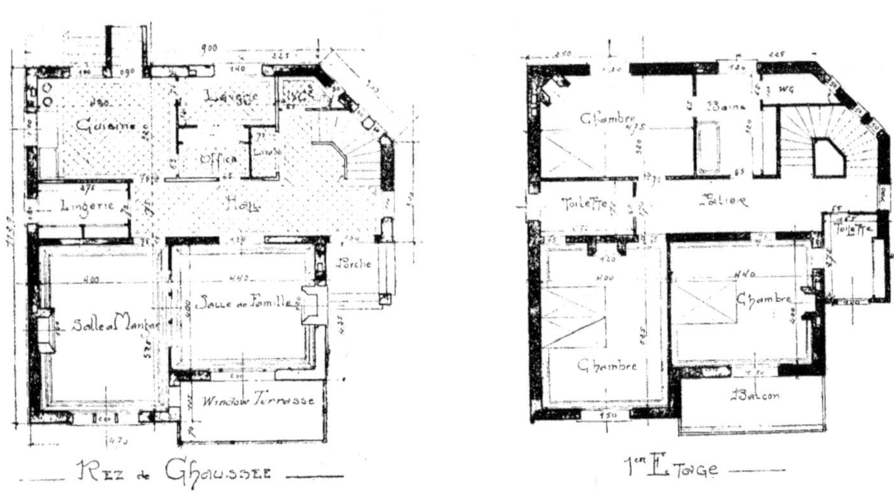

PLANCHE 63

Villa près de Besançon : 26.500 francs.

Cette maison se compose de :

Sous-sol de deux mètres de hauteur, comprenant 2 caves à vins, cave à bois, resserre, cave à charbons, buanderie, 2 débarras, descente de vins, descente de cave, dégagement, fosse étanche.

Rez-de-chaussée de 3.20 de hauteur, divisé en : hall dans lequel se trouve l'escalier desservant le premier étage, salle à manger de 4 00 × 3.25, salle de famille 4.40 × 4.00, window-terrasse pour y accéder, cuisine de 4.20 × 3.20, water-closet, office, laverie, lavabo, lingerie.

Premier étage ayant comme composition trois chambres à coucher, une de 4.00 × 5.25, une de 4.40 × 4.00, une de 4.75 × 3 20, toilette 2.75 × 1.75, autre 1.65 × 2.75, bains avec armoires, w.-c., palier, dégagement et escalier conduisant au 2e étage avec 2 chambres, 2 toilettes, un grenier et un w.-c.

Construction établie sur rigoles remplies en béton, sous-sol en meulière-caillasse hourdée en mortier de chaux hydraulique et sable de rivière, élévation en mêmes matériaux mais avec chaines d'angles en briques repressées, refends en briques brutes de pays, conduits de fumée dans l'épaisseur des murs en boisseaux Gourlier de 0.20 × 0.20, souches sur comble en briques apparentes parementées et jointoyées, couronnements enduits, dessus en Portland et mitrons en terre cuite.

Ravalements extérieurs enduits en chaux hydraulique, les parties de briques parementées et jointoyées en chaux, joints tirés au soubassement jointoyé en mortier bâtard de chaux et ciment, avec retraite, bandeau uni et bandeau mouluré en ciment de Portland. Perrons en béton aggloméré à marches unies et limons. Les enduits sont badigeonnés en chaux vive ton pierre

A l'intérieur, plancher de cave en solives acier P. N., hourdé en brique de 0.06 et plâtre ragréé en dessous, les murs de caves non enduits, sauf ceux de la descente et de la buanderie, les cloisons de sous-sol en brique de 0.06 à joints réappuyés en montant, la fosse enduite en Portland et munie d'un châssis tampon en fonte et ventilation en ventouses.

Plancher haut du 1er étage, plancher haut du rez-de-chaussée, comble et chevronnage en sapin de sciage du commerce, madriers, bastaings et chevrons.

Couverture en tuiles à emboitement grand moule, faîtage, arétiers et épis en terre cuite, solins, ruellées, embarrures ciment, derrières de cheminées, noues, gouttières et descente en zinc, dauphins en fonte.

Chainages en fer; croisées, portes-croisées et porte d'entrée en chêne, persiennes en fer et tôle; menuiseries intérieures en sapin; garde-robes à effet d'eau aux water-closets, canalisation des eaux pluviales et ménagères en grès vernissé avec tranchées et drainages perdant les eaux dans le terrain.

Forage de puits, pompe aspirante et foulante avec réservoir et canalisations en plomb amenant les eaux à l'évier-laverie, aux w.-c., aux cabinets de toilette, salle de bains et à un robinet pour l'arrosage du jardin. Agencement de la salle de bains avec baignoire et canalisation d'eau chaude venant du fourneau de cuisine.

Salle de famille, salle à manger et lingerie parquetées en chêne à l'anglaise sur lambourdes et avec replanissage, corniches en staff, plinthes et stylobates dans ces deux pièces et cheminées à modillons en marbre à intérieurs rétrécis en faïence; hall carrelé en céramique, cuisine, w.-c., office, laverie, lavabo en carreaux de terre cuite avec plinthes aussi en carreaux. Escaliers à la française en chêne à balustres tournés du rez-de-chaussée au premier, escalier idem en sapin pour le 2e étage.

Cuisine : évier en grès vernissé, paillasse en ciment armé, fourneau en fonte et tôle à bouilleurs et va-et-vient pour circulation d'eau chaude à la salle de bains; revêtements en faïence et agencement composé de tablettes, appliques et porte-casseroles, armoire sous évier et paillasse, et ventilateur en tôle remplaçant la hotte.

Au 1er étage, plafonds unis, sauf dans les deux chambres à coucher et rosaces en staff. Parquets en sapin cloués sur solives et replanis, cheminées capucines en marbre à revêtements intérieurs, rétrécis en faïence et prises d'air, stylobates dans toutes les pièces, moulures, chambranles aux baies.

Au 2e étage, parquet en sapin et mêmes travaux qu'au 1er étage.

Peinture des boiseries extérieures et intérieures, des persiennes, balcons, murs et plafonds de cuisine, water-closets, office, laverie, bains, à l'huile 3 couches, égrené, rebouché; salle à manger, portes et croisées de vestibule, escalier et bureau en décor faux bois vernis, salle de famille en ripolin; rampe d'escalier et porte d'entrée en bois naturel passé à l'huile et vernis.

Vitrerie en demi-double, 2e choix pour les verres hors mesure; simples, 3e choix, pour les autres, et cathédrale pour water-closet et portes extérieures.

Tenture en papier dans les pièces, et en étoffe imprimée dans le vestibule et l'escalier.

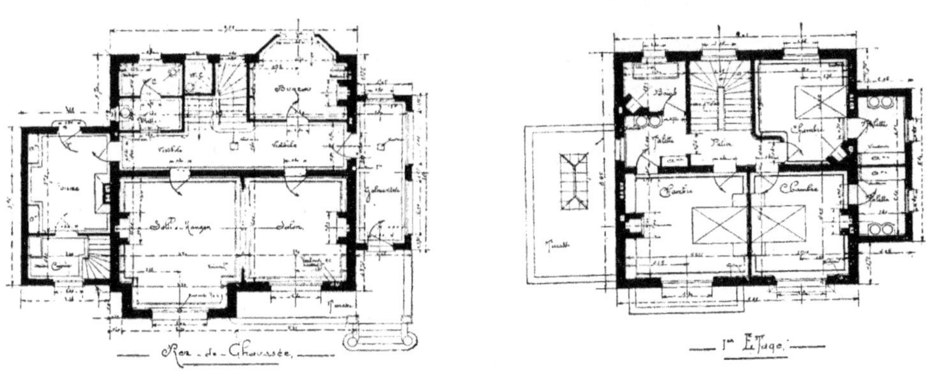

PLANCHE 64

Grande Villa à Pont-de-Brique : 30.000 francs.

Cette villa, construite sur un terrain plat, se compose de :

Sous-sol de 2.20 de hauteur, comprenant : caves à vins et à charbons, descentes, garde-manger, citerne, fosse siphoïde.

Rez-de-chaussée de 3.85 de hauteur, divisé en vestibule dans lequel se trouve l'escalier desservant les étages, salon de 3.70×4.00, salle à manger de 4.50×4.00, avec un window extérieur, galerie de 5.50×1.80, cuisine de 3.75×3.00 et office 1.60×3.00, bureau à window 3.50×3.00, toilette, w.-c. de maîtres et w.-c. de domestiques, galerie-terrasse.

Premier étage d'une hauteur de 3 00, composé de : palier et escalier conduisant au 2e étage, chambre à coucher de 4.00×3.50 avec dégagement et toilette de 2.60×1.80; deuxième chambre de 4.00×3.72; troisième chambre à coucher de 4.00×4.52, à balcon-terrasse, salle de bains de 1.92×2.30 et toilette de 2.00×2.00.

Au deuxième étage, chambre de bonne, palier, dégagement et greniers.

Construction établie sur béton, murs du sous-sol en briques du pays hourdées en mortier de chaux, élévation aussi en briques du pays de 0.35 d'épaisseur, refends de 0.22. Conduits de fumée et de ventilation en briques dans l'épaisseur des murs; souches hors comble en briques semblables enduites en ciment, couronnements moulurés surmontés d'un bandeau de Portland, enduit courbe dessus et recevant les mitrons-lanternes en terre cuite. Ravalements extérieurs en Portland à bandeaux moulurés, refends, pilastres, tableaux et autres et teintage imitant la pierre. Couronnements semblables.

Ornementation des arcs de croisées et consoles de balcons en staff. Balcons en fonte assemblée avec mains-courantes. Balustrades de terrasses en béton aggloméré. Planchers de balcons et terrasses en béton armé, enduits en Portland; bandeaux aussi en Portland couronnant le sous-sol et les étages, perrons en béton aggloméré, siphoïde en béton armé placé intérieurement.

A l'intérieur, plancher de caves en solives de fer à T hourdé en briques, autres planchers et combles en sapin, bastaings, madriers, demi-bastaings et chevrons du commerce. Murs et plafonds enduits en plâtre, cloisons de distribution en briques de 0.06 dans le sous-sol, en carreaux de plâtre dans les autres étages.

Escaliers en chêne à la française à balustres tournés, poteaux à culs-de-lampe et têtes tournés, limons et mains-courantes moulurées.

Couverture en ardoises d'Angers, moyen modèle, à crochets sur voliges en sapin, faîtages et épis en zinc, noues, rives, derrières de cheminées, gouttières et tuyaux en zinc.

Forage de puits, pompe aspirante et foulante avec réservoir et canalisation ascendante, canalisations descendantes en plomb amenant les eaux : à l'arrière-cuisine, aux w.-c., aux cabinets de toilette, à la salle de bains et au 2e étage sur le palier par un poste d'eau, toutes ces arrivées d'eau munies de leurs décharges en fonte.

Pompe en fonte placée dans la cuisine et amenant l'eau de la citerne sur l'évier.

Canalisation en grès recevant les eaux usées, partie perdue dans le terrain par des drainages, partie allant à la siphoïde. Agencement de salle de bains, baignoire chauffée par le va-et-vient du fourneau à thermo-siphon.

Croisées et portes-croisées en chêne, persiennes en fer et tôle.

Au rez-de-chaussée : Galerie, bureau, salle à manger et salon parquetés en chêne à point de Hongrie sur lambourdes et replanis, vestibule carrelé en céramique, toilette, cuisine, office, w.-c., en carreaux de ciment, premier étage parqueté en chêne à l'anglaise posé sur solives et replani; deuxième étage en sapin à l'anglaise.

Corniches en staff dans bureau, salle à manger, vestibule, salon et trois chambres à coucher, stylobates dans les principales pièces, plinthes dans les autres; chambranles autour des baies de portes et de croisées, faux lambris aux salle à manger et salon, socles aux marches d'escalier, armoires de cuisine, portes de communication en lambris d'assemblage sapin à petits cadres. Toutes les ferrures de première qualité.

Cheminées en marbre avec foyers Louis XV blanche dans le salon, Louis XIII rouge dans la salle à manger, capucines à retours dans les autres pièces, à intérieurs rétrécis en faïence. Dans la cuisine, fourneau en fonte et tôle à va-et-vient, paillasse, évier en grès vernissé, armoire dessous et ventilateur remplaçant la hotte, cheminée de cuisine.

Calorifère à air chaud avec accessoires.

Peinture des boiseries extérieures, persiennes, balcons, boiseries intérieures, murs et plafonds de cuisine, office, salle de bains et w.-c. à l'huile 3 couches, une de ripolin dans ces quatre dernières pièces; décors vernis dans salle à manger, bureau, vestibule et escalier. Rampe et limons en bois naturel passés au vernis sur couche de fond à l'huile pure.

Vitrerie en verre demi-double pour les hors mesure, simple pour le reste.

Tenture de papier avec bordure dans les pièces, et en étoffe imprimée dans le hall et l'escalier.

PLANCHE 65

Villa à Avallon : 30.000 francs.

Nous donnons aujourd'hui le détail des travaux à faire pour l'appropriation d'un ancien moulin en hôtel.

Cette appropriation se compose de : percement des croisées, portes et châssis, bouchement des anciens vides, remaniement de la charpente et de la couverture, établissement des tuyaux de fumée et des souches en briques sur comble, jointoiement, construction des lucarnes et des planchers intérieurs en sapin, aussi des murs de refend en briques ordinaires de 0.14.

Jointoiement en ciment de Portland des ravalements extérieurs avec bandeaux imitant les linteaux, enduit en même ciment dans la partie basse ; deux chaînages en fer, croisées et portes-croisées en chêne, persiennes en fer et tôle ; menuiseries intérieures en sapin ; garde-robe à effet d'eau au water-closet, canalisation des eaux pluviales et ménagères en grès vernissé avec tranchées perdant les eaux dans le terrain. Fosse siphoïde en béton armé.

Extérieurement grand perron d'accès en béton aggloméré, galeries, petit perron et balcons en charpente de sapin raboté, les marches seules en chêne.

Prise sur la rivière, pompe aspirante et foulante avec réservoir et canalisations en plomb amenant les eaux à l'évier, aux w.-c., aux cabinets de toilette et à un robinet pour l'arrosage du jardin.

Au rez-de-chaussée : hall, chambre et salle à manger parquetés en chêne à l'anglaise sur lambourdes et avec replanissage. Plafond et corniches en staff, stylobates dans ces trois pièces, grandes cheminées en staff à intérieurs rétrécis en briques dans hall et salle à manger ; vestibule carrelé en céramique, cuisine, w.-c. en carreaux de terre cuite avec plinthes aussi en carreaux. Escalier à la française en chêne à balustres tournés du rez-de-chaussée au premier et du premier à l'étage sous comble.

Cuisine : évier en grès vernissé, grande cheminée, fourneau en fonte et tôle à charbonnier, revêtement en faïence et agencement composé de tablettes, appliques et porte-casseroles, armoire, sous-évier, paillasse et ventilateur en tôle remplaçant la hotte.

Au 1er étage, plafonds unis, parquets en chêne 2e choix cloués sur solives et replanis, stylobates dans toutes les pièces, cheminées en marbre, agencement de toilettes.

Au 2e étage : chambres de bonnes et salle de billard, parquet en chêne de 2e choix cloué sur solives.

Peinture des boiseries extérieures et intérieures et des persiennes et balcons, murs et plafonds de cuisine, water-closet, à l'huile trois couches, égrené, rebouché ; salle à manger, portes et croisées de vestibule, escalier et bureau en décors faux bois vernis ; rampe d'escalier et porte d'entrée en bois naturel passés à l'huile et vernis.

Vitrerie en demi-double, 2e et 3e choix pour croisées et cathédrale pour water-closet et portes extérieures.

Tenture en papier dans les pièces et en étoffe imprimée dans le vestibule, l'escalier et le hall.

Construction des annexes en briques, ravalement, couvertures et tous travaux en rapport avec la partie principale.

On peut ainsi tirer parti d'un vieux bâtiment et y établir, avec relativement peu de frais, un hôtel confortable.

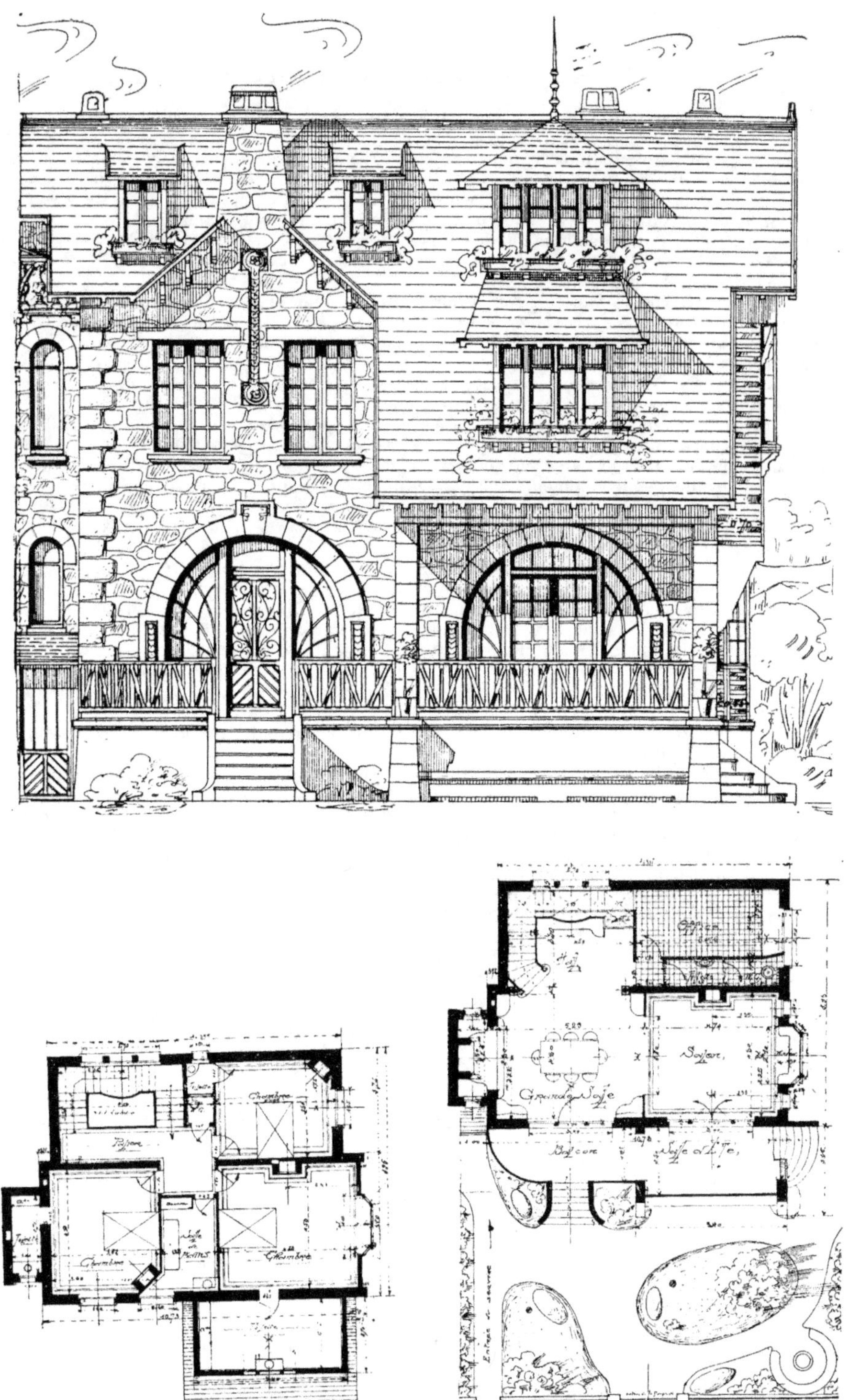

PLANCHE 66

Villa à Deauville : 30.000 francs.

Elle se compose de :

Sous-sol de 2.60 de hauteur, comprenant une cave, un dégagement, un escalier intérieur, deux chambres de bonnes et chauffeurs, w.-c. avec dégagements, une cuisine, un escalier conduisant au rez-de-chaussée pour accéder à l'office.

Rez-de-chaussée de 3.60 de hauteur, comprenant : terrasse, grande salle d'été, salle à manger 5.25 × 4.50, une cheminée en retrait avec, de chaque côté, un siège, salon avec window 4.70 × 4.50, hall avec bibliothèque et canapé 4.50 × 3.50, un escalier desservant le 1er étage, office de 5.07 × 2.42, toilette, w.-c.

1er étage de 3.00 de hauteur, comprenant : un escalier avec palier; chambres : une de 4.82 × 4.50, une de 4.50 × 3.82, une de 4.09 × 3.50; une salle de bains 1.95 × 3.50, un w.-c., une petite toilette et une grande toilette de 5.00 × 2.50 communiquant avec une grande chambre.

Combles de 2.60 de hauteur comprenant : un escalier avec palier, un débarras, chambres, une de 4.82 × 4.50 avec window, une de 4 50 × 3.82, une de 4.09 × 3.50, toilette, palier.

Construction établie sur rigoles remplies en béton, sous-sol en meulière-caillasse hourdée en mortier de chaux hydraulique et sable, élévation en mêmes matériaux mais avec harpes, appuis et arcs de baies en pierres, conduits de fumée de 0.20 × 0.20, souches sur comble en briques, couronnements enduits dessus en Portland, le tout d'après plan.

Ravalements extérieurs jointoyés en creux en chaux hydraulique, les parties de pierre lissées, jointoyées pour les chaînes, entablement, bandeaux, appuis, tableaux et autres. Soubassement enduit en ciment, avec bandeau mouluré en ciment de Portland. Perron de face en aggloméré de ciment à marches astragalées et limons; celui côté à marches idem. Les ciments sont badigeonnés en chaux vive ton pierre.

A l'intérieur, plancher de sous-sol en solives acier P. N. et hourdis en briques du pays ragréées en dessous, les murs de cave enduits en chaux, pour la descente, la cuisine et chambres aux étages supérieurs, plafonds et murs enduits en plâtre.

Plancher haut du 1er étage, plancher haut du rez-de-chaussée, faux plancher, mansarde, comble et chevronnage en sapin de sciage du commerce, madriers, bastaings, 1/2 bastaings et chevrons. Lucarnes en sapin, caisse à fleurs.

Couverture en petites tuiles normandes, épis en grès flammé, solins ciment, derrières de cheminées, gouttières et descentes en zinc numéro 12.

Balcons en sapin raboté avec chanfreins, pitons en fer, chaînages en fer : croisées, portes-croisées et porte d'entrée en chêne, persiennes en fer et tôle, menuiseries intérieures en sapin, garde-robe à effet d'eau aux water-closets, canalisation des eaux pluviales et ménagères en grès vernissé avec tranchées et drainages perdant les eaux dans le terrain, fosse siphoïde.

Canalisation en plomb amenant les eaux aux w.-c., cabinets de toilette, cuisine, office, et à un robinet pour l'arrosage du jardin.

Au sous-sol, cuisine carrelée en carreaux rouges.

Au rez-de-chaussée : hall, salon et salle à manger, lambris hollandais avec faïence de d'Elfe, parquetés en chêne à l'anglaise sur lambourdes et avec replanissage, corniches en staff, fausses poutres, plinthes et stylobates dans ces trois pièces et cheminées en grès flammé, office, w.-c. carrelés en céramique avec plinthes aussi en carreaux. Escalier à la française en chêne à balustres tournés, escalier en chêne brut pour le sous-sol.

Cuisine : évier en grès vernissé, paillasse en ciment armé, fourneau en fonte et tôle à charbonnier, revêtement en faïence et agencement composé de tablettes, appliques et porte-casseroles, armoire sous évier et paillasse et ventilateur en tôle remplaçant la hotte, autre armoire à deux corps.

Office, grande tablette et armoire, monte-plats.

Au 1er étage, plafonds à corniches en staff et rosace dans les deux chambres principales, parquets en chêne cloués sur solives et replanis, cheminées en grès flammé, prises d'air, stylobates dans toutes les pièces, chambranles, moulures.

Au 2e étage, parquet en sapin cloué sur solives, cheminées capucines, plinthes, etc.

Peinture des boiseries extérieures et intérieures et des persiennes et balcons, murs et plafonds de cuisine, water-closet, office, bains, toilettes, à l'huile 3 couches, égrenés, rebouchés; salle à manger, portes et croisées de hall, escalier en décors faux bois vernis, cuisine, office, bains en ripolin une couche, rampe d'escalier et porte d'entrée en bois naturel passé à l'huile et vernis. Hall, peinture avec frises au pochoir.

Vitrerie en demi-double, 2e choix pour les verres hors mesure; simple, 3e choix, pour les autres, et cathédrale pour water-closet et portes extérieures.

A la demande, tenture en papier avec frises assorties dans les pièces.

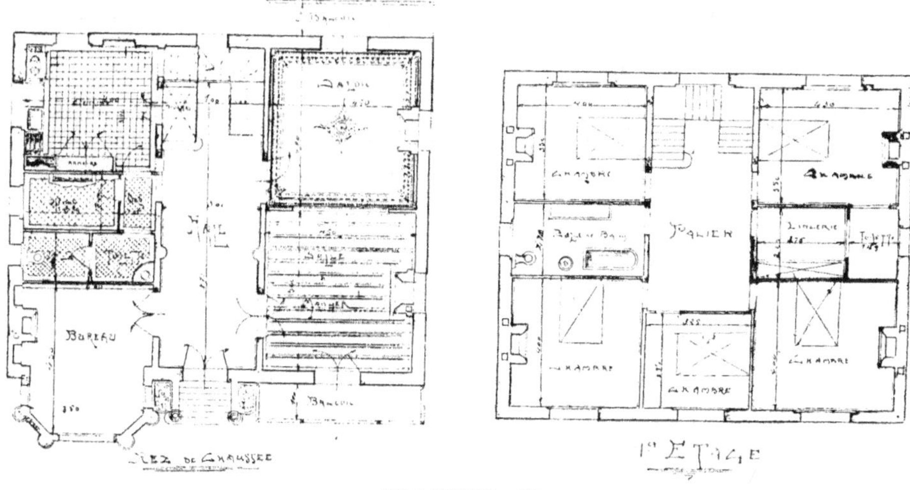

PLANCHE 67

Villa à Semwilz (Belgique) : 30.000 francs.

Cette construction se compose d'un sous-sol avec buanderie, cave à charbon, citerne, garde-manger, cave à bière, cave à vins, fruitier, légumier ; au rez-de-chaussée : salon, salle à manger, window, bureau, lavabos, water-closets, office, cuisine, hall ; 1er étage : cinq chambres à coucher, toilette, lingerie, salle de bain, palier : 2e étage : 2 chambres de bonnes, réservoir et grenier.

MAÇONNERIE. — Terrassement en déblai et rigoles et terres transportées dans la propriété. Les fondations en béton de cailloux, mortier, sable du pays et chaux de Tournai (par moitié). Les murs en fondation et en élévation en pierre du pays, mortier semblable avec joints au ciment et rappuyés intérieurement. La décoration en brique blanche et rouge de choix jointoyée en ciment. Pierres de Soignies ou Maflles pour perron, seuil et window. Les hourdés en béton de scories et mortier de sable et ciment pour plancher et dallage. Cloisons briques du pays. Cloisons tubulaires en plâtre. Enduits au mortier et au plâtre sur murs, lattis et enduit au plâtre sur plafonds. Carrelages céramiques posés sur ciment. Canalisation en tuyaux de terre cuite vernissée, compris siphons, regards. Revêtements en carreaux de faïence dans la cuisine, salle de bains. Enfin toute la maçonnerie nécessaire, compris trous, scellements, etc.

SERRURERIE. — Le plancher des caves en fer à T, les filets, linteaux assemblés, les fers forgés pour chaînage, ancres, brides, plates-bandes, barreaux. Les tuyaux de fonte, les balcons compris pitons et main-courante.

CHARPENTE. — Pour les gîtages des planchers, la charpente du comble, ferme, chevrons de bois apparents travaillés, assemblés, rabotés, voligeage, toute cette charpente en sapin rouge.

COUVERTURE, PLOMBERIE. — La couverture genre Pottelberg compris tous arêtiers, faîtages, poinçons et zinc pour revers et autres. Tuyaux de plomb pour la canalisation de l'eau de la pompe au réservoir en tôle d'une contenance de mille litres et du réservoir à la toilette, salle de bain, lavabos, water-closets, cuisine, cave et deux prises extérieures, compris toute robinetterie. Gouttière et tuyaux de descente en zinc. La fourniture d'un appareil de water-closets compris abattant et réservoir de chasse.

FUMISTERIE, MARBRERIE. — Un calorifère à air chaud chauffant salon, salle à manger, bureau, hall, les cinq chambres, le cabinet de toilette, la salle de bain et les deux chambres de domestiques. La fourniture des cheminées valeur moyenne de cent francs, rétrécis en faïence, rideau intérieur. Un fourneau de cuisine en tôle avec va-et-vient d'eau chaude pour la cuisine, la salle de bains et la toilette. Un évier en pierre de 0.60 sur 0.90 et une tablette en marbre.

MENUISERIE. — Les croisées en sapin rouge et chêne ferrées de pattes, paumelles, équerres, crémones et fermetures à rouleau à manivelle avec coulisse et coffre. Les portes tout sapin rouge à cadres rapportés pour les pièces principales à petits cadres et à glace suivant les emplacements, garnies de bâtis, huisseries, chambranles et socles, ferrées de paumelles, serrures et boutons. Les armoires en sapin avec tablettes. L'escalier en chêne, marches 0.041 avec limons, balustres et pilastres. Les faux lambris en sapin. Moulures pour cadres et encadrement. Plinthes et stylobates moulurés. Le parquet du rez-de-chaussée à point de Hongrie sur lambourdes. Aux étages, en sapin rouge posé sur gîtage.

DÉCORATION. — Corniches en staff et rosaces dans les principales pièces.

PEINTURE, VITRERIE. — Les plafonds égrenés, rebouchés et colle 2 couches. Dans la salle à manger et le bureau, en plus décors et vernis ; dans cuisine, water-closets, salle de bains et toilette en plus une couche de peinture vernissée. La vitrerie en verre demi-double 2e choix. Vitraux au châssis d'escalier.

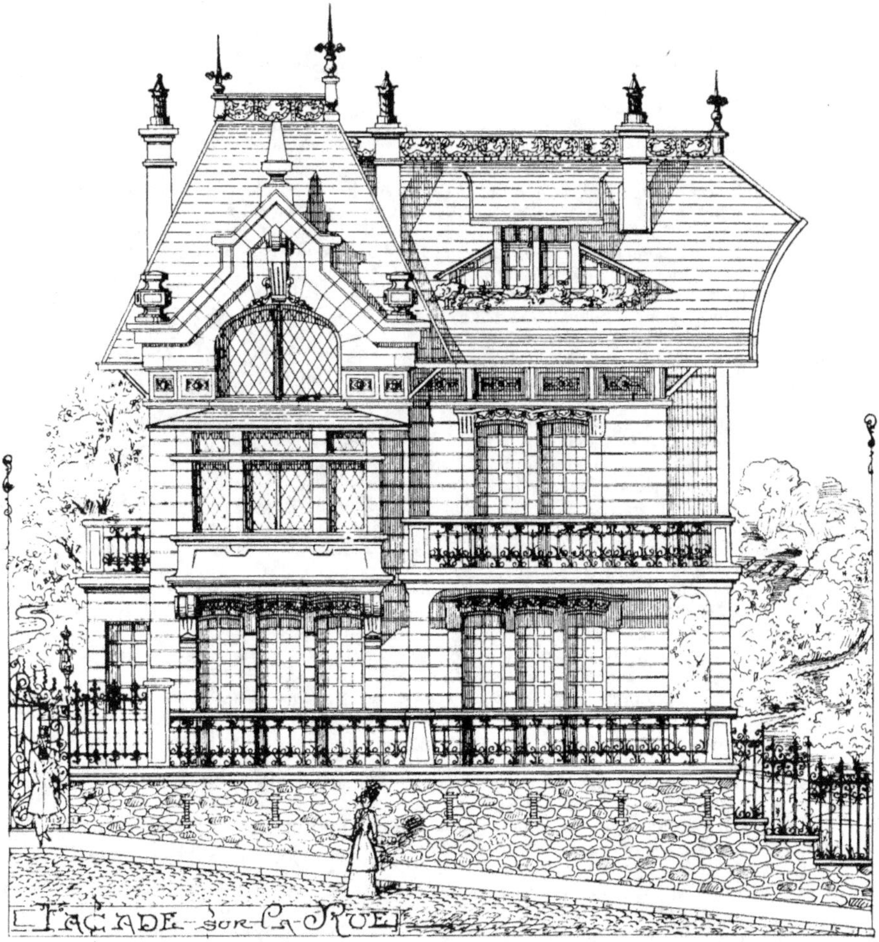

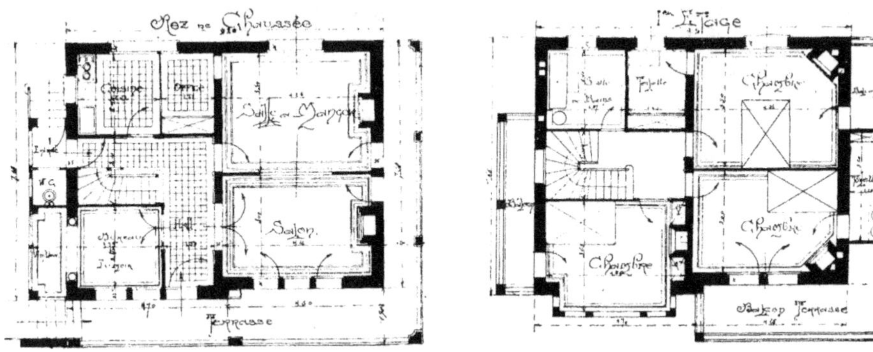

PLANCHE 68

Villa à Saint-Chamond : 30.000 francs.

Cette villa, construite sur un terrain en pente, se compose de :

Sous-sol de 2.00 de hauteur, comprenant : caves à vins et à charbons, buanderie et descente.

Rez-de-chaussée de 3.00 de hauteur, divisé en : hall de 1.50×4.40, retour dans lequel se trouve l'escalier desservant les étages, salon de 4.25×3.00, salle à manger de 4.25×3.50, fumoir de 2.40×3.75, avec un window extérieur dans lequel se trouve aussi le water-closet, cuisine de 2.40×2.40 et office 1.50×2.40 munie d'une armoire. Galerie couverte autour du rez-de-chaussée sur deux sens du bâtiment et perrons d'accès.

Premier étage d'une hauteur de 3.00, composé de : palier et escalier conduisant au 2e étage, chambre à coucher de 4.00×3.25 avec window en façade principale et cabinet de toilette, au-dessus du window, du fumoir et du w.-c., autre chambre de 3.00×4.25, à balcon couvert, comprenant un cabinet de toilette de 1.10×3.20, troisième chambre à coucher de 4.25×3.50, aussi à balcon couvert, toilette donnant sur la face postérieure de 1.65×2.40 et salle de bains de 2.27×2.40.

Au deuxième étage, sous comble : salle de billard de 4.25×6.60, et chambres de bonnes.

Construction établie sur béton, murs du sous-sol en meulière-caillasse, hourdée en mortier de chaux, refend en brique de pays ; élévation aussi en brique de pays de 0.35 d'épaisseur, refend de 0.22 ; conduits de fumée et de ventilation en briques dans l'épaisseur des murs ; souches hors comble en briques repressées, jointoyées en creux, couronnements moulurés, surmontés d'un bandeau en Portland, enduit courbe dessus recevant les mitrons-lanternes en terre cuite. Ravalements extérieurs en métalline à bandeaux moulurés, refends, pilastres, tableaux et autres.

Ornementation des arcs de croisées et consoles de balcons en staff, panneaux de frise en faïence émaillée. Balcons et terrasses en fonte assemblée avec mains-courantes, planchers de balcons en béton armé, enduits en Portland, bandeau aussi en Portland couronnant le sous-sol, soubassement jointoyé en creux à meulière apparente.

Fosse d'aisance réglementaire en caillasse avec enduits étanches.

A l'intérieur, plancher de caves en solives de fer à T hourdé en briques, autres planchers et combles en sapin, bastaings, madriers, demi-bastaings et chevrons du commerce, saillies, consoles et lucarnes en sapin raboté. Murs et plafonds enduits en plâtre, cloisons de distribution en briques de 0.06 dans le sous-sol, en carreaux de plâtre dans les autres étages.

Escaliers en chêne à la française à balustres tournés, poteaux à culs-de-lampe et têtes tournés, limons et mains-courantes moulurés.

Couverture en ardoises d'Angers, grand modèle, losangées à crochets sur chanlattes en sapin, faîtages ornés et épis en zinc, arêtiers en ardoises, non recouverts, noues, rives, derrières de cheminées, gouttières et tuyaux en zinc.

Prise d'eau sur la conduite de la ville, canalisation en plomb amenant les eaux : sur l'évier, à la buanderie, au w.-c., aux cabinets de toilette, à la salle de bains et au 2e étage sur le palier par un poste d'eau, toutes ces arrivées d'eau munies de leurs décharges en fonte. Canalisation en grès recevant les eaux usées, perdues dans le terrain par des drainages, à la campagne, ou allant à l'égout à la ville.

Croisées et portes-croisées en chêne à petits carraux, persiennes en fer et tôle.

Bureau, salle à manger et salon : parquets en chêne à points de Hongrie sur lambourdes et replanis ; hall et vestibule, carrelage en céramique, cuisine et office en carreaux de ciment, premier étage parqueté en chêne à l'anglaise, posé sur solives et replani ; deuxième étage en sapin à l'anglaise.

Corniches en staff dans bureau, salle à manger et trois chambres à coucher, stylobates dans les principales pièces, plinthes dans les autres ; chambranles autour des baies de portes et de croisées, faux lambris à la salle à manger, socles aux marches d'escalier, armoires d'office, chambre et toilette, portes de communication en lambris d'assemblage sapin à petits cadres. Toutes les ferrures de première qualité.

Cheminées en marbre avec foyer, Louis XV blanche dans le salon, Louis XIII rouge dans la salle à manger, capucine à retours dans les autres pièces. Intérieurs rétrécis en faïence. Dans la cuisine fourneau en fer et tôle, paillasse, évier en grès vernissé, armoire dessous et ventilateur remplaçant la hotte. Revêtement en faïence.

Peinture des boiseries extérieures, persiennes, balcons, boiseries intérieures, murs et plafonds de cuisine, office, salle de bains et w.-c. à l'huile, 3 couches, une de ripolin dans ces quatre dernières pièces ; décors vernis dans salle à manger, hall et escalier. Rampe et limons en bois naturel passés au vernis sur couche de fond à l'huile pure.

Tenture en papier avec bordure dans les pièces, et en étoffe imprimée dans le hall et l'escalier.

Bains
Chambre
Chambre
Toilette
Toilette
Chambre
— 1er Étage —
Cuisine
Office
Chambre
Bureau
Hall
Salon
Terrasse
— Rez de Chaussée —

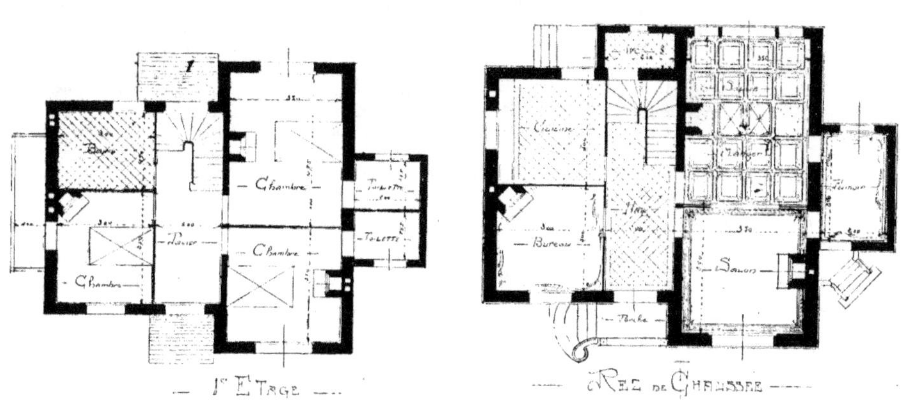

PLANCHE 69

Villa dans les Pyrénées : 31.500 francs.

Ce pavillon se compose de :

Sous-sol de 2.00 de hauteur comprenant : caves à vins, cave à charbons, buanderie et réduit pour la chaudière du chauffage à vapeur, fosse.

Rez-de-chaussée de 3.00 de hauteur divisé en hall de 2.00 × 6.10 et escalier desservant le 1er étage, perrons d'accès, salon de 3.50 × 3.50, salle à manger de 3.50 × 4.75, fumoir de 2.00 × 3.00, bureau de 3.00 ×3.00, cuisine de mêmes mesures, et water-closet de 2.60 × 1.00.

Premier étage de 2.80 de hauteur composé de : palier et escalier conduisant au 2e étage, chambre de 3.50 × 4.75, deuxième chambre de 3.50 × 3.50, deux cabinets de toilette de 2.00 × 1.55, troisième chambre de 3.00 × 3.50 avec balcon-terrasse couvert et salle de bains de 3.00 × 3.50.

Deuxième étage de 2.60 de hauteur avec deux chambres et les greniers, le tout desservi par un grand palier.

Construction établie sur béton, sous-sol en meulière-caillasse hourdée en mortier de chaux, élévation briques repressées pour rester apparentes, pour le pourtour, et briques de pays pour le refend, le tout hourdé en mortier de chaux idem; conduits de fumée et de ventilation en briques dans l'épaisseur des murs, souches hors combles en boisseaux Gourlier de 0.20 × 0.20, enduits en chaux badigeonnée, couronnement en ciment de Portland et mitrons-lanternes en terre cuite. Ravalements extérieurs en briques apparentes jointoyées en creux en chaux, avec chaines d'angles, arcs, motifs de baies et balcon-terrasse enduits en ciment blanc, consoles et ornementation en staff, appuis en béton aggloméré badigeonné, soubassements enduits en ciment de Portland avec socle et bandeau de couronnement, perrons en béton aggloméré, le tout badigeonné à la chaux vive deux couches, ton pierre. Fosse d'aisances réglementaire.

A l'intérieur, plancher de cave en solives de fer à T hourdé en briques, les autres planchers et le comble en sapin, bastaings, demi-bastaings, madriers et chevrons du commerce, queues de vaches, consoles et avancés de pénétration en sapin raboté avec chanfreins interrompus; planches de rives moulurées et voligeage des saillies aussi en sapin. Escalier en chêne à la française à balustres tournés, poteaux à culs-de-lampe, main-courante et limons.

Couverture en tuiles à emboîtement petit moule, faîtages ornés, épis et arêtiers en terre cuite, solins, ruellées, embarrures en ciment; derrières de cheminées, noues, gouttières et tuyaux en zinc. Balcons en fonte ornée à mains-courantes et pitons en fonte, chaînages en fer; croisées, portes d'entrées et portes-croisées en chêne, persiennes en fer et tôle; menuiseries intérieures en sapin; garde-robes à effet d'eau au water-closet, canalisation des eaux pluviales et ménagères en grès vernissé avec puisard les perdant dans les sables ou les envoyant à l'égout, suivant les circonstances.

Forage de puits, pompe aspirante et foulante avec réservoir, canalisation en plomb amenant les eaux sur l'évier, à la chaudière du chauffage, au w.-c., aux cabinets de toilette, à la salle de bains et au jardin. Chauffage de toutes les pièces sauf la cuisine, par l'eau chaude, chaudière, canalisation en fer et radiateurs.

Bureau, salon et salle à manger parquetés en chêne à point de Hongrie, plafonds avec corniches dans le salon et le bureau, et à caissons en staff dans la salle à manger, faux lambris à moulures rapportées avec plinthes et cimaises moulurées dans le hall et la salle à manger; plinthes en carreaux dans la cuisine et le w.-c., stylobates en sapin dans les autres pièces.

Carrelage en céramique posé sur ciment dans le hall et le water-closet.

Dans la cuisine, carrelage en carreaux de ciment, évier en grès vernissé, paillasse en ciment, fourneau en fonte et tôle à bouilleur et va-et-vient pour le chauffage des eaux de la baignoire de salle de bains, ventilateur remplaçant la hotte, agencement et carreaux de faïence.

Cheminées : marbre blanc à modillons dans le salon, en staff dans la salle à manger, à modillons rouges dans le bureau, capucine à revêtements en marbre noir français dans les chambres. Intérieurs rétrécis en faïence à prise d'air.

Au premier étage, plafonds unis, parquets en chêne à l'anglaise 2e choix, cloués sur solives, plinthes, stylobates, chambranles en moulures autour des baies.

Au deuxième étage, plafonds unis, parquet en sapin 1er choix dans les chambres, 3e choix dans les greniers, plinthes, moulures autour des baies.

Peinture des boiseries extérieures et intérieures, des persiennes et balcons, des murs et plafonds de cuisine et water-closet, à l'huile, 3 couches, égrené et rebouché. Ripolin dans cuisine, water-closet, salle de bains, décors vernis dans hall, salle à manger, portes et croisées d'escalier. Rampe d'escalier et portes d'entrée en bois naturel passés à l'huile et vernis.

Vitrerie, en verre demi-double pour ceux hors mesure, simple pour ceux dans les mesures du commerce, cathédrale pour w.-c. et portes extérieures.

Tenture en papier avec bordure dans les pièces et en étoffe imprimée dans le hall et l'escalier.

Bureau
Salle à Manger
Office
Cuisine
Salle de Billard
Rez de Chaussée

Chambre
Chambre
Toilette
Salle de Bains
Lingerie
Chambre
Balcon
1er Etage

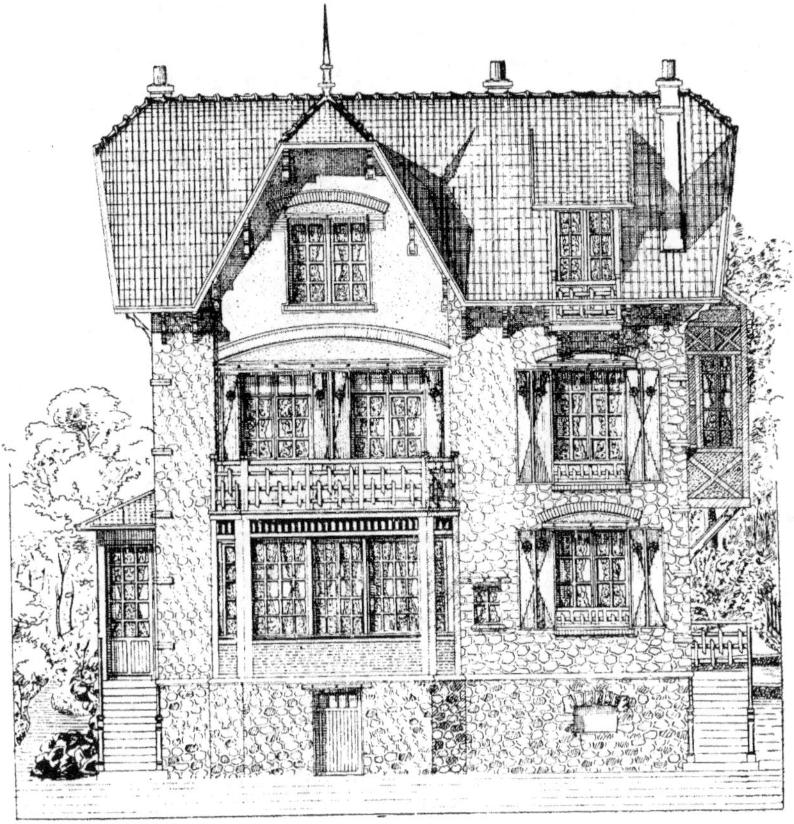

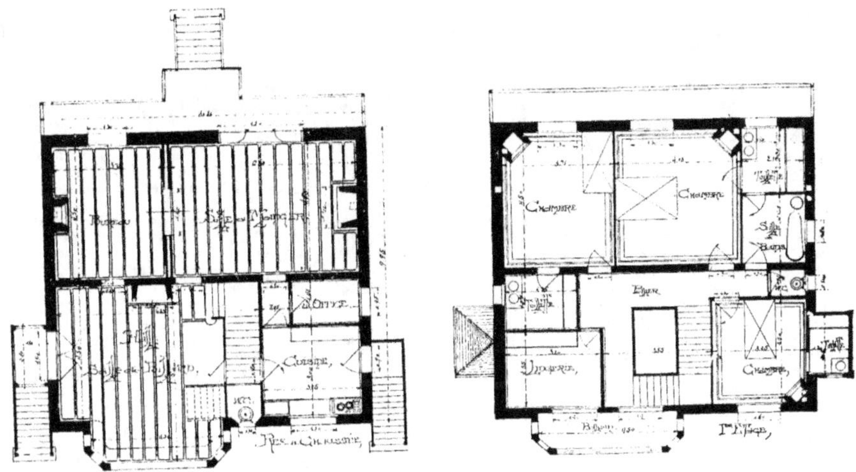

PLANCHE 70

Cottage hollandais à Enghien : 32.000 francs.

La construction comprend : un sous-sol composé d'une cave, buanderie, d'un escalier avec marches en béton aggloméré et dégagement conduisant aux caves et buanderie ; un rez-de-chaussée avec perron en béton aggloméré, comprenant un hall, une salle à manger, un bureau, un salon, cuisine, office et w.-c. ; un escalier en bois conduisant aux étages ; un 1er étage comprenant 3 chambres, avec toilette, salle de bains et lingerie. Un 2e étage avec deux chambres d'amis avec cabinets de toilette, 2 chambres de bonne et grenier.

MAÇONNERIE. — Les rigoles seront remplies en béton de cailloux et mortier de chaux hydraulique, sable de rivière avec 0.05 d'empattement de l'épaisseur des murs. Les murs de toute hauteur seront en pierre meulière, hourdée en mortier de chaux hydraulique de 0.40 d'épaisseur, jointoyés à l'extérieur, en mortier jusqu'à la hauteur du plancher du rez-de-chaussée. Une fosse septique. Murs de refend en brique de plaine de 0.22 d'épaisseur. Celui d'escalier de cave brique de 0. 11. Cloison de la buanderie en brique de 0.06. Les murs et cloisons de la buanderie seront enduits en ciment de Portland jusqu'à 1.00 de hauteur du sol, le surplus jointoyé en mortier de chaux, le sol dallé en ciment de Portland avec angles arrondis au pourtour du sol du dallage et pentes nécessaires pour l'écoulement des eaux. Tuyaux de fumée dans la buanderie avec ventilation. Les marches de la descente seront en béton aggloméré ainsi que les perrons de la face principale et celui de la face postérieure. Le plancher du sous-sol sera en fer à T hourdé en brique. Cloisons du rez-de-chaussée et 1er étage en carreaux de plâtre, les plafonds cuisine et office enduits en plâtre. Le ravalement des façades rocaillé, briques apparentes, les souches, les tableaux des baies et briques apparentes idem suivant dessins. Bandeaux du rez-de-chaussée en ciment, appuis de croisées en brique apparente. Tuyau de fumée en boisseaux de 0.20 × 0.20, hourdis de trémis. Canalisation en grès et décharges compris buanderies avec siphons. Cours de chaînage avec tirants et angles. Tous les trous, scellement de poteaux et huisseries, entailles, raccords de toute nature. Lardis de clous et rapointis. Scellement de lambourdes au rez de-chaussée.

CHARPENTE. — Les planchers des étages seront en madrier et bastaing, celui du faux plancher du 2e étage sera en bastaing de 0.065 sur 0.17, espacé de 0.40 d'axe en axe et de 0.20 de portée dans l'épaisseur des murs ; ces bois rabotés de 3 faces et 2 chanfreins. L'escalier conduisant aux étages tout chêne avec limon, marche de 0.041 et contremarches de 0.018, poteaux et main-courante et balustre en chêne. La charpente de la toiture en sapin ainsi que celle des balcons. Le window, les balcons et appentis. Les solives seront bien dressées pour recevoir le parquet.

SERRURERIE. — Le plancher des caves en fer à T espacé de 0.65 à 0.70 d'axe en axe. Linteaux des baies en fer à T. Cours de chaînage en fer méplat de 0.004 à 6.007 de 0.03. Plates-bandes pour limons, boulons d'écartement. Les soupiraux munis de barreaux en fer rond de 0.018 scellés. La porte du sous-sol sera ferrée de penture avec gonds à scellement, serrures deux pênes, et un verrou intérieur. Les autres portes idem avec serrure pêne dormant de 0.14. Porte d'entrée à deux vantaux ferrés de pattes, coudées et équerres fortes, de 6 paumelles doubles à boules et à équerres, une serrure de sûreté, une poignée en cuivre à l'intérieur et bouton de tirage avec chaînette, panneaux en fonte ornée et vasistas en fer rainé, deux verrous boîte fonte de 0.032, gâches et conduits. Les portes intérieures seront fermées chacune de 3 paumelles de 0.11, bagues en cuivre, serrure pêne dormant un demi-tour et bouton double blanc, imitant ivoire. Bec de cane et targettes aux portes des w.-c. et toilette, porte à coulisse pour les portes du salon à la salle à manger, ceux sur le hall et les cabinets de toilette. Les armoires à la demande ferrées de charnières, serrure à canon de 0.08. Les croisées ferrées chacune de 7 pattes, 8 équerres simples, 6 paumelles de 0.11 et d'une crémone fer demi-rond de 0.018 et accessoires. Persiennes en fer compris tous accessoires et peinture au minium. Toutes les serrures seront marquées, toutes les pattes droites coudées, contre-coudées et à scellement pour bâtis, contre-bâtis, dormants, etc. Chute et descente en fonte, panneaux de fonte ornée, rapointis, clous à bateaux, pitons de suspensions, entrée, salon et salle à manger. Ferrure de window.

COUVERTURE ET PLOMBERIE. — La couverture en tuiles petit moule sur liteaux avec faîtières, ruellées et solins en chaux aux souches de cheminées. Gouttières en zinc no 12. Descente en zinc et raccords avec la canalisation. Dans les w.-c. appareil système tout à l'égout, avec abattant en chêne, cuvette porcelaine et réservoir de chasse. Dans la cuisine évier en grès émaillé de 0.60 sur 0.85 avec bonde vidange et siphon. Robinets en cuivre et canalisation alimentant les toilettes, salle de bains, buanderie, cuisine et jardin ; cabinet de toilette, salle de bains, baignoire, chauffage au gaz. Canalisation du gaz dans la cuisine et salle de bains.

MENUISERIE ET PARQUET. — Les portes de caves et buanderie en sapin brut de 0.027, barres en chêne 0.034 sur 0.08 chanfreinées. La porte du sous-sol par frises avec baguettes sur joints et jet d'eau en chêne, 0.034, panneaux sapin 0.027. Châssis vitrés en chêne pour soupiraux, avec jet d'eau dans le bas. La porte d'entrée à deux vanteaux sera en chêne avec bâtis et imposte, panneaux à grands cadres, avec plates-bandes aux deux faces et socle dans le bas, panneaux de fonte ornée dans la partie haute suivant dessin indiqué au plan, chambranles avec socles à la face intérieure de la porte d'entrée. La porte de la cuisine sur perron sera en chêne, bâti de 0.034, panneaux 0.027. Agencement dans la cuisine, tablettes, barres à casseroles et dosserets. Toutes les portes intérieures seront à petits cadres et plates-bandes simples aux deux parements, trois panneaux par vantail dans la hauteur, bâtis 0.034, panneaux 0.18, chambranles sapin avec socles aux deux faces. Les croisées tout chêne, châssis 0.034, dormant 0.054 avec petits bois fermant à noix et gueule de loup avec jet d'eau. Tapées en chêne pour les persiennes en fer. A l'intérieure des croisées chambranles do au pourtour. Petits cadres figurant avec plinthes et cimaise dans la salle à manger. Stylobates sapin dans le hall, salon, bureau et chambre, plinthes dans le reste. 8 armoires en lambris à glace, en sapin à la demande. Les huisseries en sapin. Socles de marches rampants en sapin. Parquet chêne 2e choix posé à l'anglaise.

FUMISTERIE. — Dans la cuisine un fourneau-cuisinière de 0.90 à charbon de terre et réchaud à charbon de bois avec bain-marie, four, boîte à charbon et accessoire avec une bouche de chaleur dans la salle à manger. Ventilateur. Une paillasse entre le fourneau et l'évier, revêtement en carreaux, opaline sur la paillasse au pourtour de la cuisinière et l'évier de 1.45 de hauteur, compris bordure, de même à la salle de bains. Dans la salle à manger, cheminées en bois. Arrangements intérieurs, rétrécis en faïence, cadre cuivre, rideau crémaillère avec coquille en cuivre dans le bas, âtre en carreaux, contre-cœur en brique, etc. Un chauffage à eau chaude compris tous accessoires et chauffant l'ensemble de l'habitation.

PEINTURE, VITRERIE, TENTURE. — Tous les plafonds à la colle, deux couches. Ceux de la cuisine et w.-c. à l'huile, deux couches et enduit, les murs de cuisine, vestibule, escalier et w.-c. enduits huile, deux couches, galon dans l'escalier et vestibule. Toutes les menuiseries à l'huile, 3 couches, compris impression et deux tons pour les intérieurs. Celles extérieures de la porte d'entrée du vestibule, à l'huile, 3 couches, dont une d'impression, façon décors et vernis. Les lambris de la salle à manger à hauteur de 1.10 seront à l'huile, deux couches, et minium une couche au préalable. Papier de tenture du prix d'achat de 0.60 le rouleau, prix moyen. Bordure assortie suivant les pièces. Verre cathédrale dans endroit à désigner. Vitrerie en vers simple 3e choix. Verre double 4e choix pour châssis de toit. Calicots et bandes de zinc à T pour armoires et placards.

PLANCHE 71

Villa de plaisance près de Lille : 35.000 francs.

Cette villa se compose de :

Sous-sol de 2.00 de hauteur, comprenant : caves à vins et à charbons, descentes, garde-manger, buanderie, cave, légumier, fosse siphoïde.

Rez-de-chaussée de 3.20 de hauteur, divisé en hall, vestibule dans lequel se trouve l'escalier desservant les étages, salon de 5.50×4.00, bureau de 4.00×4.50, salle à manger de 4.50×4.00, cuisine de 3.00×3.00 et office 2.00×3.00, w.-c.

Premier étage d'une hauteur de 3.00, composé de : palier et escalier conduisant au 2e étage, chambre à coucher de 4.00×4.50 avec toilette de 2.00×2.00 et penderie; deuxième chambre de 4.50×4.00; troisième chambre à coucher de 4.50×4.00; salle de bains 2.00×3.00, toilette. Penderie de 1.00×1.50, chambre 3.00×3.00.

Au deuxième étage, chambres, palier, dégagement et greniers et une tourelle avec cabinet de travail; au grenier il peut être établi une salle de billard.

Construction établie sur béton, murs du sous-sol en caillasse du pays, 0.45 épaisseur, hourdée en mortier de chaux, élévation en meulière du pays de 0.40 d'épaisseur, refends en briques de 0.22. Conduits de fumée et de ventilation en boisseau Gourlier dans l'épaisseur des murs; souches hors comble en briques enduites en ciment en partie. Couronnements moulurés surmontés d'un bandeau en Portland, enduit courbe dessus et recevant les mitrons-lanternes en terre cuite. Ravalements extérieurs joints au creux en chaux, soubassement en ciment, bandeaux moulurés, harpes, appuis, tableaux, clés, sommiers ciment de Portland teinté, imitant la pierre, de même les couronnements pour la tourelle, arcs de baies, etc., en briques façon bourgogne jointoyées en chaux, joints en creux tirés au fer.

Ornementation, faux pans de bois en ciment sur brique, la partie brique apparente jointoyée en creux tirés au fer, perrons en béton aggloméré, siphoïde en béton armé placée extérieurement.

A l'intérieur, plancher de caves en solives de fer à T hourdé en briques, autres planchers et combles en sapin, bastaings, madriers, demi-bastaings et chevrons du commerce. Murs et plafonds enduits en plâtre, cloisons de distribution en briques de 0.06 dans le sous-sol, en carreaux de plâtre dans les autres étages.

Escaliers en chêne à la française à balustres tournés, poteaux à culs-de-lampe et têtes tournés, limons et mains-courantes moulurés.

Couverture en tuile petit moule, liteaux sapin, faîtage et épis, arêtiers en terre cuite, noues, rives, derrières de cheminées, gouttières et tuyaux en zinc.

Lucarnes, fausse ferme, consoles, balcons en sapin, canalisations en plomb amenant les eaux au sous-sol, à la cuisine-office, aux w.-c., aux cabinets de toilette, à la salle de bains et au 2e étage sur le palier par un poste d'eau, toutes ces arrivées d'eau munies de leurs décharges en fonte.

Canalisation en grès recevant les eaux usées, partie perdue dans le terrain par des drainages, partie allant à la siphoïde. Agencement de salle de bains, baignoire chauffe-bains.

Croisées et portes-croisées en chêne, fermeture à rouleaux.

Au rez-de-chaussée : bureau, salle à manger et salon parquetés en chêne à point de Hongrie sur lambourdes et replanis; vestibule, hall, carrelés en céramique, cuisine, office, w.-c. en carreaux de ciment, premier étage parqueté en chêne à l'anglaise posé sur solives et replani; deuxième étage en sapin à l'anglaise.

Corniches en staff dans bureau, salle à manger, vestibule, salon, trois chambres à coucher, stylobates dans les principales pièces, plinthes dans les autres; chambranles autour des baies de portes et de croisées, faux lambris aux salles à manger et salon, socles aux marches d'escalier, armoires, portes de communication en lambris d'assemblage sapin à petits cadres. Toutes les ferrures de première qualité.

Cheminées en marbre avec foyers Louis XV, blanche dans le salon, Louis XVI dans la salle à manger, modillons dans le bureau, capucines à retours dans les autres pièces, à intérieurs rétrécis en faïence, dans la cuisine, office, fourneau en fonte et tôle, paillasse, évier en grès vernissé, armoire dessous, ventilateur remplaçant la hotte.

Peinture des boiseries extérieures, fermetures, balcons, boiseries intérieures, murs et plafonds de cuisine, office, salle de bains et w.-c. à l'huile, 3 couches, une de ripolin dans ces quatre dernières pièces; décors vernis dans salle à manger, bureau, vestibule, hall et escalier. Rampe d'escalier, balustres et limons en bois naturel passés au vernis sur couche de fond à l'huile pure.

Vitrerie en verre demi-double pour les hors mesure, simple pour le reste.

Tenture en papier avec bordure dans les pièces, et en étoffe imprimée dans le hall et l'escalier.

Terse
Cave
Cave
Cave
S.à.M.
W
Cuisine
Bureau
Salon
Ch~
Bains
Ch~
Toit
Ch~
Façades
Rez de Chaussée
Étage

PLANCHE 72

Cottage dans l'Est : 18.000 francs.

Il se compose de :

Sous-sol de deux mètres de hauteur, comprenant 2 caves à vins, descente de cave et dégagement, buanderie.

Rez-de-chaussée de 3.00 de hauteur, divisé en hall et escalier desservant le premier étage, salle à manger de 3.50 × 4.50, salon avec terrasse 4.00 × 3.50, cuisine de 3.00 × 2.75, bureau 3.00 × 3.50, w.-c.

Premier étage ayant comme composition : deux chambres à coucher de 4.00 × 3.50 et 3.50 × 4.50, salle de bains de 3.00 × 2.50, toilette, chambre de 3.00 × 3.75, palier, dégagement, escalier, grenier au-dessus dans lequel il est établi une chambre de maître, et on peut avoir des chambres de domestiques.

Construction établie sur rigoles remplies en béton, sous-sol en meulière-caillasse hourdée en mortier de chaux hydraulique et sable de rivière, élévation en mêmes matériaux, refend en briques brutes de pays, conduits de fumée dans l'épaisseur des murs ou avec coffre en boisseaux Gourlier de 0.16 × 0.25, souches sur comble en briques jointoyées en chaux avec bandeau de couronnement en ciment et mitrons en terre cuite. Plancher de cave hourdé en briques de 0.06.

Ravalements extérieurs jointoyés en creux en chaux hydraulique; motifs de baies, sommiers, harpes, bandeaux enduits en ciment de Portland teinté à 2 couches. Soubassement jointoyé en mortier bâtard de chaux et ciment, avec bandeau mouluré en ciment de Portland. Perron-terrasse en béton aggloméré à marches astragalées et limons.

A l'intérieur, plancher de cave en solives fer de 0.12, les murs de caves non enduits, les cloisons de sous-sol en brique de 0.06 à joints réappuyés en montant; aux étages supérieurs, plafonds et murs enduits en plâtre.

Plancher haut du premier étage, plancher haut du rez-de-chaussée, comble et chevronnage en sapin de sciage du commerce, madriers, bastaings, 1/2 bastaings, chevrons.

Couverture en tuiles à emboîtement sur liteaux sapin, faîtage terre cuite, solins, ruellées, embarrures ciment, derrières de cheminées, noues, gouttières et descente en zinc n° 12.

Balcons, lucarnes, treille, consoles en sapin, chaînages en fer, châssis, croisées et porte d'entrée en chêne, persiennes en fer et tôle; menuiseries intérieures en sapin : garde-robe à effet d'eau au water-closet, canalisation des eaux pluviales et ménagères en grès vernissé, raccord avec la canalisation en fonte allant à l'égout ou à la rue.

Canalisation des eaux de concession et compteur amenant les eaux à la cuisine, salle de bains, w.-c., cabinet de toilette, et à un robinet pour l'arrosage du jardin.

Bureau, salon et salle à manger parquetés en chêne à l'anglaise sur lambourdes et avec replanissage, corniches en staff, plinthes dans ces pièces et faux lambris, cheminées à modillons en marbre, à intérieurs rétrécis en faïence, hall carrelé en céramique, cuisine, w.-c. en carreaux de terre cuite avec plinthes aussi en carreaux. — Escalier à la française en chêne à balustres tournés du rez-de-chaussée au premier escalier idem en sapin pour le deuxième étage.

Cuisine : évier en grès vernissé, paillasse en carreaux, fourneau en fonte et tôle à charbonnier, revêtements en faïence et agencements composés de tablettes, appliques et porte-casseroles, armoires, sous-évier et paillasse, ventilateur en tôle remplaçant la hotte. Une grande armoire dans la cuisine.

Au premier étage, plafonds unis, parquets en chêne cloués sur solives et replanis, cheminées capucines en marbre à revêtements, intérieurs rétrécis en faïence et prises d'air, stylobates dans toutes les pièces. Rosaces dans les chambres.

Au deuxième étage : chambre, cheminée capucine, parquet en sapin de 3e choix cloué sur solives.

Peinture des boiseries extérieures et intérieures et des persiennes et balcons, murs et plafonds de cuisine, water-closet, salle de bains, lambris de salle à manger, salon, hall, bureau, à l'huile, 3 couches, égrenés, rebouchés. Menuiserie intérieure, 2 couches et enduit, rampe d'escalier et porte d'entrée en bois naturel passé à l'huile et vernis.

Vitrerie en demi-double, deuxième choix pour les verres hors mesure; simple, 3e choix, pour les autres, et cathédrale pour water-closet et portes extérieures.

Tenture en papier dans les pièces du prix de 0 fr. 70 le rouleau.

PROPRIÉTÉ DE MONSIEUR LECLERC CH.
à RABAT (MAROC)
PLANCHE 73
Échelle: 0m,01

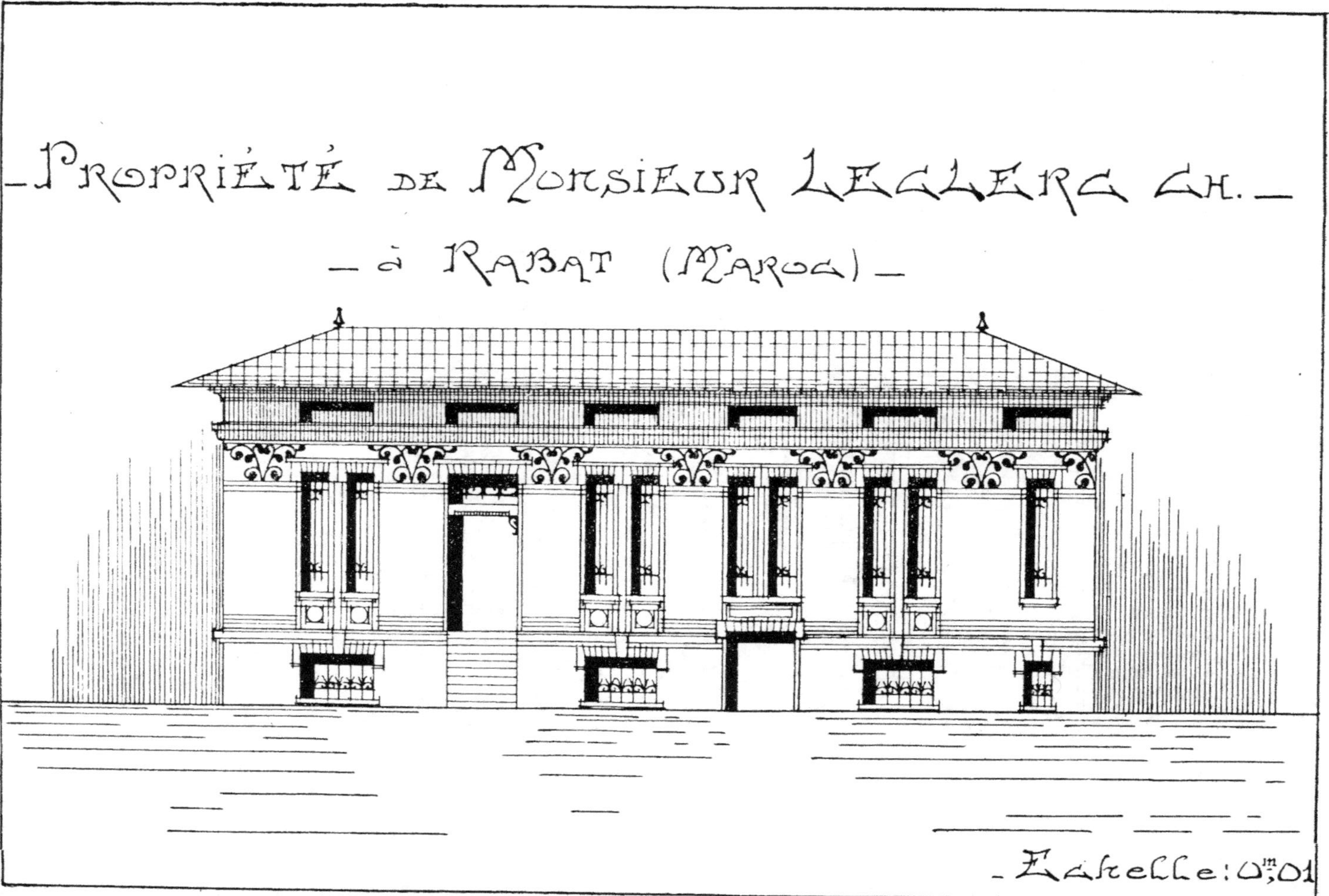

PLANCHE 73

Villa construite au Maroc : 35.000 francs.

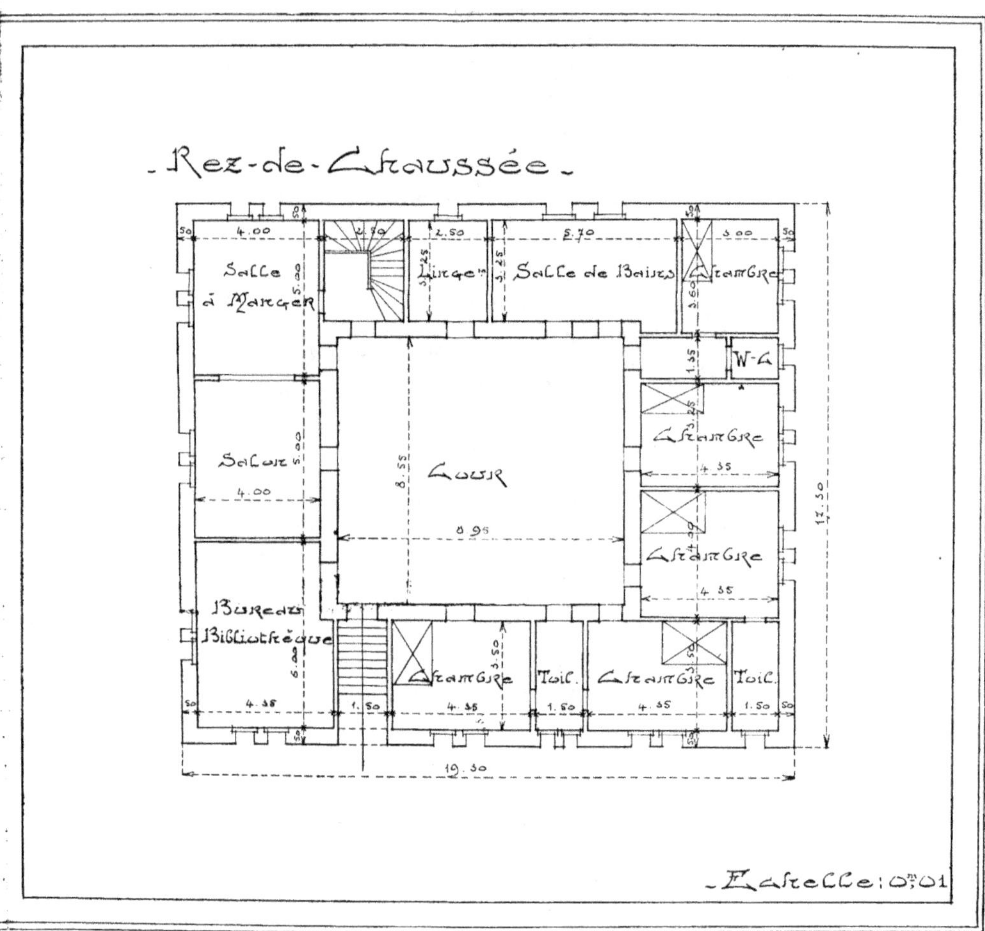

PLANCHE 73 *bis*

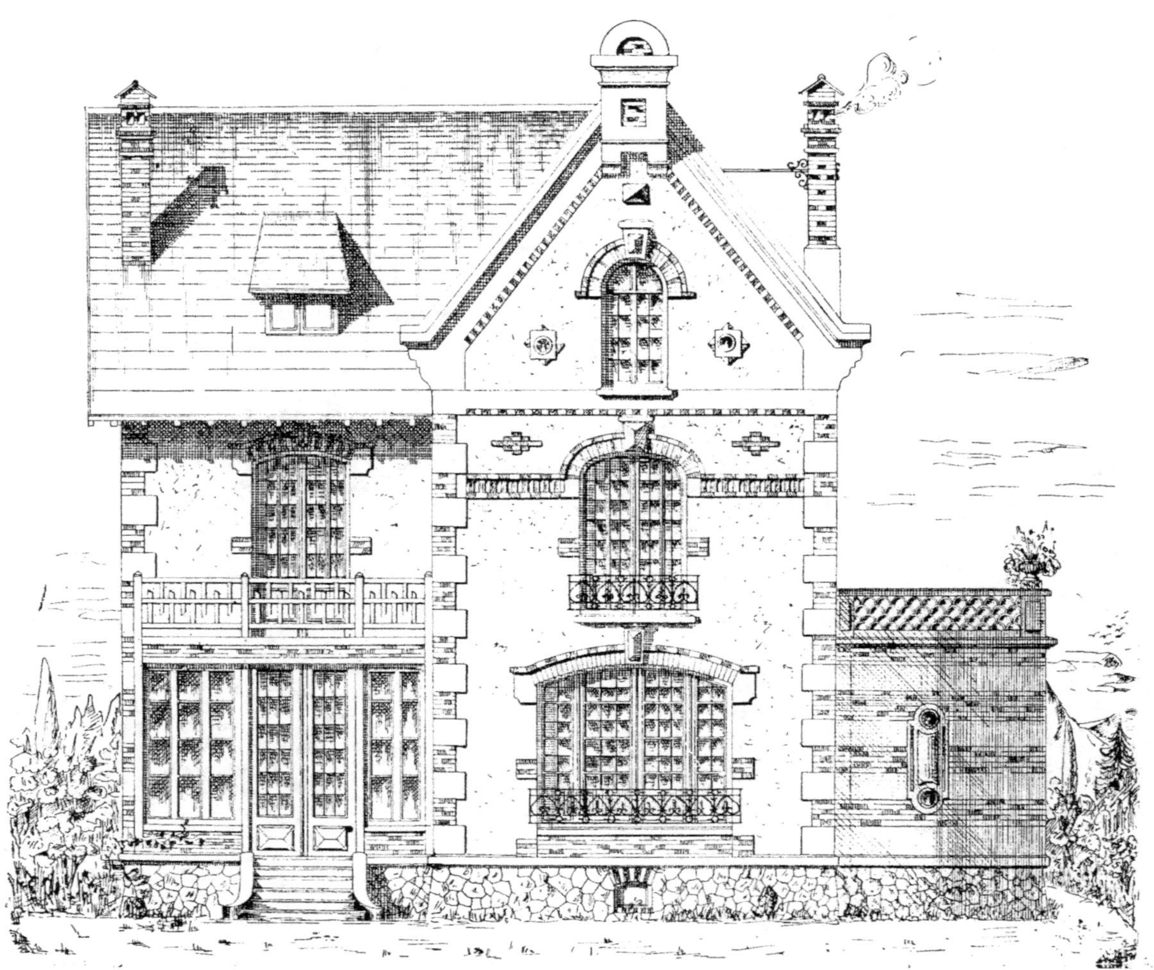

PLANCHE 74

Maison de docteur à Senezan : 32.000 francs.

Sous-sol composé de : une cave à vin, buanderie, petit débarras, cave à charbon et calorifère.

Atelier, légumier.

Rez-de-chaussée composé de : un porche avec galerie et perron d'accès, vestibule, grand escalier desservant les étages, salon avec vérandha, salle à manger, cuisine, cabinet de docteur, salle de billard, w.-c.

1er étage : palier et dégagement, 4 chambres à coucher avec balcons, salle de bains, toilette, penderie, w.-c., galerie et terrasse.

2e étage : 2 chambres de domestiques, sans cheminée, et grenier.

TERRASSE. — L'entrepreneur fera tous les terrassements nécessaires pour l'établissement du sous-sol, rouille en déblai et en rigoles, fosse, « rien à l'égout », puisard, compris tous jets, reprises, chargements et transports, régalage et nivellement des terres aux endroits de la propriété, et désignés par l'architecte.

Le puisard sera établi à proximité du bâtiment, ledit puisard maçonné en pierres sèches et de profondeur suffisante pour absorber les eaux pluviales et ménagères.

MAÇONNERIE. — Les rigoles sous les murs de face, refends et massifs pour perrons seront remplis en béton de cailloux hourdés en mortier hydraulique et pilonné par couches de 0.15 à 0.20 d'épaisseur.

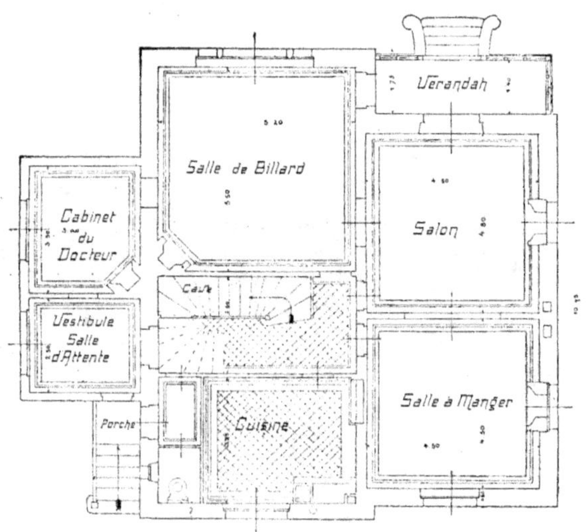

Plan du Rez de Chaussée

Murs en fondation jusqu'au niveau du rez-de-chaussée en moellons durs du pays, et mortier de chaux hydraulique ; les moellons posés par rangs bien tassés au marteau avec points alternés.

Les murs à l'intérieur des caves jointoyés en mortier.

Les murs de 0.22 d'épaisseur en panne du pays hourdés en mortier formant appareil de pierre.

Ceux de 0.11 d'épaisseur en briques pleines hourdés en mortier et jointement sur les faces apparentes.

Ceux de 0.06 d'épaisseur en briques pleines hourdées en ciment et jointoyées aux 2 faces.

Plancher des caves en briques creuses de 0.06 d'épaisseur, formant voûtain et jointoyées à l'intrados.

Dans la buanderie, jointoiement des murs et cloisons en ciment Portland sur béton de grasillon, les angles en gorge au pourtour des murs.

Bac en ciment de 1.20 de longueur.

Maçonnerie pour murs en élévation en moellons du pays et mortier de chaux hydraulique compris, crépi en mortier de chaux hydraulique.

Les murs de 0.11 d'épaisseur en briques pleines du pays et mortier de chaux hydraulique.

Les cloisons de 0.08 d'épaisseur en briques creuses hourdées et enduites en plâtre aux 2 faces.

Les plafonds en augets sur lattis sapin espacés de 0.10 d'axe en axe compris enduits.

Sur tous les murs en briquetages enduits en plâtre ainsi que les ébrasements et plafonds de voussures.

Plafond rampant d'escalier avec fourrures.

Les cintres des baies et parties décoratives en briques Bourgogne, jointoyées en creux à deux mastics.

Les conduits de fumée dans l'épaisseur des murs seront en boisseaux de 0.19 × 0.22.

Les souches hors comble en briques Bourgogne jointoyées en ciment ; 1 mitron par conduit.

Hotte en pigeonnage et manteau avec dessus de fourneau de cuisine.

Le carrelage de la cuisine en carreaux blancs et rouges sur béton.

Dans le vestibule et porche, dallage mosaïque semi-marbre avec bordure.

Ravalement des façades. Soubassement jointoyé en ciment ; tableaux et jouées de soupiraux enduits en ciment Portland.

Couronnant le soubassement, bandeau moulure en ciment.

Au-dessus, enduits en moucheti tyrolien avec décoration métalline imitant la pierre avec joints et refends, suivant détails des façades.

Les marches des perrons seront en pierre de taille dure astragalées avec volute.

L'escalier du sous-sol sera en pierre dure ; les marches scellées aux extrémités sur échiffre.

Sous tous les poteaux des balcons du rez-de-chaussée dés en pierre dure.

Quincaillerie. — Caves : châssis de soupiraux des caves ferrés de 8 équerres, 4 fiches, crémone, pattes à scellements.

Petits châssis ferrés de 4 équerres, 2 fiches, 1 loqueteau, 4 pattes à scellement.

Portes de caves ferrées de 2 pentures et de gonds, boulonnées, serrure bénarde avec gâche.

Rez-de-chaussée et étage : croisées à deux vantaux ferrées de 7 pattes à scellement, 8 équerres entaillées, crémone R. G. de 0.18.

Châssis ferrés de : 4 équerres, 3 paumelles de 0.11, 7 pattes à scellement, 1 targette cuivre.

Porte à un vantail sur perrons, ferrée de : 7 pattes à scellement, 4 équerres, 3 paumelles de 0.14, bague cuivre, 1 serrure, 2 pênes de sûreté.

Porte à 2 vantaux sur balcons, ferrée de 8 pattes à scellement, 8 équerres entaillées, 4 paumelles de 0.20, 2 paumelles doubles, crémone R. G. de 0.018, une serrure de sûreté.

A la porte d'entrée, panneau fonte et châssis ouvrant avec pêne cuivre.

Portes intérieures à 1 vantail, ferrées de 2 paumelles de 0.14, serrure demi-tour, bouton double façon ivoire.

Portes d'armoires ferrées de 6 paumelles, serrure, crochet et ressort.

Toute la quincaillerie sera de premier choix avec serrure de marque.

L'entrepreneur devra toutes les pattes droites, coudées, contre-coudées et à scellement pour bâtis, contre-bâtis, dormants, etc.

Menuiserie. Parquets. — Caves : huisseries, sapin 8/8.

Portes, sapin brut de 0.027 d'épaisseur avec barres de chêne de 0.034, chanfreinées.

Petits châssis, tout chêne, sans bâtis.

Grands châssis ouvrant à noix et gueule de loup, jet d'eau et pièce d'appui.

Rez-de-chaussée et étage : porte d'entrée à 1 vantail tout chêne à grand cadre, vitrée par le haut, bâtis de 0.041, panneaux de 0.034, dormant de 0.054.

Porte extérieure à 1 vantail tout chêne, à petit cadre aux deux parements avec frise et table saillante.

Portes sur balcons, le bas en lambris à table saillante et glace et le haut vitré avec petits bois en hauteur et largeur, comme aux croisées.

Croisées chêne de 0.034, ouvrant à noix et gueule de loup, dormant de 0.041, jet d'eau et pièce d'appui, compris tapées chêne de 0.027.

Portes intérieures à 1 ou plusieurs vantaux, tout sapin, à petit cadre et frise aux 2 parements, bâtis de 0.034, panneaux de 0.018.

Huisseries sapin 8/8 et 0.065 × 0.14 assemblés, 3 parements, une feuillure de 0.05 et nervures hachées pour briques.

Armoires tout sapin, panneau de 0.018, porte à glace et arasée de 0.027 d'épaisseur.

Rayonnages sapin, 2 parements, rainé, collé pour armoires.

Tasseaux sapin corroyés avec chanfreins.

Chambranles sapin ravalés de moulures de 0.013 et 0.05, pour chambranles de portes et croisées. Demi-baguettes de 0.02 pour portes et croisées.

Décoration pour salle à manger, moulures sapin de 0.013 × 0.05, formant cadre, cymaise de 0.027 × 0.06 de plinthes, le tout de 1 mètre de hauteur pour formes lambris.

Stylobates sapin de 0.013 × 0.23 de hauteur dans le salon, vestibule et chambres.

Plinthes de 0.013 × 0.11 dans les toilettes, water-closet, petite chambre.

Dans la cuisine, barres à casseroles avec dosseret.

Porte sous évier et paillasse.

Socle de marches rampant d'escalier, sapin de 0.013.

Trappe dans le plancher du comble tout sapin avec bâtis.

Parquet chêne, à point de Hongrie, à lames de 0.09 à 0.11 de largeur et de 0.0027 d'épaisseur assemblées à rainures et languettes, dans le salon et salle à manger et dans le haut du premier étage.

Au rez-de-chaussée, lambourdes chêne de 0.034 × 0.07.

Parquet à l'anglaise au surplus des pièces rez-de-chaussée et 1er étage, en sapin au 2e étage.

Le replanissage des parquets. Tous les bois fournis seront secs et sans aubier, et toutes les menuiseries posées avec le plus grand soin.

Fumisterie. — Fourneau de cuisine avec distribution d'eau chaude au lavabo-toilette et à la salle de bain, avec tous accessoires pour un bon fonctionnement.

Revêtement au-dessus du fourneau, paillasse et pierre d'évier avec bordure en lave.

Le dessus de la paillasse en lave émaillée.

Pierre d'évier en grès de 0.50 × 0.80 avec bonde siphoïde.

Cheminée de style marbre blanc avec foyer, garniture faïence, châssis à rideau, cadre cuivre, intérieur en briques, glacis et goussets. Pour le salon et chambres. La cheminée de la salle à manger en staff.

Modillon marbre blanc, avec foyer, garniture châssis et intérieur comme ci-dessus.

Dans la buanderie fourneau fonte et lessiveuse avec tuyaux et accessoires.

L'entrepreneur de fumisterie devra faire les ventouses nécessaires pour un tirage parfait.

Staff. — Dans la salle à manger, fausses poutres, formant caissons d'après détails d'exécution.

Dans le salon et salle de billard et premier étage, corniches.

Rosaces de 1 mètre de diamètre moyen, dans toutes les pièces où il existe des corniches.

Cheminée monumentale en staff et lave décorée dans la salle à manger, exécutée suivant détails d'exécution.

Peinture, Vitrerie. — Peinture à l'huile 3 couches, égrenage, rebouchage au mastic sur toutes les menuiseries intérieures et extérieures, bois apparents pour balcons, auvents, sous face de la partie saillante des toits, persiennes en fer, fonte, fers, etc.

Dans le vestibule, salon et salle à manger, peints en décors marbre ou bois, sur fond à l'huile 3 couches, égrenés, rebouchés, poncés avec soin, le tout enduit ivorin à la céruse et vernis gras une couche.

Le rechampissage de toutes les pièces de ferrures.

Dans les chambres du premier étage, peinture deux tons.

Les murs de la cuisine, water-closet, salle de bains ainsi que les plafonds seront peints émaille oméga.

Les corniches en staff et rosaces seront peintes à l'huile, 3 couches.

Tous les plafonds, autres que ceux désignés ci-dessus, seront peints à l'inaltérable, deux couches, égrenés, rebouchés.

Tous les parquets seront mis à l'encaustique à l'eau et frottés.

La tenture, papier prix moyen 0 fr. 75 d'achat.

Vitrerie. — Toute la vitrerie pour portes, croisées et châssis, sera en verre demi-double, deuxième choix.

Les portes de cuisine en verre dit « cathédrale. »

Toutes les peintures seront de première qualité et broyées à l'huile de lin.

Canalisation en grès vernissé, comprenant siphons, regards de visite avec tampons hermétiques, ladite canalisation conduisant aux eaux pluviales et ménagères au puisard.

L'entrepreneur devra tous les trous, scellements de poteaux et huisseries, lambourdes et raccords.

Tous les travaux de maçonnerie et ravalement seront exécutés d'après les plans et détails d'exécution donnés à cet effet.

Charpente. — Les planchers hauts du rez-de-chaussée et du premier étage seront en sapin du commerce, 3 sciages.

Le faux plancher du deuxième étage en bastaings sapin de 0.65×0.17.

Toute la charpente des combles en sapin de 0.65 de 0.17 pour pannes, faitage, fermes, chevronnage, etc., le tout suivant indications des plans des règles de l'art et de la statistique.

Tous les balcons auvents seront exécutés en sapin corroyés suivant plan, avec chantournement et chanfreins.

Les parties saillantes des toits, voligeage, jointif, 1 part avec baguettes sur joints.

L'escalier desservant les 2 étages, tout en chêne à la française, limon de 0.06 d'épaisseur, marches de 0.041 d'épaisseur, profilées de face, contre-marches de 0.018, balustre et main-courante, crémaillère de 0.027 ; ledit escalier exécuté suivant détail.

Couverture, Plomberie. — Toute la couverture du bâtiment, lucarnes, auvents, etc., en ardoises, posées sur linteaux en sapin avec crochets en fil de fer galvanisé.

Châssis de toit à tabatière, ouvrant de 0.57×0.42 avec bavette de zinc.

Zinc n° 12 pour faitage, noues, derrières de cheminées, noquets doublés, etc., compris toutes soudures, cache-clous et calottins, balcons et terrasse en plomb.

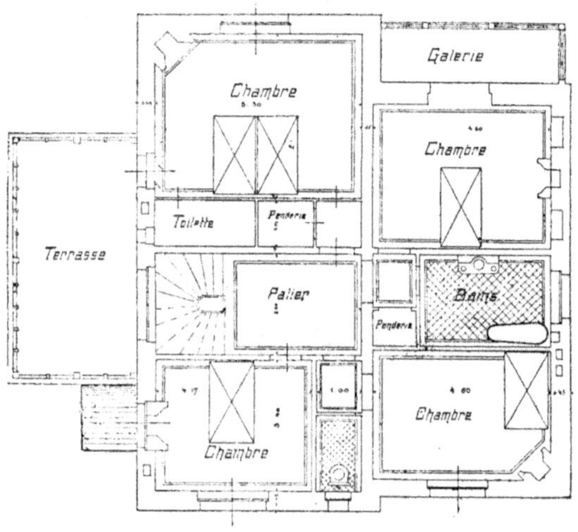

Plan du Premier Étage

Membron en zinc suivant profil avec tasseau sapin.

Les gouttières en zinc n° 14 de 0.40 de développement, compris crochets en faillon à chaque chevron, crapaudines en fil de fer.

Gouttières en zinc de 0.33 de développement pour auvents.

Tuyaux de descente en zinc n° 12 de 0.08 de diamètre, avec nez soudés et crochets tous les 2 mètres, compris coude et moignons à la demande.

Dauphins en fonte de 0.108 de diamètre au bas des descentes posés avec colliers à scellements, lesdits se raccordant avec la canalisation.

Tuyaux de chute en fonte de 0.13 de diamètre avec culotte et coudes.

Tampon en fonte, modèle léger, pour visite de fosse.

Appareils de water-closet, tout à l'égout, cuvette porcelaine et réservoir de chasse compris, abattant en chêne ciré.

Poste d'eau en fonte émaillée avec bonde siphoïde dans le laboratoire.

Tuyaux de plomb de 0.04 en 5, pour vidange de l'évier, poste d'eau, baignoire et toilettes, compris tous percements en murs et planchers, nœuds de soudures et jonctions.

Toilette-lavabo à une seule place, avec dessus et dossiers en marbre, supportée par des consoles en cuivre nickelé, cuvette ovale en porcelaine, robinetterie et bonde vidange.

Baignoire en fonte émaillée, formant bateau à gorge avec pieds, hauteur en bout : 0.70, au milieu, 0.60, contenance environ : 345 litres.

Serrurerie. — Le plancher des caves sera en fers à I de 0.12 de hauteur, espacés de 0.65 d'axe en axe.

Fers à I de 0.12 de hauteur, accouplés avec boulons et croisillons pour linteaux de baies.

Fers à I de 0.12, coupés de longueur et posés pour linteaux de baies.

Nota. — Tous les fers seront peints au minium à une couche, avant leur mise en place.

Fers pour chaînage à chaque planche, fer méplat de 0.04/0.07, ancres de 0.03.

Fers ronds coupés de longueur, dressés et posés pour barreaux de soupiraux, fers de 0.016 de diamètre.

Fers nécessaires pour boulons de charpente, bandes de trémies, barres pour cheminées, hotte de fourneau, etc.

Pitons de suspension avec plate-bande taraudée.

Persiennes en fer et tôle renforcée aux baies du rez-de-chaussée et premier étage, compris toutes ferrures et peintures au minium à une couche.

Architecte
Rez de Chaussée
Caves
Salon
Office
Vestiaire
Bureau
Vestibule
W.C.
Salle à Manger
Porche
Palier
Charbons
et chambre de houille
Légumes
Légumes
Couloir
Descente
des Vins
Cave à Vins
Cuisine
Buanderie
Débarras

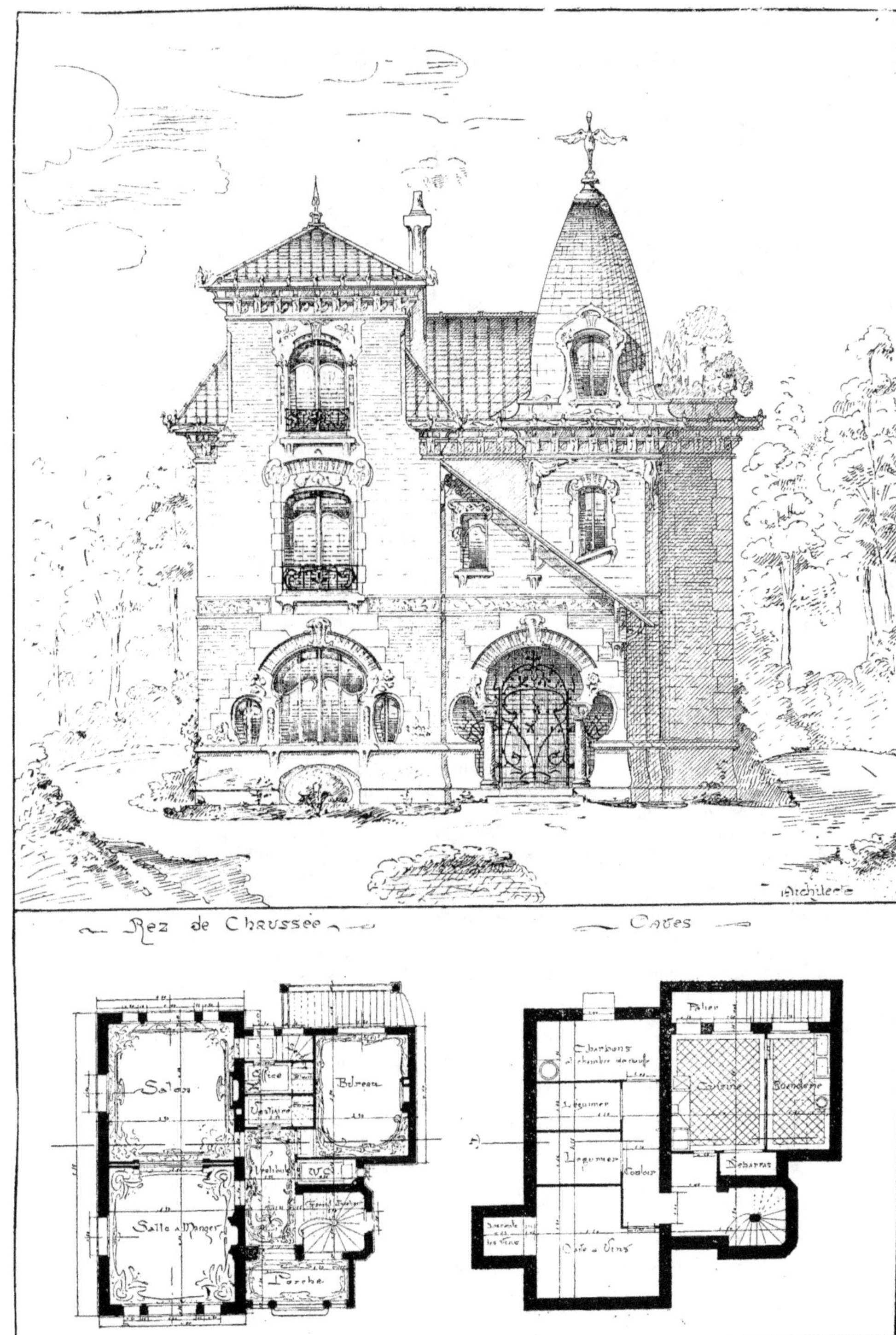

PLANCHE 75

Villa à Eaux-Bonnes : 35.000 francs.

Cette villa se compose de :

Sous-sol de 2.00 de hauteur, comprenant grandes et petites caves, descente, cuisine, garde-manger, légumier, débarras, laverie, fosse étanche.

Rez-de-chaussée de 3.00 de hauteur, divisé en : porche, hall dans lequel se trouve l'escalier desservant le premier étage, salle à manger, salon, bureau, office, vestiaire, w.-c.

Premier étage ayant comme composition : 3 chambres à coucher principales, toilettes, bains, w.-c. Palier dégagement.

Deuxième : 1 chambre de maître, chambres de domestiques.

Construction établie sur rigoles remplies en béton, sous-sol en meulière-caillasse hourdée en mortier de chaux hydraulique et sable de rivière, élévation en briques avec bandeau et arcs de baies en briques repressées, refend en briques, conduits de fumée en boisseaux Gourlier de 0.20×0.20, souches sur comble en briques apparentes, parementées et jointoyées, couronnements en ciment et mitrons-lanternes en terre cuite.

Ravalements extérieurs, joints de coupe de pierre, enduits en chaux badigonnés, les briques parementées et jointoyées en chaux; joints tirés au fers, colonne, bandeau, moulure en métalline.

Soubassement enduit en mortier bâtard de chaux et ciment, avec retraite et bandeau saillant en ciment de Portland. Perrons en pierre dure à marches et palier unis, appuis en aggloméré. Les ciments sont badigeonnés en chaux vive ton pierre, frise en céramique, motifs en terre cuite.

A l'intérieur, plancher de sous-sol en solives acier P. N. avec entretoises et fentons, et hourdis en plâtras et plâtre ragréé en dessous; aux étages supérieurs, plafonds et murs enduits en plâtre.

Plancher haut du 1er étage, plancher haut rez-de-chaussée, faux plancher, comble et chevronnage en sapin de sciage du commerce, madriers, bastaings et chevrons, saillies et consoles en sapin raboté.

Couverture tuiles sur litaux sapin, épis en terre cuite et couverture de tourelle en ardoises, solins, derrière de cheminée, noues, arêtiers, noquets, gouttières et descente en zinc.

Chaînages en fer; croisées, portes-croisées et porte d'entrée en chêne, porte du porche en fer forgé, persiennes en fer et tôle; balcons en fonte, menuiseries intérieures en sapin: garde-robe au water-closet, canalisation des eaux pluviales et ménagères en grès vernissé avec tranchées et drainages perdant les eaux dans le terrain.

Canalisation en plomb amenant les eaux au cabinet de toilette, salle de bains, cuisine, lavabo, w.-c., laverie et à un robinet pour l'arrosage du jardin.

Au rez-de-chaussée : salon, bureau, salle à manger parquetés en chêne à l'anglaise sur lambourdes et avec replanissage, corniches en staff, salle à manger, faux lambris en moulures avec plinthe et cimaise, cheminée à modillons en marbre à intérieur rétréci en faïence, bureau pompadour marbe blanc, cheminées Louis XV; hall, porche, w.-c., vestiaire, carrelés en céramique; cuisine, office, laverie en carreaux de ciment avec plinthes aussi en carreaux. Escaliers à la française en chêne à balustres tournés, escalier en chêne pour le sous-sol.

Cuisine : évier en grès vernissé, paillasse en ciment armé, fourneau en fonte et tôle à charbonnier, revêtement en faïence et agencement composé de tablettes, appliques et porte-casseroles, armoires et ventilateur en tôle remplaçant la hotte.

Au 1er étage, plafonds avec corniche en staff dans les chambres; parquets en chêne cloués sur solives et replanis, cheminées marbre blanc à revêtements, intérieurs rétrécis en faïence et prises d'air, stylobates dans toutes les pièces, chambranles moulurés aux portes et aux croisées, chauffage central dans les principales pièces.

Peinture des boiseries extérieures et intérieures et des persiennes et balcon, murs et plafonds de cuisine, water-closet et toilette à l'huile 3 couches, égrené, rebouché; salle à manger, portes et croisées de hall et escalier en décors, faux bois vernis, cuisine et toilette-bains en ripolin; rampe d'escalier et porte d'entrée en bois naturel passé à l'huile et vernis.

Vitrerie en verre demi-double, 2e choix pour les croisées et cathédrale pour water-closet et portes extérieures.

Tenture en papier dans les pièces et en étoffe imprimée dans le hall, l'escalier et salle à manger.

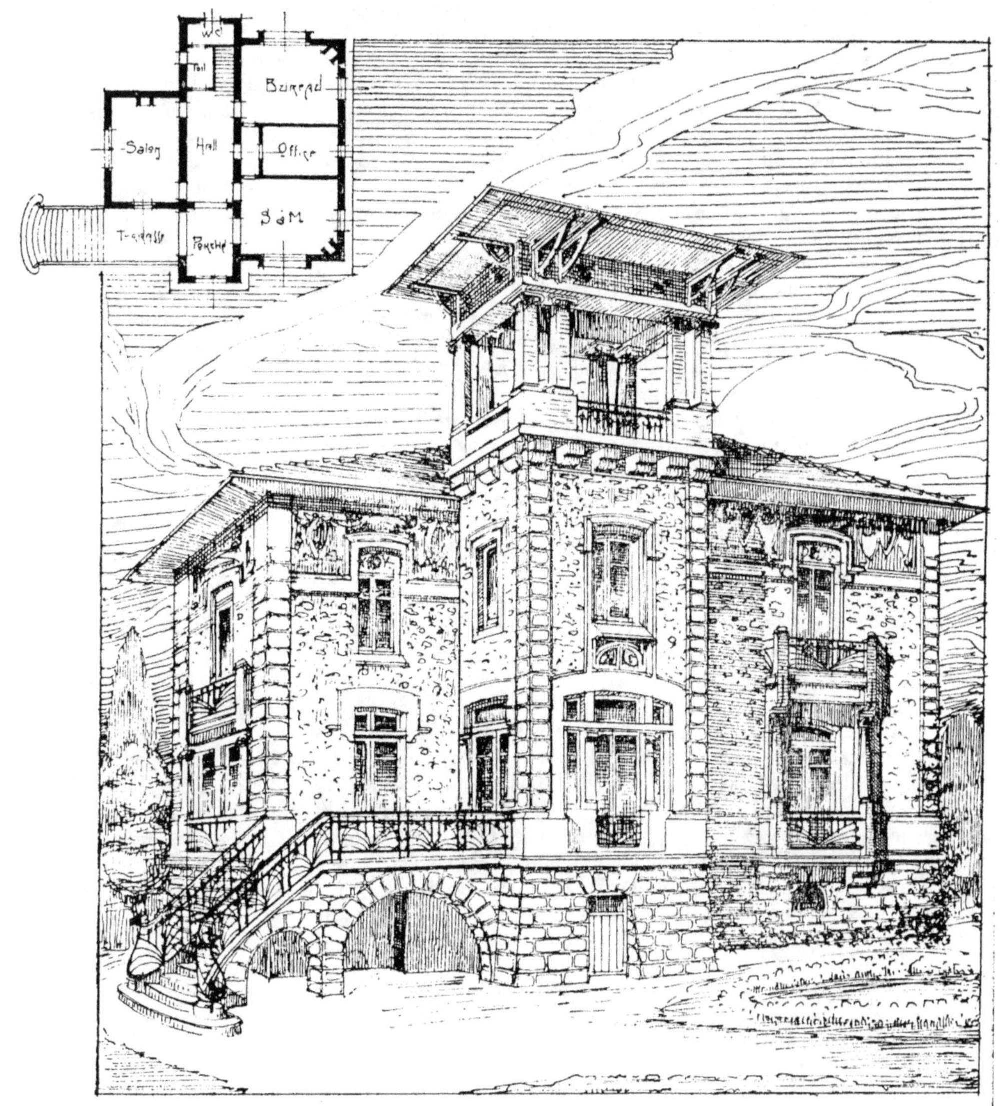

PLANCHE 76

Villa espagnole : 35.000 francs.

Elle se compose de :

Sous-sol de 2.60 de hauteur, comprenant : une remise d'autos, une cave, un dégagement, un escalier intérieur, cuisine, deux chambres de bonne et chauffeur, w.-c. avec dégagements, une buanderie, perron d'entrée principale.

Rez-de-chaussée de 3 mètres de hauteur, comprenant : terrasse, porche, salle à manger 4.40×4.00, salon 3.50×4.00, bureau 4.40×4.00, un vestibule avec toilette, un escalier desservant le 1er étage, office 3.40×2.50 et w.-c.

1er étage de 3 mètres de hauteur, comprenant : un escalier avec palier ; 3 chambres : 2 de 4.40×4.00, une de 3.50×4.00, une salle de bains, un w.-c., toilette.

Combles comprenant : un escalier avec palier accédant à la terrasse couverte.

Construction établie sur rigoles remplies en béton, sous-sol en moellons durs hourdés en mortier de chaux hydraulique et sable, élévation en meulière mais avec appuis et arcs de baies, balcons, colonnes, chaînes, consoles en pierre factice en boisseaux Gourlier de 0.20×0.20, conduits de fumée, souches sur comble en briques, couronnements enduits dessus en Portland avec mitron-lanterne.

Refend en brique de pays de 0.22 au rez-de-chaussée et au 1er étage, ravalements joints en creux en chaux sur meulière, soubassement jointoyé ciment, avec retraite, et bandeau uni en ciment de Portland. Marches et seuils en béton aggloméré à marches astragalées et terrasse en ciment.

A l'intérieur, plancher de cave en solives fer à T avec entretoises et fentons, et hourdés en plâtras et plâtre ragréé en dessous, les murs de caves non enduits, sauf ceux des remises, chambres, buanderies.

Aux étages supérieurs, plafonds et murs enduits en plâtre.

Plancher haut du 1er étage, plancher haut du rez-de-chaussée. comble et chevronnage en sapin de sciage du commerce, madriers, bastaings et chevrons. Saillies rabotées en sapin.

Couverture en tuiles grand moule, arêtiers, faîtage terre cuite, solins. ruellées, embarrures ciment, derrières de cheminées. noues, gouttières et descentes en zinc raccordant la canalisation allant à la rue.

Balcons en fonte. chaînages en chêne, persiennes en fer et en tôle ; menuiseries intérieures en sapin ; garde-robes à effet d'eau au water-closet, canalisation des eaux pluviales et ménagères en grès vernissé perdant les eaux à la rue.

Canalisations en plomb amenant les eaux au w.-c., à un robinet pour l'arrosage des jardins, au-dessus des pierres d'évier, salle de bains, lavabo, toilette.

Rez-de-chaussée, salle à manger, salon et bureau parquetés en chêne à l'anglaise sur lambourdes et avec replanissage de faux lambris, plinthes et stylobates dans les pièces, cheminées modillons et pompadour en marbre à intérieurs rétrécis en faïence. Vestibule faux lambris, carrelage ; office, toilette, lavabo en céramique ; cuisine, w.-c. en carreaux de ciment avec plinthes aussi en carreaux. Escalier à la française en chêne à balustres du rez-de-chaussée au premier, du premier à la terrasse en sapin.

Cuisine, évier en grès vernissé, paillasse en ciment armé, fourneau en fonte et tôle à charbonnier ; revêtement en faïence cuisine et office, agencement composé d'une armoire, de tablettes, appliques et porte-casseroles, armoire, sous-évier et paillasse, ventilateur en tôle remplaçant la hotte. Escalier escargot montant du sous-sol à l'office.

Au 1er étage : parquets en chêne cloués sur solives et replanis, cheminées couleurs marbre, intérieurs rétrécis en faïence et prises d'air, stylobates dans toutes les pièces.

Peinture des plafonds à la colle, des boiseries extérieures et intérieures, persiennes, balcons. murs et plafonds de cuisine, w.-c., salle de bains, toilette. office à l'huile, 3 couches, égrenés, rebouchés.

Escalier et extérieur porte d'entrée une couche à l'huile pure et vernis.

Vitrerie en demi-double 3e choix pour les verres hors mesure ; simple, 3e choix, pour les autres, et cathédrale pour water-closets et portes extérieures.

Tenture en papier dans les pièces à 0 fr. 70 le rouleau.

Corniches en staff salle à manger, bureau et salon.

PLANCHE 77

Grande Villa dans le Nord de la France : 42.000 francs.

Cette villa, construite sur un terrain plat, se compose de :

Sous-sol de 2.20 de hauteur, comprenant : caves à vins et à charbons, buanderie, descente, légumier, garde-manger, citerne, fosse siphoïde.

Rez-de-chaussée de 3.80 de hauteur, divisé en vestibule dans lequel se trouve l'escalier desservant les étages, salon de 4.75 × 4.00, salle à manger de 4.75 × 6.00, avec un window extérieur, salle de 4.75 × 4.00, cuisine de 3.70 × 4.00 et office de 2.00 × 3.00. Galerie-terrasse autour du rez-de-chaussée devant et derrière le bâtiment et perrons d'accès. Tourelle contenant un des w.-c. et un perron.

Premier étage d'une hauteur de 3.20 composé de : palier et escalier conduisant au 2e étage, chambre à coucher de 4.00 × 4.75 avec dégagement et toilette de 3.00 de diamètre ; dans la tourelle toilette de 1.90 × 3.20 avec balcon, deuxième chambre de 4.75 × 5.09, troisième chambre à coucher de 4.75 × 5.08, à balcon-terrasse, salle de bains de 3.75 × 2.92 et w.-c. de 2.00 × 1.00.

Au deuxième étage, sous comble : salle de billard de 4.00 × 4.75, 2 chambres de bonnes, chambre de maître de 4.75 × 4.60, palier, dégagement et greniers.

Construction établie sur béton, murs du sous-sol en briques du pays hourdées en mortier de chaux, élévation aussi en briques du pays de 0.35 d'épaisseur, refends de 0.22. Conduits de fumée et de ventilation en briques dans l'épaisseur des murs ; souches hors comble en briques semblables enduites en ciment, couronnements moulurés, surmontés d'un bandeau en Portland, enduit courbe dessus et recevant les mitrons-lanternes en terre cuite. Ravalements extérieurs en Portland à bandeaux moulurés, refends, pilastres, tableaux et autres et teintage imitant la pierre. Lucarnes semblables.

Ornementation des arcs de croisées et consoles de balcons en staff. Balcons et terrasses en fonte assemblée avec mains-courantes, planchers de balcons en béton armé, enduits en Portland couronnant le sous-sol et les étages, perrons en béton aggloméré, fosse siphoide en béton armé placée extérieurement.

A l'intérieur, plancher de caves en solives de fer à T hourdé en briques, autres planchers et combles en sapin, bastaings, madriers, demi-bastaings et chevrons du commerce, saillies et consoles de tourelle en sapin raboté. Murs et plafonds enduits en plâtre, cloisons de distribution en briques de 0.06 dans le sous-sol, en carreaux de plâtre dans les autres étages.

Escaliers en chêne à la française à balustres tournés, poteaux à culs-de-lampe et têtes tournés, limons et mains-courantes moulurées.

Couverture en ardoises d'Angers, moyen modèle, à crochets sur voliges en sapin, faîtages et épi en zinc, noues, rives, derrières de cheminées, gouttières et tuyaux en zinc.

Canalisations en plomb amenant les eaux : à l'arrière-cuisine, à la buanderie, au w.-c., aux cabinets de toilette, à la salle de bains et au 2e étage sur le palier par un poste d'eau, toutes ces arrivées d'eau munies de leurs décharges en fonte.

Pompe en fonte placée dans la cuisine et amenant l'eau de la citerne sur l'évier.

Canalisation en grès recevant les eaux usées, perdues dans le terrain par des drainages, à la campagne, ou allant à l'égout à la ville. Agencement de salle de bains, baignoire chauffée par le va-et-vient du fourneau.

Croisées et portes-croisées en chêne, persiennes en fer et tôle.

Salle, salle à manger et salon parquetés en chêne à point de Hongrie sur lambourdes et replanis, vestibule carrelé en céramique, cuisine et office, w.-c., en carreaux de ciment, premier étage parqueté en chêne à l'anglaise posé sur solives et replani ; deuxième étage en sapin à l'anglaise, sauf musée, palier, chambre de maître en chêne.

Corniches en staff dans salle, salle à manger, vestibule, salon et trois chambres à coucher, stylobates dans les principales pièces, plinthes dans les autres ; chambranles autour des baies de portes et de croisées, faux lambris aux salles à manger et salon, socles aux marches d'escalier, armoires d'office, chambres et toilettes, portes de communication en lambris d'assemblages sapin à petits cadres. Toutes les ferrures de première qualité.

Cheminées en marbre avec foyers, Louis XV blanche dans le salon, Louis XIII rouge dans la salle à manger, capucines à retours dans les autres pièces, à intérieurs rétrécis en faïence. Dans la cuisine, fourneau en fonte et tôle à va-et-vient, paillasse, évier en grès vernissé, armoire dessous et ventilateur remplaçant la hotte.

Chauffage central par la vapeur avec radiateurs et accessoires.

Peinture des boiseries extérieures, persiennes, balcons, boiseries intérieures, murs et plafonds de cuisine, office, salle de bains et w.-c. à l'huile, 3 couches, une de ripolin dans ces quatre dernières pièces ; décors vernis dans salles à manger, vestibule et escalier. Rampe et limons en bois naturel passés au vernis sur couche de fond à l'huile pure.

Vitrerie en verre demi-double pour les hors mesure, simple pour le reste.

Tenture en papier avec bordure dans les pièces, et en étoffe imprimée dans le hall et l'escalier.

PLANCHE 78

Villa italienne : 36.000 francs.

Cette villa se compose de :

Sous-sol de 2.20 de hauteur, comprenant cave à vins, dégagement, cave à charbons, légumier, garde-manger, emplacement de fosse, calorifère.

Rez-de-chaussée de 3.20 de hauteur, divisé en : vestibule dans lequel se trouve l'escalier desservant le premier étage, salle à manger, cuisine, office, salon, fumoir, lavabo, jardin d'hiver, salle de billard, w.-c.

Premier étage ayant comme composition 3 chambres à coucher, balcons en saillie, salle de bains, toilettes, w.-c., 1 chambre de bonne.

Construction établie sur rigoles remplies en béton, sous-sol en pierre du pays et mortier de chaux hydraulique, élévation pierre de taille, refend, échiffre en briques brutes du pays, conduits de fumée en boisseaux de 0.20×0.20, souches sur comble en briques, parementées et jointoyées, couronnements et enduits en Portland et mitrons en terre cuite.

Ravalements extérieurs, sculptures taillées dans la pierre, appuis, moulures, bandeaux en pierres dures.

A l'intérieur, planchers de cave, rez-de-chaussée et 1er étage en fer à I hourdés en briques et mortier idem ragréé en dessous, les murs de caves enduits en chaux, les cloisons de sous-sol en briques de 0.06.

Bac à laver et fosse siphoïde en béton armé; aux étages supérieurs, plafonds et murs enduits en plâtre. Cloisons en briques.

Couverture terrasse en ciment volcanique, descentes en fonte.

Chaînages en fer, balcons et consoles en fer forgé orné, fumoir tout en fer avec colonnes, motifs décoratifs, etc., croisées, portes-croisées et porte d'entrée en chêne, fermetures bannes à l'italienne, menuiseries intérieures en sapin ; garde-robe à effet d'eau aux water-closet, canalisation des eaux pluviales et ménagères en grès vernissé allant à l'égout.

Canalisations en plomb amenant les eaux aux w.-c., lavabo, cuisine, office, salle de bains, toilette et un robinet pour l'arrosage du jardin.

Salle à manger, grand salon, fumoir, salle de billard parquetés en chêne à point de Hongrie sur lambourdes et avec replanissage, corniches en staff, plinthes et faux lambris, cheminées à modillons et pompadour, cheminée monumentale pour salle à manger à intérieur rétréci en faïence ; vestibule carrelé en céramique ; cuisine, w.-c., office, salle de bains en carreaux de ciment, avec plinthes aussi en carreaux. Escalier à la française en chêne à balustres tournés, du rez-de-chaussée au premier.

Cuisine : évier en grès vernissé, paillasse en ciment armé, fourneau en fonte et tôle à charbonnier, revêtement en faïence et agencement composé de tablettes, appliques et porte-casseroles, armoire, sous-évier et paillasse, et ventilateur en tôle remplaçant la hotte.

Au 1er étage, plafond avec corniches, parquets en chêne cloués sur lambourdes et replanis, cheminées couleurs, en marbre à revêtements, intérieurs rétrécis en faïence et prises d'air, stylobates dans toutes les pièces, chauffage central dans les principales pièces, rez-de-chaussée et 1er étage.

Peinture des boiscries extérieures et intérieures, des persiennes et balcons, murs et plafonds de cuisine, water-closet, office, salle de bains à l'huile, 3 couches, égrenés, rebouchés ; salle à manger, salon, fumoir, salle de billard, grand salon, vestibule, escalier, en décors faux bois vernis ; cuisine, water-closet, salle de bains, en ripolin ; rampe d'escalier et porte d'entrée en bois naturel passé à l'huile et vernis.

Vitrerie en demi-double, 2e choix pour les verres hors mesure ; simple, 3e choix, pour les autres et cathédrale pour water-closet et portes extérieures.

Tenture en papier dans les pièces avec frises et en étoffe imprimée dans la partie haute, escalier et vestibule.

PLANCHE 79

Villa à la Ferté-sous-Jouarre : 30.000 francs.

Cette villa se compose de :

Sous-sol de 2.20 de hauteur, comprenant cave à vins, atelier, buanderie, caves du chauffoire et du moteur, et dégagement, emplacement de fosse siphoïde.

Rez-de-chaussée de 3.20 de hauteur, divisé en : hall dans lequel se trouve l'escalier desservant le premier étage, salle à manger de 4.75 × 4.20, avec window, cuisine de 3.50 × 4.00, water-closet, jardin d'hiver de 4.00 × 5.20 et porche en saillie, w.-c.

Premier étage ayant comme composition : chambre à coucher de 4.75 × 4.20, autre chambre 4.00 × 5.20, autre chambre 3.60 × 3.57, salle de bains 4.00 × 3.50, deux balcons en saillie, une terrasse, palier et escalier montant au 2e étage.

Au 2e étage, chambre de bonne.

Construction établie sur rigoles remplies en béton, sous-sol en meulière-caillasse hourdée en mortier de chaux hydraulique et sable de rivière, élévation en mêmes matériaux mais avec chaînes d'angles, bandeau, arcs de baies en briques repressées, refend en briques brutes de pays, conduits de fumée dans l'épaisseur des murs en boisseaux Gourlier de 0.20 × 0.20, souches sur comble en briques apparentes, parementées et jointoyées, couronnements enduits dessus en Portland et mitrons-lanternes en terre cuite.

Ravalements extérieurs jointoyés en creux, en chaux hydraulique, les parties de briques parementées et jointoyées en chaux, joints tirés au fer, avant-corps enduit en Portland badigeonné avec joint de coupe de pierre. Soubassement jointoyé en mortier bâtard de chaux et ciment, avec retraite, bandeau uni et bandeau mouluré en ciment de Portland. Perrons en béton aggloméré à marches unies et limon. Les terrasses et balcons dallés en Portland.

A l'intérieur, plancher de cave en solives acier P. N. avec entretoises et fentons, et hourdés en plâtras et plâtre ragréé en dessous, les murs de caves enduits en chaux, les cloisons de sous-sol en briques de 0.06.

Bac à laver et fosse siphoïde en béton armé; aux étages supérieurs, plafonds et murs enduits en plâtre. Cloisons en carreaux de plâtre

Plancher haut du 1er étage, plancher haut du rez-de-chaussée, faux plancher, comble et chevronnage en sapin de sciage du commerce, madriers, bastaings et chevrons. Lucarnes, consoles, balcons, balustrade en saillies, de comble en sapin raboté.

Couverture en tuiles à emboîtement grand moule, faitage, terre cuite, solins, ruellées, arêtiers, embarrures ciment, derrières de cheminées, noues, gouttières et descentes en zinc, dauphins en fonte.

Chaînages en fer; croisées, portes-croisées et porte d'entrée en chêne, persiennes en fer et tôle; menuiseries intérieures en sapin; garde-robe à effet d'eau au water-closet, canalisation des eaux pluviales et ménagères en grès vernissé avec tranchées et drainages perdant les eaux dans le terrain.

Canalisations en plomb amenant les eaux aux w.-c., cuisine, salle de bains et un robinet pour l'arrosage du jardin.

Salle à manger parquetée en chêne à l'anglaise sur lambourdes et avec replanissage, corniches en staff, plinthes et faux lambris, cheminées à modillons en marbre à intérieur rétréci en faïence; vestibule, jardin d'hiver carrelés en céramique, cuisine, w.-c. en carreaux rouges et blancs, avec plinthes aussi en carreaux. Escalier à la française en chêne à balustres, tournés, du rez-de-chaussée au premier, escalier idem en sapin pour le grenier.

Cuisine : évier en grès vernissé, paillasse en ciment armé, fourneau en fonte et tôle à charbonnier, revêtement en faïence et agencement composé de tablettes, cheminées en marbre, appliques et porte-casseroles, armoire, sous-évier et paillasse et ventilateur en tôle remplaçant la hotte.

Au 1er étage, plafonds unis, un avec corniche, parquets en chêne cloués sur solives et replanis, cheminées capucines en marbre à revêtements, intérieurs rétrécis en faïence et prise d'air, stylobates dans toutes les pièces.

Au grenier : murs crépis en plâtre, parquet en sapin de 2e choix cloué sur solives, murs enduits dans la chambre de bonne.

Peinture des boiseries extérieures et intérieures et des persiennes et des balcons, murs et plafonds de cuisine, water-closet et office, à l'huile, 3 couches, égrenés, rebouchés; salle à manger, portes et croisées du hall, escalier et bureau en décors faux bois vernis; cuisine, water-closet, salle de bains, en ripolin; rampe d'escalier et porte d'entrée en bois naturel passé à l'huile et vernis.

Vitrerie en demi-double, 2e choix pour les verres hors mesure; simple, 3e choix, pour les autres, et cathédrale pour water-closet et portes extérieures.

Tenture en papier dans les pièces, et étoffe imprimée dans le vestibule et l'escalier.

PLANCHE 80

Villa à Nogent-en-Bassigny : 80.000 francs.

Sous-sol comprenant : 4 caves au vin et 1 au charbon, grand dégagement, escalier montant au rez-de-chaussée, débarras, fosse réglementaire ; rez-de-chaussée divisé en grande galerie, porche, salle à manger 5.30 × 4.00, grand salon 5.30 × 4.00, petit salon 3.90 × 2.95, salle d'attente, cuisine, office, water-closets, lavabo, salle de billard, jardin d'hiver ; escalier conduisant aux étages. 1ᵉʳ étage se composant de : antichambre sur laquelle ouvrent les portes donnant entrée aux 4 chambres, 3 toilettes, salle de bains, w.-c. et terrasse ; 2ᵉ étage : 5 chambres à coucher, atelier.

Terrasse. — Fouille, roulage et étendage.

Maçonnerie. — Murs de cave en pierre du pays, parement intérieur jointoyé en montant, parements extérieurs jusqu'au niveau du rez-de-chaussée en moellons formant appareil de pierre, et jointoiement en ciment. Cloisons en briques de 0.06 jointoyées aux 2 faces. Calorifère, sol dallé en ciment, cheminée et ventilation en poterie pour la buée et tuyau pour chaudière. Fosse réglementaire étanche. Marches d'escalier de caves en pierre, perrons en aggloméré. Sol des caves pilonné, nivelé et sablé.

Elévation. — Murs des façades en pierre du pays, hourdés en mortier hydraulique, cloisons en briques creuses de 0.06 d'épaisseur. Décoration, enduits sur murs en métalline, imitation pierre, joints, coupes de pierre, bandeaux, moulures, motifs, etc., sujets, poinçons en grès flammé. Conduits de fumée en brique dans l'épaisseur des murs de 0.20 × 0.20 de section, enduits de mortier à l'intérieur. Souches hors comble, imitation pierre idem. Dans la cuisine flotte vitrée au-dessus du fourneau. Murs de la cuisine, des cabinets de toilette, des w.-c., salle de bains vêtus de carreaux rouges de Marseille, 1.00 en hauteur. Sol desdits en carreaux hexagones de même provenance sur forme en sable et hourdés en ciment. Hourdis des planchers en briques creuses spéciales de la largeur totale des travées de solives. Dans la cuisine et w.-c., ventilateurs en poteries dans l'épaisseur des murs. Carrelage de la grande galerie et salle de billard en carreaux céramique, dessins avec bordure assortie et plinthes au pourtour.

Charpente. — Charpente du comble en sapin de sciage. Charpente extérieure, balcons, consoles, poteaux, etc., sapin corroyé et chanfreiné. Escalier tout chêne à la française, limon de 0.08 chanfreiné sur les arêtes, marches profilées de faces, balustres, main-courante et pilastres. Le plancher des caves et des étages en fer à T, ailes ordinaires, peint au minium. Cours de chaînage à chaque plancher avec ancres.

Linteaux des baies en fer à T assemblés avec boulons et entretoises. Soupiraux munis de barreaux en fer rond de 0.018 scellés des deux bouts, fermeture à rouleaux. Panneau fonte à la porte d'entrée avec châssis ouvrant et toutes ferrures. Portes de caves ferrées de pentures, gonds et serrure pêne dormant noir. Portes extérieures ferrées sur dormant de paumelle à équerre et à T de façon, serrure de sûreté 6 gorges et bouton fonte avec tirage. Portes intérieures à 1 et 2 vantaux ferrées de paumelles de 0.11. Serrure 2 pênes, bouton double façon ivoire et crémone. Pattes coudées et contre-coudées pour croisées, portes, etc. Croisées ferrées de paumelles à équerres, crémone de 0.108. Serrures et crémones marquées.

Couverture. — Couverture et auvents en ardoises à crochets. Gouttières et descentes en zinc nᵒ 12 de 0.25 de développement avec talons à la demande et crochets à chaque chevron. Appareils de w.-c. en porcelaine à valve et effets d'eau, noues, arêtiers, derrière de cheminée en zinc nᵒ 12, faîtage, lucarnes en zinc estompés. Installation de l'eau dans la cuisine, w.-c., cave et salle de bains, toilette, lavabo. Installation du gaz aux appareils fournie par le propriétaire. Installation complète salle de bains.

Menuiserie. — Portes de caves en sapin brut de 0.027, barres chêne chanfreinées. Les châssis chêne de 0.034 avec 0.054. Porte d'entrée en chêne à grands cadres à frise aux 2 parements, tout chêne. Croisées extérieures en chêne, dormant de 0.054, bâtis 0.034. Huisseries sapin à la demande. Plinthes et stylobates dans les chambres. Parquets chêne à l'anglaise sur lambourdes en chêne au rez-de-chaussée. Idem, posés sur solives aux autres étages.

Fumisterie. — Cuisine. — Fourneau-cuisinière de 1.20 en tôle avec four, bain-marie, à retour de flammes. Evier en grès émaillé de 0.80 × 0.60 avec égouttoir. Revêtement sur mur en carreaux de faïence. Pièces : cheminée marbre rouge à modillons et pompadour marbre blanc, cheminées Louis XV et Louis XVI, cheminée monumentale pour salle à manger, rétrécis en faïence blanche, châssis à rideau, cadre cuivre, intérieur en briques et carrelage des âtres.

Peinture, Vitrerie, Tenture. — Bois intérieurs et extérieurs peints à l'huile, 3 couches, rebouchés. A l'intérieur, peinture à deux tons et faux bois à la demande. Les parties du fer recevront 2 couches d'huile et une couche de minium. Tentures en étoffe ou autres au choix du propriétaire. Vitrerie en verre simple, 3ᵉ choix, pour les mesures du commerce, verre 1/2 double, 2ᵉ choix, pour les hors mesure. Vitraux à la demande et au choix du propriétaire, parquets encaustiqués. Chauffage à eau chaude dans les principales pièces. Décorations Louis XV et Louis XVI en staff.

TABLE DES PLANCHES

MA PETITE MAISON

est un journal d'architecture qui jouit dans les milieux spéciaux de la plus flatteuse réputation par sa compétence et sa complète indépendance.

Cet organe, grâce à sa publicité, a mené des campagnes retentissantes au sujet des habitations à bon marché, de l'hygiène, de la salubrité, etc., etc.

Ma Petite Maison paraît mensuellement sur vingt pages de texte avec belle couverture en couleurs.

Elle publie de nombreux plans, gravures et articles dont nous allons ci-après donner le sommaire. C'est un des journaux le mieux fait et des plus intéressants en son genre.

Chaque numéro comprend :

Un article de tête traitant une des grandes questions d'actualité architecturale et économique.

Trois plans d'habitations diverses :

Plan et devis d'une villa ou maison de campagne.

Plan et devis d'une maison de rapport ou autre.

Plan et devis d'une habitation à bon marché ou d'une usine, fabrique, etc.

Un ou deux plans d'ornementation intérieure, atelier d'artiste, hall d'escalier, cheminée monumentale, bow-window, etc.

Un article de jurisprudence sur les questions intéressant locataires et propriétaires, architectes et entrepreneurs, etc.

Un article sur les coutumes et usages locaux — au point de vue construction — des différentes régions de la France.

Un article sur la technique du bâtiment donnant d'utiles conseils sur la façon de bâtir.

Un article sur l'art des jardins, jardins d'agrément et potagers.

Un article sur l'élevage, basse-cour, apiculture, etc.

Un article sur la cuisine, suivi de diverses recettes de ménage, dont plusieurs complètement inédites.

Une très intéressante petite correspondance traitant de toutes les questions concernant la construction, la jurisprudence ou les droits et devoirs de chacun et ouverte à tous nos lecteurs et abonnés.

Une rubrique de ventes, achats et locations de terrains et de propriétés qui rend de réels services à notre clientèle.

Une autre rubrique qui, sous le nom de : Notre Bibliothèque, contient de très précieux renseignements sur tous les livres touchant de près ou de loin à l'architecte, à la construction, etc., etc.

Le prix de l'abonnement annuel à *Ma Petite Maison* est de 3 fr. 50 pour la France et l'Algérie et de 4 fr. 50 pour l'étranger.

Par cette rapide énumération on peut se rendre compte que non seulement *Ma Petite Maison* est le journal d'architecture le meilleur marché mais qu'il est encore le plus complet et le plus intéressant.

On ne saurait trop conseiller aux personnes qui liront cet album de s'y abonner car elles trouveront dans ce journal tous les renseignements nécessaires sur tout ce qui touche à la propriété et à ses accessoires.

Adresser les demandes d'abonnement à M. Petitpas, directeur de *Ma Petite Maison*, 12, rue de Paradis, Paris.

LA ROCHE-SUR-YON. — IMPRIMERIE CENTRALE DE L'OUEST.

9 782329 812731